权威 · 前沿 · 原创

皮书系列为

“十二五”“十三五”“十四五”时期国家重点出版物出版专项规划项目

智库成果出版与传播平台

中国保健食品产业发展报告

No.2

ANNUAL REPORT ON THE HEALTH CARE FOOD INDUSTRY OF CHINA No.2

张永建　徐华锋　董国用 等 / 著

社会科学文献出版社
SOCIAL SCIENCES ACADEMIC PRESS (CHINA)

图书在版编目(CIP)数据

中国保健食品产业发展报告. No. 2 / 张永建等著
. --北京：社会科学文献出版社，2024. 6（2024. 11 重印）
（保健蓝皮书）
ISBN 978-7-5228-3661-4

Ⅰ. ①中… Ⅱ. ①张… Ⅲ. ①保健食品-产业发展-研究报告-中国 Ⅳ. ①F426. 82

中国国家版本馆 CIP 数据核字（2024）第 101487 号

保健蓝皮书
中国保健食品产业发展报告 No.2

著　　者 / 张永建　徐华锋　董国用 等

出 版 人 / 冀祥德
责任编辑 / 宋　静
责任印制 / 王京美

出　　版 / 社会科学文献出版社 · 皮书分社（010）59367127
地址：北京市北三环中路甲 29 号院华龙大厦　邮编：100029
网址：www. ssap. com. cn
发　　行 / 社会科学文献出版社（010）59367028
印　　装 / 三河市东方印刷有限公司

规　　格 / 开 本：787mm × 1092mm　1/16
印 张：22. 25　字 数：331 千字
版　　次 / 2024 年 6 月第 1 版　2024 年 11 月第 2 次印刷
书　　号 / ISBN 978-7-5228-3661-4
定　　价 / 198. 00 元

读者服务电话：4008918866

《中国保健食品产业发展报告 No.2》
课　题　组

组　长　张永建

副组长　徐华锋　董国用

成　员　（按姓氏笔画排序）

王　震　田　明　邢　力　刘　洪　刘光明
孙　颖　严建刚　李振皓　吴　昊　利　斌
张　力　陈香云　赵红霞　胡颖廉　贺瑞坤
高　静　郭海峰　黄健龙　曹　庸　董玥均
喻　勤　魏　澜

主要编撰者简介

张永建　中国社会科学院食品药品产业发展与监管研究中心主任，“中国保健食品产业发展研究”课题组组长。长期从事食品药品和健康等产业发展与监管等方面的研究。参与了我国食品药品监管体制改革以及食品药品领域的政策法规和产业规划的制定。主持完成了50余项政府相关部门的研究课题。担任国家自然科学基金、多个政府部门或项目和世界银行项目的专家顾问。

徐华锋　中国保健协会监事长、健康中国研究中心理事，兰州大学营养与健康研究中心兼职研究员、硕士生导师。历任中国保健协会秘书长、副理事长。长期专注于健康产业的政策法规促进、国内外市场研究和行业科技创新服务等领域，曾担任“中国保健食品产业发展研究”“中国健康服务业政策、体制及发展战略”“北京神经修复产业创新中心建设”等研究课题组的负责人、“公众健康素养图解”丛书指导委员会副主任等。

董国用　中国社会科学院食品药品产业发展与监管研究中心“中国保健食品产业发展研究”课题组副组长，“中国食品品牌与舆情管理研究”和“中国区域特色食品产业发展研究”课题组组长。长期专注于食品产业、食品监管、品牌与舆情管理、区域特色优势食品产业等方面研究，参与中国食品产业发展、保健食品监管、食品品牌与舆情等多项研究课题，担任中国食品工业协会专家委员会委员、中国食品行业智库专家等社会职务。

摘　要

随着经济社会的发展和居民健康素养的提升，食品消费正在从“吃得饱”“吃得好”向“吃得健康”转变，健康已经成为消费者选择食品最重要的考量因素之一。消费者对健康需求的快速增长，不仅直接影响着食品市场，更直接影响和引领着食品产业（企业）的发展。在32个食品生产的许可类别中，保健食品因其具有比较确定的健康功效，在一定程度上可以降低影响健康因素的风险而具有积极意义。

经过多年的发展，我国保健食品产业已经具有一定的规模，但是综观我国保健食品产业发展演进的历史，大起大落无疑是其显著特征之一。在2019年“百日行动”和2020年新冠疫情的双重影响下，我国保健食品产业再次进入一个调整周期。如何熨平保健食品产业发展中的波动，尽快实现平稳健康发展，仍然是各方面需要应对的挑战。应对这些挑战，解决这些问题，一方面，需要作为市场主体的保健食品生产企业坚持尚德守法，站在新环境、新理念、新思维、新逻辑的高度，推动理念创新、制度创新、管理创新、科技创新和产品创新，构建新的核心竞争力；另一方面，进一步健全完善保健食品产业新发展的外部环境，为产业发展提供相对稳定和比较清晰的预期，通过管理部门、产业界、科研机构、行业组织、消费者组织和媒体等相关者达成广泛的共识，共同努力相向而行，推动保健食品产业尽快实现“发展中规范”向“规范中发展”的转变。

关键词： 健康中国　居民健康素养　保健食品

目 录

Ⅰ 总报告

B.1 健康需求与“双转变”背景下中国保健食品产业面对的挑战 …………………………………… 张永建 / 001

B.2 健康中国的演进与健康水平提升 …………………………… 徐华锋 / 017

Ⅱ 产业篇

B.3 保健食品产业发展现状研究 …………………………… 张永建 / 031

B.4 影响保健食品生产企业生产布局可能因素研究 ………… 张永建 / 051

B.5 对保健食品剂型及分布结构的梳理与分析 ……………… 张永建 / 071

B.6 保健食品的科技应用与发展研究 ……………………… 曹 庸 / 087

Ⅲ 监管篇

B.7 保健食品功能与管理研究 ……………………………… 郭海峰 / 100

B.8 保健食品原料管理研究 ………………………………… 田 明 / 118

B.9 保健食品（企业）线上行为监管研究 …………………… 孙 颖 / 128

B.10 中医药类保健食品的功能声称及管理研究
…………………………………………………… 赵红霞 陈香云 / 141

Ⅳ 市场篇

B.11 保健食品市场健康发展的消费者因素研究 …………… 张永建 / 150

B.12 经济因素对保健食品线下销售影响分析 ……………… 张永建 / 158

B.13 健康因素对保健食品线下销售影响分析 ……………… 张永建 / 180

B.14 经济因素对保健食品线上销售影响分析 ……………… 张永建 / 203

B.15 健康因素对保健食品线上销售影响分析 ……………… 张永建 / 225

Ⅴ 企业篇

B.16 保健食品企业“尚德守法、诚实守信”的文化建设
…………………………………………………… 刘光明 高 静 / 248

B.17 保健食品行业品牌与舆情研究 ……………………… 董国用 / 255

B.18 保健食品企业规范经营研究 ………………………… 张永建 / 270

Ⅵ 企业案例篇

B.19 扎根中国，健康中国
——完美（中国） …………………………………… 徐华锋 / 280

B.20 弘扬中华优秀养生文化 共创更健康、更快乐生活
——无限极（中国） ………………………………… 董国用 / 288

B.21 坚持科学营养战略 引领膳食补充剂行业发展

——汤臣倍健 …………………………………… 董国用 / 296

B.22 围绕核心技术 打造核心品牌

——珍奥双迪 …………………………………… 徐华锋 / 304

B.23 标准化可追溯 塑造全产业链健康模式

——寿仙谷 ……………………………………… 徐华锋 / 312

Abstract …………………………………………………………… / 319

Contents …………………………………………………………… / 321

皮书数据库阅读**使用指南**

总报告

B.1 健康需求与“双转变”背景下中国保健食品产业面对的挑战

张永建*

摘　要： 消费者对食品的认知与选择偏好、食品消费购买能力和食品实际消费数量以及结构等，直接反映了消费者的需求和现实消费状况。随着经济社会的发展，食品消费正在从“吃得饱”“吃得好”向“吃得健康”转变，健康已经成为消费者选择食品最重要的考量因素之一。正是源于消费需求的拉动和市场的直接推动，中国食品产业开始了以“双转变”为特征的转型升级。在健康需求显著增长和食品产业“双转变”的背景下，中国保健食品产业的发展需要面对转变发展模式等多重挑战。

关键词： 健康需求　保健食品　保健产业　监管

* 张永建，中国社会科学院食品药品产业发展与监管研究中心主任，“中国保健食品产业发展研究”课题组组长。

随着中国经济社会的发展，特别是“健康中国”上升为国家战略以来，健康产业发展的底线逻辑逐渐发生了转变，一是理念上从以治病为中心向以人民健康为中心转变；二是战略上从以治疗为主向防治并重转变；三是健康产业的地位从维持保障性产业向重要的国民经济支柱性产业转变；四是需求上从“物质文化需要”向“美好生活需要”转变；五是市场从“发展中规范”向“规范中发展”转变。健康产业发展底线逻辑转变的动因是满足人民群众日益增长的健康需求和美好生活需要，食品产业是健康产业重要的组成部分，健康需求的显著增长直接推动了我国食品产业的转型升级。

一　我国“十三五”以来食品消费变动状况

食品市场是一个开放和充分竞争的市场，消费者对市场以及市场竞争的参与者无疑具有重要影响，判断和满足消费者的需求，直接影响到食品企业的市场竞争和发展，食品消费是食品市场及产业发展的基础，具有最直接的拉动和引领作用。

消费者是食品消费的主体，因此，对消费者的研究对食品市场以及食品产业的发展具有重要且基础性的作用。对消费者的研究有很多维度，课题组通过构建“认知偏好—货币支出—实物结构”的三维度分析模型，对“十三五”以来消费者的食品认知与选择偏好、食品消费购买能力和食品实际消费结构进行了跟踪和研究。

（一）消费者在食品消费中的认知与选择偏好

2022 年，中国社会科学院食品药品产业发展与监管研究中心开展了食品及食品领域关注的小样本调查。该调查将普通消费者和食品生产经营者（业内人士）分为两组，调查中不事先给定任何选项，而是由被调查者不受限制地提供至少 20 个所关注的关键词，调查得到 2705 个有效数据（关键词）。虽然这个调查的样本量不大，但基于课题组长期对食品消费和产业发展研究的判断，这个调查结果还是能在一定程度上反映消费者在食品消费中

的认知与选择偏好。表 1 是根据调查结果整理分类后，消费者提供的 1767 个有效关键词按出现次数排序的前 10 个关键词。

表 1 消费者提供的有关食品消费关键词按出现次数排序的前 10 位

单位：‰

序号	关键词	占比
1	味道	114.9
2	安全、卫生	54.9
3	营养	34.0
4	健康	33.4
5	添加剂	30.0
6	期	26.6
7	糖	24.3
8	低	23.2
9	监管	22.1
9	脂与脂肪	22.1

注：“期”包括生产日期、保质期、最佳赏味期等；“低”包括低糖、低盐、低脂、低油、低添加等。

表 1 显示，消费者特别关注味道，反映出味道是消费者选择食品的诸多影响因素中最重要的偏好因素，其实这也是食品本身具有的重要特征之一。此外，消费者出于维护自身健康的目的，特别关注食品对健康的影响，表 1 中除“味道”“监管”以外，其他 8 个关键词都是直接与健康相关的，“安全、卫生”是影响健康最重要、最基础且不可或缺的因素。

表 2 反映了消费者对七大营养素和糖、盐、油的关注程度。

表 2 消费者对七大营养素及糖、盐、油关注的比例

单位：‰

营养素及糖、油、盐	占比
碳水化合物	1.1
蛋白质	7.9
脂与脂肪	21.5
维生素	2.3
矿物质	0

续表

营养素及糖油盐	占比
膳食纤维	2.8
水	2.3
糖	24.3
盐	6.2
油	13.6

表2显示，消费者对营养素关注的比例从高到低依次为脂与脂肪、蛋白质、膳食纤维、维生素、水、碳水化合物、矿物质，其中对脂与脂肪的关注比例达到21.5‰，明显高于对其他营养素的关注程度。对“三减”（减盐、减油、减糖）中的盐、油、糖的关注比例从高到低依次为糖、油、盐，特别是对糖的关注比例高达24.3‰。课题组认为，对“脂与脂肪”和“糖”的高度关注主要源于多年来的健康科普教育。相关的科学研究以及相应的科普教育使更多的消费者了解了“脂与脂肪”和“糖”对肥胖以及慢性病的影响，因此，消费者从维护自身健康的角度对其予以更高程度的关注。

（二）食品消费支出的变动状况

随着我国经济社会的发展，居民人均可支配收入与人均食品消费支出同步增长。课题组以“十三五”期初为起点，对“十三五”以来我国居民食品消费支出的变动状况进行了相应的测算和研究（见表3、表4）。

表3　2016~2023年城乡居民食品消费支出变动情况

指标	2016年	2017年	2018年	2019年	2020年	2021年	2022年	2023年
全国居民人均食品消费支出(元/天)	14.11	14.71	15.45	16.66	17.55	19.68	20.50	21.77
全国居民人均食品消费支出中位数(元/天)	12.37	12.69	13.32	13.58	15.01	16.79	17.43	18.43
城镇居民人均食品消费支出(元/天)	18.53	19.15	19.82	21.22	21.61	23.75	24.56	26.03

续表

指标	2016 年	2017 年	2018 年	2019 年	2020 年	2021 年	2022 年	2023 年
城镇居民人均食品消费支出中位数(元/天)	17.39	17.64	18.38	19.66	19.90	23.76	22.50	23.67
农村居民人均食品消费支出(元/天)	8.94	9.36	10.00	10.95	12.29	14.26	15.04	16.13
农村居民人均食品消费支出中位数(元/天)	8.06	8.34	9.20	9.84	10.90	7.25	13.24	13.94
城乡差(倍)	2.07	2.05	1.98	1.94	1.76	1.67	1.63	1.61

资料来源：根据 2016~2023 年《中华人民共和国国民经济和社会发展统计公报》测算。以下表格来源同此。

表 4　2016~2023 年不同收入组的人均食品消费支出变动情况

项目	2016 年	2017 年	2018 年	2019 年	2020 年	2021 年	2022 年	2023 年
低收入组(元/天)	4.00	4.15	4.40	5.05	5.64	6.28	6.42	6.85
中等偏下收入组(元/天)	9.32	9.65	9.82	10.79	11.79	13.90	14.41	15.20
中间收入组(元/天)	11.53	11.84	11.71	12.54	12.94	15.87	15.26	16.17
中等偏上收入组(元/天)	17.63	18.18	18.08	19.65	20.29	25.03	23.64	25.23
高收入组(元/天)	32.66	34.18	35.02	38.28	39.58	46.88	44.94	47.75
高收入组为低收入组倍数(倍)	8.17	8.23	7.96	7.58	7.02	7.46	7.00	6.97

表 3 显示，2023 年相比 2016 年，全国居民人均食品消费支出增长 54.29%；城镇居民人均食品消费支出增长 40.47%；农村居民人均食品消费支出增长 80.43%，城乡差距从 2.07 倍缩小到 1.61 倍。表 4 显示，2023 年相比 2016 年，低收入组人均食品消费支出增长 71.25%；中等偏下收入组人均食品消费支出增长 63.09%；中间收入组人均食品消费支出增长 40.24%；中等偏上收入组人均食品消费支出增长 43.11%；高收入组人均食品消费支出增长 46.20%。

食品消费支出的增长主要源于可支配收入的增加。从食品消费支出的变动可见，“十三五”以来，城乡居民和各个收入组的食品消费支出都在增长，其中，农村居民、低收入组和中间偏下收入组的增长更加显著。支出能力的增强使消费者在食品消费过程中，不仅对数量和质量有了更大的选择范围，而且也有了更多的选择考量。

（三）食品消费的数量与结构的变动状况

课题组对我国居民家庭 2016~2022 年的 10 类食品消费的数量与结构变动进行了测算（见表 5、表 6）。

表 5　2016~2022 年居民家庭 10 类食品消费数量变动

单位：千克/（人·年），%

食品	2016 年	2017 年	2018 年	2019 年	2020 年	2021 年	2022 年	2022 年相比 2016 年增长率
粮食	363. 8	365. 4	348. 5	356. 4	386. 8	396. 2	374. 8	3. 0
食用油	29	28. 5	26. 3	26	28. 5	29. 6	27. 4	-5. 5
蔬菜及食用菌	274. 2	271. 8	263. 3	270. 1	284. 1	300. 8	296. 4	8. 1
肉类	71. 5	73. 2	80. 8	73. 7	67. 9	90. 1	94. 8	32. 6
禽类	24. 9	24. 4	24. 6	29. 6	34. 8	33. 7	32. 1	28. 9
水产品	31. 2	31. 5	31. 2	37. 3	38. 1	38. 9	38. 1	22. 1
蛋类	26. 6	27. 4	26. 6	29. 3	35. 1	36. 2	37. 0	40. 6
奶类	32. 9	33. 2	33. 4	34. 2	35. 6	39. 5	34. 0	3. 3
干鲜瓜果	132. 3	137. 3	142. 7	154. 5	154. 2	167. 1	149. 9	13. 3
食糖	3. 6	3. 6	3. 6	3. 6	3. 6	3. 6	3. 3	-8. 3
总量	361. 4	360. 3	358. 1	370. 4	390. 1	415. 0	397. 0	9. 9

表 6　2016~2022 年居民家庭 10 类食品消费结构变动

单位：%，百分点

食品	2016 年	2017 年	2018 年	2019 年	2020 年	2021 年	2022 年	2022 年比 2016 年增加情况
粮食	36. 75	36. 68	35. 52	35. 12	36. 19	34. 89	34. 45	-2. 30
食用油	2. 93	2. 8	2. 68	2. 56	2. 67	2. 61	2. 52	-0. 41
蔬菜及食用菌	27. 70	27. 28	26. 84	26. 62	26. 58	26. 49	27. 25	-0. 45

续表

食品	2016 年	2017 年	2018 年	2019 年	2020 年	2021 年	2022 年	2022 年比 2016 年增加情况
肉类	7.22	7.35	8.24	7.26	6.35	7.93	8.71	1.49
禽类	2.52	2.45	2.51	2.92	3.26	2.97	2.95	0.43
水产品	3.15	3.16	3.18	3.68	3.57	3.43	3.50	0.35
蛋类	2.69	2.75	2.71	2.89	3.28	3.1	3.40	0.71
奶类	3.32	3.33	3.40	3.37	3.33	3.48	3.13	-0.19
干鲜瓜果	13.36	13.7	14.55	15.23	14.43	14.71	13.78	0.42
食糖	0.36	0.36	0.37	0.35	0.34	0.32	0.30	-0.06
合计	100	100	100	100	100	100	100	

从数量变动看，2016~2022 年，居民家庭 10 类食品消费的总量从 2016 年的每人 361.4 千克增加到 2022 年的每人 397 千克，净增 35.6 千克，增长率接近 10%。从这 10 类食品消费数量细分看，粮食的增长率为 3.0%；食用油和食糖的数量都在下降；蔬菜及食用菌与干鲜瓜果明显增长，干鲜瓜果的增长率达到 13.3%，明显高于蔬菜及食用菌 8.1% 的增长率；肉类、禽类、水产品、蛋类和奶类有不同程度的增长，蛋类的增长率最高，达到 40.6%，相比肉类、禽类、水产品、蛋类等食品两位数的增长率，奶类的增长缓慢，仅为 3.3%，其中的原因值得更深入的研究。

从结构变动看，2016~2022 年，居民家庭 10 类食品消费结构中，肉类、禽类、水产品、蛋类和干鲜瓜果等 5 类食品的占比都有不同程度的提升，提升最高的是肉类，占比提升了 1.49 个百分点。粮食、食用油、蔬菜及食用菌、奶类和食糖等 5 类食品的占比都有不同程度下降，其中，粮食占比的下降最多，下降了 2.30 个百分点。

从上述对“认知偏好—货币支出—实物结构”三维度的分析，并结合我国居民膳食营养结构，食用油和食糖摄入数量的减少及占比的下降是消费者注重自身健康的选择结果，也是我国多年来开展的“三减”科普宣传的现实成果。总之，健康已经成为消费者在食品选择和购买中最重要的影响因素。

二　中国食品产业的转型升级——“双转变”

我国食品产业发展面对多重挑战和不确定性，产业转型升级不仅是面对这些挑战和不确定性的重要途径，更是提高产业发展质量、增强企业竞争力的重要手段。“十二五”以来，在居民对健康需求强烈增长的背景下，我国食品产业的转型升级明显加快，课题组将其称为“双转变”。

（一）产业发展模式的转变

中国食品产业正在经历从“数量扩张”向“质量提升”的转变，这个转变主要表现为食品产业组织结构发生了三个非常显著的变化。一是淘汰加快。据笔者统计，“十二五”至“十三五”期间，食品生产企业数量从45万家左右减少到17万家左右，六成左右的食品生产企业被淘汰，在这些出清的企业中，小作坊和小企业占绝大多数。二是产业集中度大幅度提高。从总量看，规模以上企业由2008年的3.1万家上升到2018年的4.3万家，占企业总数的比重由6.80%提高到26.87%。在32个大类中，乳品、食用油、啤酒、冷冻面制品、方便面、饮料等产品的全国集中度显著提升。三是在109个子类中的一些类别，区域集中度的提升更加显著，全国形成了一批具有地方或产业特色、具有比较完整供应链的食品生产区域。

（二）基于“需求—供给”的产品转变

我国食品供给正在经历以提供能量为主，向提供能量、营养、功能甚至情感和文化等多种复合需求的转变。从产品角度来看，就是要实现“六化”，即安全化、营养化、功能化、方便化、个性化和精致化。

“六化”实质上是从“物质文化需要”到“美好生活需要”的变化，是对消费者健康需求更高程度的满足，这不仅是食品产业转型升级的大方向，而且为食品生产企业提供了新的发展机遇。“双转变”是我国食品产业（企业）发展中回避不了的，对企业而言，“双转变”是一个“适者生存”

和“择优汰劣”的过程，更是一个大浪淘沙的过程，这个过程对食品企业是一个挑战，解决好了就是一个新的发展机遇。特别需要指出的是，保健食品和营养素补充剂对于满足“六化”中的营养化、功能化、方便化和个性化等方面具有特殊的优势。

三　健康需求与“双转变”背景下我国保健食品产业面对的挑战

保健食品产业是在食品消费健康需求显著增长和食品产业以“双转变”为特征的转型升级等大背景下发展的，因此，既要面对大背景中的普遍性挑战，还要面对产业自身发展的特殊性挑战，这些挑战主要包括两个方面。

（一）提高产业发展质量

1. 转变两个发展模式

（1）实现保健食品产业健康发展需要转变产业发展模式

从保健食品产业发展的轨迹看，大起大落是我国保健食品产业发展的显著特征之一。综观保健食品产业发展历史，多次大起大落的原因比较复杂，一方面，保健食品产业是新兴的产业，国内外对其管理都处于探索和完善的过程中，例如，对保健食品的功能管理就经历了多次的调整，据课题组统计，保健食品累计出现过 87 个功能，经过多年的实践调整为现在的 24 个。事实上，保健食品的管理和保健食品产业的发展都共同经历着“发展中规范”这个不可跨越的阶段。另一方面，生产经营者没有守牢尚德守法的底线，无疑更是大起大落的重要原因，从保健食品产业发展的历史看，表面上多次治理整顿时产业发展都出现了下滑，但实质上，治理整顿的绝大多数诱因都是一些生产经营者跨越尚德守法的底线，不仅损害了消费者的合法权益，损害了产业的声誉，更引起了社会的广泛关注。

如何从根本上熨平保健食品产业发展中的大起大落是产业健康发展必须面对的挑战，需要尽快完成“发展中规范”向“规范中发展”的转变，实现保健食品产业发展从数量扩张模式向素质提升模式的转变。

（2）实现保健食品产业健康发展需要转变企业发展的驱动模式

长期以来，保健食品企业主要依靠“产品+营销”的双轮驱动模式，在这种模式下，企业可以较快地生产出产品并投入市场，然后通过各式各样的市场营销实现销售收入。在产业和企业发展的早期，这种驱动模式无疑是本能的并具有相应的合理性，但是随着消费需求的变化和市场竞争的加剧，这种模式的弊端逐渐显现，例如，缺乏研发和科技支撑能力导致新产品的迭代迟滞，削弱了市场竞争力；当企业需要扩张时，由于缺乏足够的资本支持，错过了转型升级上台阶的时机，难以实现跨越式增长。

保健食品企业面对新发展的挑战，需要转变企业发展的驱动模式，从传统“产品+营销”的“双轮驱动”模式向“资本+科技+品牌+营销”的“四轮驱动”模式升级。企业应对市场竞争的底气首先源自自身的经营管理能力和水平，在转变发展驱动模式中，需要夯实管理基础、强化管理能力，通过培育和构建新的核心竞争力，打造企业新的增长曲线。

2. 优化产业组织结构

长期以来，“多、小、散、乱”是保健食品产业组织结构的特征之一。我国保健食品的生产地域广泛，但总体以中小企业为主，相当一部分中小企业产品开发能力差，生产管理水平低，经营粗放，抗风险能力很低，生存能力差，往往一有风吹草动或外部环境发生比较剧烈的变动时，其生存就难以为继，不得不黯然离场。从大多数产业的发展看，通过市场竞争提高产业的集中度，产生一批有规模、有质量的大中型企业，有利于提升整个产业的质量。

随着产业发展和市场竞争加剧，保健食品产业组织结构初步得到改善，出现了一定数量的大型龙头企业，特别是从 2019 年开展“百日行动”以来，40%左右的中小企业及市场上的产品被“双出清”，随着这些企业和产品的“双出清”，保健食品产业组织结构得到一定程度的改善，呈现低集中寡占型的明显特征。近年来，不少大型保健食品企业出现了较好的发展态势，推动了保健食品产业组织结构的进一步改善。此外，保健食品产业组织结构的改善主要还是应该通过市场竞争来实现。

3. 提升科技应用的能力和水平

近年来，对食品功能性的研究一直是食品科学研究中的一个重点、热点的领域。在食品科学领域，科学技术被广泛应用于功能成分的挖掘与提取、活性评价、配方设计和包装剂型等方面，促进了这一领域的快速发展。保健食品的科技应用满足了原料研发、产品评价和安全性评估等方面的核心需求，尤其是超临界流体色谱技术、快速规模化高效筛选模型和中药网络药理学等新兴科技在保健食品研究中展现出巨大的应用潜力。

食品科学领域有大量丰富的研究成果，保健食品需要提升科技应用的能力和水平，实现这些研究成果向企业应用的转化，将新的适用科学技术有机地应用到本企业的研发、生产和销售等环节中，为企业发展提供新的动力。科技应用需要具备相应的能力，近年来，不少大型保健食品生产企业纷纷建立和提升自身科技应用的能力，不断充实科技人员队伍、提升科技装备水平，显著提升了企业科技应用的能力和水平，使科技支撑的重要作用更好地发挥。

4. 构建与保健食品消费者交流沟通的新机制和新方法

从某种意义上讲，消费者是决定性要素，因为没有保健食品的消费者，就没有保健食品市场，更没有保健食品产业，因此，消费者是推动保健食品健康发展的重要因素。相当一段时期以来，保健食品市场中的夸大宣传甚至虚假宣传现象屡见不鲜，并成为多次治理整顿的重点。夸大宣传甚至虚假宣传存在的原因之一，是信息不对称，消费者对保健食品认知的科学理性程度不充分甚至是主观错误的认知，这些认知通过市场向厂商传递的信号中不确定性较多，这种状况使一些不良厂商钻空子，故意甚至违法违规地制造一些夸大甚至虚假的信号传入市场，侵害消费者的合法权益。随着治理整顿力度的加大，这种现象得到遏制。近年来，我国居民的健康科学素养水平持续提升，2022 年达到 27.78%。监管部门针对消费者对保健食品的科学认知误区，开展了保健食品专项科普宣传进社区、进乡村、进网络、进学校、进商超的“五进”活动。科学素养水平的持续提升和保健食品专项科普活动的持续开展，不仅提升了消费者对保健食品的科学认知，更提升了消费者科学理性的选择能力。

市场机制一个很重要的功能就是择优汰劣。通过消费者“用手投票”和“用脚投票”，市场机制择优汰劣的作用更充分地发挥出来。面对日益成熟的消费者，企业应该向消费者提供广泛、真实的信息，减少“信息不对称”，使消费者作出有利于自己的比较科学理性的选择，并在这个过程中有效提升企业和品牌的声誉，提升客户黏性和复购率。鉴于保健食品产业发展矛盾在流通经营领域内的凸显并导致一系列引发治理整顿的现状，原有与消费者交流沟通的模式面临比较高的监管风险，已不适应转型升级新发展的要求。这个问题如不能有效地解决，就会成为悬在企业头上的“达摩克利斯之剑”，使企业始终面临着高风险。因此，构建与保健食品消费者交流沟通的新机制就显得越来越重要，已经成为保健食品企业必须面对的挑战。

5. 应对互联网、数字经济和人工智能快速发展的市场营销

科学技术的贡献显著增加是食品产业新发展的重要特征。2016 年《二十国集团数字经济发展与合作倡议》指出：数字经济是指以使用数字化的知识和信息作为关键生产要素、以现代信息网络作为重要载体、以信息通信技术的有效使用作为效率提升和经济结构优化的重要推动力的一系列经济活动。近年来，新科技不断应用到食品研发、生产、销售等多领域和多环节，特别是互联网、物联网、大数据和人工智能等正在深刻改变人们的思维方式、生产方式、交易方式和生活方式。国家统计局数据显示，2023 年，我国移动电话用户达到 172660 万户；互联网上网人数为 10.92 亿人，其中，手机上网人数为 10.91 亿人；移动互联网用户接入流量达到 3015 亿 GB，比 2019 年增长了 147.15%。从实物商品网上零售额看，2023 年达到 130174 亿元，占社会消费品零售总额的 27.6%，比 2016 增长了 15 个百分点。对于保健食品而言，互联网、物联网、大数据和人工智能等不仅改变了保健食品产业发展的外部环境，更直接改变着保健食品产业的发展模式和保健食品企业的管理模式。

在保健食品的市场营销中，互联网等的作用和地位不断增强。课题组对

企业的调研显示，线上销售的市场份额显著提升，一些传统的以线下市场为主的大型龙头企业，近年线上的市场份额已经为20%左右，并且仍在继续提升。进入“互联网+”时代以来，传统信息传播方式受到了极大冲击，尤其是年轻一代成为消费主力军后，碎片化、个性化已经成为保健食品企业及品牌与用户之间信息传输的特征。保健食品行业面对新的营销态势，自我颠覆与创新不仅要推动产品升级，更需要积极致力于与用户实现现代化的信息衔接，提高市场营销的效率和效能。保健食品企业应该根据自己产品和用户的特点，选择更适合的传播平台，提高信息传播效率，更好地促进线上市场营销。

在保健食品信息化、数字化和智能化的市场营销中，需要遵循求真、求实的科学态度，例如，坚持数字科学，不要“数字主义”，不为数字化而数字化。坚持判断、行动和检验的“金标准”：“中长期成本的下降+生产率和工作效率的提升+良好的市场表现+利润增长”等。

6. 维护品牌声誉，加强舆情风险管理和应对能力

品牌建设是一项持久的工作，不可能毕其功于一役，品牌建设一方面需要做好规划；另一方面还要做好品牌的风险防范工作。舆情对品牌的影响非常大，正面舆情可以提升品牌声誉，不仅增强消费者的信心，更有利于产品市场的增长，反之，会对品牌造成不同程度的负面影响和伤害。风险管理是我国食品安全治理的重要原则之一，同样，保健食品生产企业在生产经营中也面临着市场、监管、科技、司法和舆情等方面的风险，对这些风险进行预防和管理，已经成为保健食品生产企业经营管理特别是维护品牌声誉不可忽视的重要挑战。

食品领域信息的公开度和透明度很高，舆情会对市场和企业生产经营产生各种影响，特别是负面舆情的影响往往更大，由于种种复杂的原因，消费者对保健食品的认知具有客观局限性，舆情会对保健食品需求和消费选择产生不同程度的影响，再加之互联网去中心化和量级递增的传播特征显著，使得信息在很短的时间就有可能形成很大的声量，对市场产生不同程度的冲击。保健食品的生产经营者需要在坚持尚德守法和预防为主的基础上，更加

积极主动地开展多种形式的风险交流，更精准地选择信息传播平台及渠道，做好舆情的管理工作，提高舆情的管理和应对能力。

（二）进一步加强保健食品监管

1. 持续完善保健食品监管法规

我国对保健食品监管进行持续探索与改革，不断解决保健食品发展中的重要和关键性的问题，逐步形成了包括原料与功能声称管理、产品注册和备案、生产经营许可等在内的一整套监管制度体系。据课题组统计，自 2018 年保健食品监管体制改革以来，监管部门出台的涉及或直接针对保健食品的法律、法规、规章、规范性文件和指南等文件至少有 56 部，覆盖了保健食品研发、准入、生产、销售等全过程，其中，2023 年出台了 22 部。不断健全完善的法律法规，为保健食品产业从“发展中规范”向“规范中发展”提供了更全面的制度保障。此外，针对保健食品开展的一系列治理整顿也取得了显著的成效，保健食品的质量安全水平有了质的提升，产品合格率位于 32 个食品品类中的前列，生产领域的乱象得到根本性的扭转。将近 20 年的管理实践已经证明：我国对保健食品的监管取得的大量的成功经验，对安全、消费和生产起到了重要而积极的作用，对保健食品产业健康发展起到了基础性和不可替代的作用。

2. 面对新变化的挑战

近年来，在生产领域的乱象得到根本性扭转后，流通（或称“经营”）领域的矛盾和问题就更加凸显，逐渐成为保健食品产业健康发展的重点、难点和热点问题，在以市场准入为主的管理正在向市场准入与构建公平效率兼顾的市场环境并重管理的转变中，解决这些问题对监管提出了的新挑战。这些挑战包括：一是安全监管的绝对性与功能监管的相对性，绝对性需要强硬手段，相对性需要审慎包容；二是公平与效率的兼顾；三是管理政策的相对稳定性、连续性和可预期对发展环境的影响；四是进一步清晰和确定不同主体的责任，特别是企业的主体责任；五是进一步强化科技支撑能力，提高监管科学化水平；六是构建合理有效的沟通协调机制，促进各相关方相向而行；

等等。近年来，管理部门持续深化改革，出台了一系列相关的政策法规。例如，针对企业申请产品新功能而出台的相关管理办法，不仅引起业界的高度关注和赞扬，更对保健食品产品乃至企业、产业的创新具有积极的推动作用。因此，释放新的制度红利，可以更好地促进保健食品产业转型升级和“规范中发展”。

此外，可以预见的是，在保健食品管理的改革中，将会不可避免地涉及食品健康功能声称及其管理等方面的问题，这是食品监管当中迫切需要解决的重要且基础性问题。当前，依据科学证据等级的不同，对食品健康声称划分不同的等级，并依此进行分级分类管理的观点已经达成广泛的共识，但理念和观点达成共识仅仅是一个方面，如何将其转化为可以操作的管理制度和管理法规则是更重要、更有现实意义的方面，需要进一步深入系统地研究和统筹规划，积极稳妥地推进食品健康功能声称及其管理的改革。

3. 进一步推动长效监管机制建设

无论客观还是主观都要求建立健全保健食品长效监管机制。所谓长效监管机制，不是指管理制度、管理法规、管理方法和管理手段能够长期一成不变地使用和有效，当然，保持一定时期的相对稳定性是不可或缺的，但长效监管机制更重要的是建立健全能够根据情况及时调整和修正的管理机制，这个机制能够及时地调整，及时地纠错纠偏，有效地促进监管、产业发展和消费之间的平衡与发展。从这个角度来说，长效监管机制就需要具备一些基本的能力，一是获取真实信息的能力，这些信息包括相关科学技术的进展情况、行业内技术装备的应用情况、企业经营管理能力状况等；二是对现状、问题和未来趋势的比较准确的判断和把握能力；三是具有相对科学客观的评估能力；四是及时有效地纠错纠偏、解决问题的能力；等等。长效监管机制的功效之一是熨平监管、产业和市场的过度波动，降低大起大落发生的概率。因此，长效监管机制是一个小步快走的调整机制，也是一个自身在“改进中发展，发展中改进”的动态机制。建立健全长效监管机制不仅为市场和产业的发展提供一个相对稳定和可预期的外部环境，同时也减轻了管理部门的工作负担，提高了管理部门的工作效率。

4. 在疏堵并重中促进共识

监管是市场机制更好发挥作用的重要条件，因此，政府监管具有无可替代的作用。课题组认为，在保健食品监管中，安全管理具有绝对性，要努力保障食品安全；功能管理是相对的。疏堵并重是监管中重要的两个方面，一方面是堵违法，依法严厉打击各种违法违规行为；另一方面是疏环境，是为了更好地使市场机制的作用充分发挥出来。要坚持“严格、法制、开放、理性、科学”的基本原则，坚持“以人为本”和“预防为主”的管理思想，构建“事前预防、事中控制、事后处置”、“发挥市场价值的作用”和“可以预期”的管理模式以及相应的管理机制，实施“全过程”的管理，既保证安全，又促进发展；既体现公平，又提升效率。要进一步加强保健食品监管，为消费者、企业、市场和资本等相关主体提供一个相对稳定和可预期的发展环境，持续推动保健食品产业在规范中提高发展质量。有效的管理需要达成广泛的共识，共识越充分、共识度越高，各相关方就越会相向而行，社会效益就越好，管理的效率也就更高。

B.2
健康中国的演进与健康水平提升

徐华锋*

摘　要： 抑制和减缓非传染性疾病的增长与应对老龄化社会，是我国经济社会发展所面对诸多挑战中不可忽视的一部分。为应对这些挑战，2016年10月，中共中央、国务院印发《“健康中国2030”规划纲要》，对“健康中国”作出战略部署，“健康中国”上升为国家发展重大战略。国民营养事关国民素质提高和经济社会发展，对抑制和减缓非传染性疾病的增长与健康老龄化具有不可忽视的重要的基础性作用。虽然我国营养供给能力显著增强，国民营养健康状况明显改善，但仍面临居民营养不足与过剩并存、营养相关疾病多发、营养健康生活方式尚未普及等问题，成为影响国民健康的重要因素。随着健康中国建设的持续推进，我国人民的健康水平有了显著提升。

关键词： 健康中国　非传染性疾病　人口老龄化　营养　营养干预

我国既面对着发达国家面临的卫生与健康问题，也面对着发展中国家面临的卫生与健康问题。如果这些问题不能得到有效解决，必然会严重影响人民健康，制约经济发展，影响社会和谐稳定。

由于多种复杂因素，非传染性疾病“井喷式”的快速增长已经成为影响我国人民健康的主要因素，而健康对个人乃至整个经济社会发展都具有至关重要的作用。面对非传染性疾病、营养和老龄化等一系列健康问题带来的

---

* 徐华锋，中国保健协会监事长，“中国保健食品产业发展研究”课题组副组长。

多重挑战，我国开始实施健康中国战略，采取多种措施和手段应对这些挑战，努力提高人民的健康水平。

一　非传染性疾病快速增长成为影响我国人民健康的主要因素

在我国，非传染性疾病更多的是被表述为慢性病，简称“慢病”。大致从 20 世纪末 21 世纪初开始，我国非传染性疾病患者开始明显增长，近些年来更是出现了快速增长的势头，成为影响人民健康的主要因素，也是公共卫生面临的重大挑战。非传染性疾病快速增长并不是我国才有的现象，而是一个全球性的问题。

（一）我国非传染性疾病的基本状况

2020 年发布的《中国居民营养与慢性病状况报告》公布了我国重要慢性病发病与患病状况。

1. 癌症发病状况

我国居民癌症年新发病例约 406. 4 万例。发病率为 293. 91 例/10 万人。最近 10 年，我国肿瘤登记地区男女合计的癌症发病率每年平均上升 3. 79%，去除人口老龄化因素后，每年平均上升 1. 22%。

2. 18岁以上居民高血压和糖尿病患病状况见表1

表 1　18 岁以上居民高血压和糖尿病患病状况

单位：%

疾病	患病率	知晓率	治疗率	控制率	治疗控制率
高血压	27. 5	41. 0	34. 9	11. 0	31. 5
糖尿病	11. 9	38. 0	34. 1	33. 1	31. 5

3. 阻塞性肺疾病患病状况

40 岁及以上居民慢性阻塞性肺疾病患病率为 13. 6%，患病知晓率为

0.9%。40 岁及以上居民和 40 岁及以上慢性阻塞性肺疾病患者的肺功能检查率分别为 4.5%和 5.9%。

4. 血脂异常患病状况

18 岁以上居民血脂异常患病率为 35.6%，其中，高胆固醇血症患病率为 8.2%，高甘油三酯血症患病率为 18.4%。低高密度脂蛋白血症患病率为 20.9%，高低密度脂蛋白血症患病率为 8.0%。与 2015 年发布的结果相比，高胆固醇血症、高甘油三酯血症患病率均有所上升，但低高密度脂蛋白血症患病率呈现下降趋势。

5. 其他慢性病患病情况

我国 18 岁及以上居民慢性肾脏病患病率为 8.2%。40 岁及以上居民骨质疏松症患病率为 12.6%，骨质疏松症患病知晓率为 6.4%，低估量率为 40.9%。40 岁及以上居民最近一次体检接受骨密度检测率为 3.3%。18～64 岁居民幽门螺杆菌现症感染率为 41.5%，胃食管反流病患病率为 10.5%，消化性溃疡患病率为 6.6%，胆结石患病率为 3.6%。

据统计，我国心脑血管疾病是第一位死亡原因，全国现有高血压患者 2.7 亿、脑卒中患者 1300 万、冠心病患者 1100 万。每年新发癌症病例约 380 万例，死亡人数约 229 万人，发病率及死亡率呈逐年上升趋势。以哮喘、慢性阻塞性肺疾病等为代表的慢性呼吸系统疾病患病人数近 1 亿人。糖尿病及前期血糖异常患病人数超过 1 亿人。这四类重大慢性非传染性疾病死亡人数占总死亡人数的比重超过八成。2018 年的慢性病患病率调查显示，居民慢性病患病率达到 34.3%，从城乡差别的视角看，城市居民慢性病患病率为 33.5%，农村居民慢性病患病率为 35.2%，农村比城市高 1.7 个百分点。

根据统计，2021 年我国城市居民主要疾病死亡率排名前 6 位的分别是心脏病，恶性肿瘤，脑血管病，呼吸系统疾病，损伤和中毒外部原因，内分泌、营养和代谢疾病，其中的心脏病，恶性肿瘤，脑血管病，呼吸系统疾病和内分泌、营养和代谢疾病 5 类非传染性疾病占 84.15%。2021 年农村居民主要疾病死亡率中，心脏病，恶性肿瘤，脑血管病，呼吸系统疾病和内分泌、营养和代谢疾病 5 类非传染性疾病占 83.06%。城市和农村二者基本一样，城市高出 1.09 个百分点。

（二）医疗保健支出

医疗保健支出是观察和考量居民维护健康、预防和治疗疾病等程度的重要经济指标。对“十三五”以来我国居民医疗保健支出的情况进行了梳理（见表 2），数据显示，全国居民人均医疗保健支出 2016 年为 1307 元，2023 年达到 2460 元，增长 88.22%。此外，各地区之间也存在差距。

表 2　2000~2023 年部分年份城乡居民医疗保健支出及其变动

单位：元，%

年份	城镇居民		农村居民	
	人均医疗保健支出	医疗保健支出占消费性支出比重	人均医疗保健支出	医疗保健支出占消费性支出比重
2000	318.1	6.4	87.6	5.2
2005	600.9	7.6	168.1	6.6
2010	871.8	6.5	326.0	7.4
2015	1443.4	6.7	846.0	9.2
2016	1630.8	7.1	929.2	9.2
2017	1777.4	7.3	1058.7	9.7
2018	2045.7	7.8	1240.1	10.2
2019	2282.7	8.1	1420.8	10.7
2020	2172.2	8.0	1417.5	10.3
2021	2521	8.3	1580	9.9
2022	2481	8.2	1632	9.8
2023	2850	8.6	1916	10.5

资料来源：根据《中华人民共和国国民经济和社会发展统计公报》《2022 中国卫生健康统计年鉴》整理。

影响我国城乡居民医疗保健支出的因素有很多，非传染性疾病、支付能力、健康意识和健康素养等都是重要的影响因素。

（三）预防行动

预防为主是对非传染性疾病的主动应对。预防为主是我国健康管理的重要政策方针。通过调研发现，随着对预防非传染性疾病宣传教育的广泛和深入，越来越多人的健康意识不断提升，不仅更加主动地了解相关知识和情况，更重要的是逐渐建立起预防意识并付诸行动。从表 3 看出，到医疗机构进行健康检查和看预防保健科门诊的人数已经达到一定的规模。积极主动的预防和干预是对抗和降低非传染性疾病风险非常有效的措施。

表 3　健康教育与预防行为

地区	开展公众健康教育活动次数(次)	健康检查人次数（人次）	看预防保健科人次数（万人次）
总　计	191221	548730348	1804.6
东　部	47335	267858535	935.1
中　部	57285	139963080	522.1
西　部	86601	140908733	347.4
北　京	116	10219200	17.0
天　津	322	5030863	9.1
河　北	5010	22003129	83.6
山　西	14678	10941967	37.4
内蒙古	10170	6905868	7.5
辽　宁	1263	11301767	21.1
吉　林	750	5983107	9.6
黑龙江	3299	7271448	15.4
上　海	2407	14998979	63.9
江　苏	12467	40240443	62.9
浙　江	3374	37571896	87.5
安　徽	10297	21820375	93.6
福　建	1675	15326640	22.3
江　西	5812	14427049	14.4
山　东	4163	33858618	109.0
河　南	10521	31460970	92.6
湖　北	5183	26049386	198.0

续表

地区	开展公众健康教育活动次数(次)	健康检查人次数(人次)	看预防保健科人次数(万人次)
湖　南	6745	22008778	61.2
广　东	16149	74108343	447.7
广　西	1757	19813442	50.6
海　南	389	3198657	11.0
重　庆	2460	11678017	34.0
四　川	15077	34202600	29.0
贵　州	4809	11824879	11.3
云　南	5715	15037821	51.7
西　藏	2018	1952742	14.6
陕　西	17156	13317274	60.9
甘　肃	6589	8507561	8.1
青　海	1764	2096295	0.8
宁　夏	4432	2695111	12.7
新　疆	14654	12877123	66.3

资料来源：根据《2022 中国卫生健康统计年鉴》整理。

通过表 3 可以看出，健康检查和看预防保健科门诊数量不仅与该地区经济发展水平和收入—支付水平相关，与该地区公众健康教育活动的开展也同样相关。因此，持续开展公众健康教育活动，有利于提高居民疾病风险的防范意识，使居民更加主动地采取预防措施，减少非传染性疾病的发生或发展，维护好自己的健康。

通过上述的数据和分析可以看出，非传染性疾病快速增长已经成为影响我国人民健康的主要因素。与发达国家不同的是，我国还处于向现代化社会发展的进程中，但出现了非传染性疾病大面积且较快的增长，也就是人们常说的“未富先病”。“未富先病”不仅直接影响人民福祉与社会和谐稳定，也影响着我国现代化的进程，无疑是我国经济社会发展中需要面对的新问题、新挑战。“健康中国”战略的出台与实施，就是对这一新问题、新挑战的具体有力的应对。

二　营养对健康的影响越来越得到重视

营养是人类维持生命、生长发育和健康的重要物质基础，事关国民素质提高和经济社会发展。近年来，我国人民生活水平不断提高，营养供给能力显著增强，国民营养健康状况明显改善，但仍面临居民营养不足与过剩并存、营养相关疾病多发、营养健康生活方式尚未普及等问题，成为影响国民健康的重要因素。

（一）营养监测与基本状况

营养始终是研究的热点之一，国内外大量的学者从不同的角度或不同的侧面，对营养、营养摄入量、营养功能、营养与健康、营养与疾病以及合理的膳食结构等进行了持续大量的理论和实证研究，这些研究也从不同的角度和不同的侧面证实了营养对健康具有无可替代的作用。调整营养的摄入量和优化营养结构可以有效地降低健康风险因素的影响，改善健康状况，提升健康水平。

1988 年，我国开始建立中国食物营养监测系统，经历了 1988~1995 年的试点、1996~2000 年的监测系统建立和 2001 年后的发展等三个阶段。该监测系统得到的数据已经作为“国家数据”存入相关数据库，研究结果已经成为国家有关部门制定儿童发展计划及制定营养政策和食物发展纲要的重要依据。中国食物营养监测系统先后进行了 1992 年全国营养调查和 2002 年、2012 年、2015~2017 年的中国居民营养与健康状况监测。

居民营养与慢性病状况是反映国家经济社会发展、卫生保健水平和人口健康素质的重要指标。《中国居民营养与慢性病状况报告（2020 年）》显示，近年来，随着健康中国建设和健康扶贫等民生工程的深入推进，我国营养改善和慢性病防控工作取得积极进展和明显成效，主要体现为以下几个方面。一是居民体格发育与营养不足问题得到持续改善，城乡差异逐步缩小。二是居民健康意识逐步增强，部分慢性病行为危险因素流行水平呈现下降趋

势。三是重大慢性病过早死亡率逐年下降，由慢性病导致的劳动力损失明显减少。

在当前仍然严峻的慢性病防控形势下，防控工作面临的挑战主要体现在以下两个方面。

一是居民不健康生活方式仍然普遍存在。膳食脂肪供能比持续上升，农村首次突破30%推荐上限。家庭人均每日烹调用盐量和用油量仍远高于推荐值，同时，居民在外就餐比例不断上升，食堂、餐馆、加工食品中的油、盐应引起关注。儿童青少年经常饮用含糖饮料问题已经凸显，15岁以上人群吸烟率、成人30天内饮酒率超过四分之一，身体活动不足问题普遍存在。

二是居民超重、肥胖问题不断凸显，慢性病患病率/发病率仍呈上升趋势。城乡各年龄组居民超重、肥胖率继续上升，超过一半的成年居民超重或肥胖，6~17岁、6岁以下年龄组超重、肥胖率分别达到19%和10.4%。高血压、糖尿病、高胆固醇血症、慢性阻塞性肺疾病患病率和癌症发病率与2015年相比有所上升。

有关专业机构指出，从能量和主要营养素摄入看，我国居民平均每标准人日能量摄入量为2007.4kcal，与2015年发布结果相比下降154.9kcal。蛋白质摄入量为60.4g，脂肪摄入量为79.1g，碳水化合物摄入量266.7g，与2015年发布结果相比均有所下降。此外，膳食钙、维生素A等微量元素缺乏依然存在。

我国居民营养健康状况虽然得到明显改善，但仍面临营养不足与过剩并存、营养相关疾病多发等问题，不健康的饮食习惯在一些人群中还比较普遍，解决好这些问题还需要长期持续的努力。

（二）首个“国民营养计划”颁布实施

2017年7月，国务院办公厅公布《国民营养计划（2017—2030年）》。《国民营养计划（2017—2030年）》是“健康中国”上升为国家战略后出台的第一个特定领域的专业性国家计划，更是首次针对营养单独制定国家层面的计划和规划，具有重要与特殊的意义，反映了我国在基本解决温饱后迈向全面小康和全面现代化过程中，在食品已经基本完成能量供给的基本功能后，人民群众对食品新的和更高层次的需求，《国民营养计划（2017—2030年）》的出台，正是满足人民群众对食品新的和更高层次的需求，不仅对食品消费，而且对食品产业的发展和转型升级具有重要的影响和引导作用。

《国民营养计划（2017—2030年）》提出了制定/修订中国居民膳食营养素参考摄入量、人群营养不良风险筛查、糖尿病人膳食指导等行业标准，并研究制定老年人群营养食品通则、餐饮食品营养标识等，确保公众吃得安全、吃得健康。《国民营养计划（2017—2030年）》的主要目标分为两个阶段。一是到2020年，营养法规标准体系基本完善；营养工作制度基本健全，省、市、县营养工作体系逐步完善，基层营养工作得到加强；食物营养健康产业快速发展，传统食养服务日益丰富；营养健康信息化水平逐步提升；重点人群营养不良状况明显改善，吃动平衡的健康生活方式进一步普及，居民营养健康素养得到明显提高。二是到2030年，营养法规标准体系更加健全，营养工作体系更加完善，食物营养健康产业持续健康发展，传统食养服务更加丰富，“互联网+营养健康”的智能化应用普遍推广，居民营养健康素养进一步提高，营养健康状况显著改善。

为实现上述目标，《国民营养计划（2017—2030年）》制定了完善营养法规政策标准体系、加强营养能力建设、强化营养和食品安全监测与评估、发展食物营养健康产业、大力发展传统食养服务、加强营养健康基础数据共享利用、普及营养健康知识等实施策略。同时，开展生命早期1000天营养健康、学生营养改善、老年人群营养改善、临床营养、贫困地区营养干预和吃动平衡行动等六项重大行动。为了加强对不同人群有针对性的宣传和指导，发布了《备孕期妇女膳食指南》《孕期妇女膳食指南》《哺乳期妇女膳食指南》《6月龄内婴儿母乳喂养指南》《7～24月龄婴幼儿喂养指南》《学龄前儿童膳食指南》《学龄儿童膳食指南》《中国居民膳食指南》《中国老年人膳食指南》《素食人群膳食指南》等10个膳食指南。此外，针对慢性病群体和生长迟缓群体，国家卫生健康委员会组织编制并于2023年1月印发了《成人高脂血症食养指南（2023年版）》《成人高血压食养指南

（2023年版）》《成人糖尿病食养指南（2023年版）》《儿童青少年生长迟缓食养指南（2023年版）》；2024年2月印发了《成人高尿酸血症与痛风食养指南（2024年版）》《成人肥胖食养指南（2024年版）》《儿童青少年肥胖食养指南（2024年版）》《成人慢性肾脏病食养指南（2024年版）》。这些指南既有从生命周期角度制定的指南，也有针对不同特定群体制定的指南，旨在发挥现代营养学和传统食养中西医联合的优势，将食药物质、新食品原料融入合理膳食，针对不同季节、不同地区、不同人群提供食谱套餐示例和营养健康建议，提升膳食指导的适用性和可操作性。指南满足了多种不同的需求，对预防和控制我国居民慢性病发生发展具有积极的意义。

《国民营养计划（2017—2030年）》对保健食品和营养素补充剂的生产、消费以及产业（企业）发展具有更加重要和具体的意义。在食品诸多品类品种当中，保健食品和营养素补充剂类产品更加注重健康功能和营养供给，并且受到更加严格的监管。《国民营养计划（2017—2030年）》颁布以来，很多生产经营保健食品和营养素补充剂的企业主动了解和学习《国民营养计划（2017—2030年）》，对标相关法规和标准的要求，调整产品研发方向和产品结构，主动开拓市场，适应消费者不断增长的营养健康需求，发挥在营养供给和营养改善中的独特优势。

三　老龄化社会进程中的健康问题日益凸显

（一）我国老龄化面临的挑战与应对

根据世界卫生组织（WHO）的数据，2015~2050年，世界60岁以上人口的比例将增加近1倍，从12%升至22%；2050年时，80%的老年人将生活在低收入和中等收入国家；人口老龄化速度将比过去快很多；所有国家都面临重大挑战，必须确保其卫生和社会系统做好准备。

根据一项世界卫生大会决定［WHA67（13）号决定］，世界卫生组织正在与会员国和其他伙伴协商制定一项全面的《老龄化与健康全球战略和行动计划》。该战略和行动计划借鉴《关于老龄化与健康的全球报告》的证据并通过现有活动履行 5 个重点行动领域的要求。这 5 个重点行动领域分别是致力于健康老龄化，使卫生体系适应老年人口的需求，建立提供长期照护的系统，创建关爱老年人的环境，加强衡量、监测和理解。

我国老年人绝对数量大。2021 年 5 月 11 日，我国发布的《第七次全国人口普查公报》显示：60 岁及以上人口为 264018766 人，占全国总人口的 18.7%，其中 65 岁及以上人口为 190635280 人，与 2010 年第六次全国人口普查相比，60 岁及以上人口的比重上升 5.44 个百分点，65 岁及以上人口的比重上升 4.63 个百分点。预计到 2025 年，我国 60 岁及以上人口将达到 3 亿，成为超老年型国家。

老龄化最大的挑战就是健康的挑战。我国庞大的老龄人口群体的健康状况不容乐观，是心脑血管疾病、癌症、慢性呼吸系统疾病、糖尿病这四类重大慢性病的高发人群。中国慢病和危险因素监测数据显示：60 岁以上的老年人群高血压患病率高达 58.3%，糖尿病的患病率达 19.4%。2014 年，慢阻肺监测的数据显示：60~69 岁的老年人慢阻肺患病率达到 21.2%，70 岁及以上达到 29.9%。2017 年发布的第四次口腔流行病学调查显示：我国 65~74 岁老年人群全口失牙率达到 4.5%。2018 年，我国首次完成了骨质疏松全国流行病学调查，调查结果显示，65 岁以上老年人群骨质疏松患病率高达 32%。据统计，65 岁以上老年人群死亡原因排在前三位的是心血管疾病、脑血管疾病、恶性肿瘤，三者合计达到 70%以上。随着我国老龄化进程的加快加深，这个问题得到党和政府的高度重视，针对老龄化社会存在的问题与挑战，国家出台了多种应对措施推进“健康老龄化”。

2019 年 11 月，中共中央、国务院正式印发了《国家积极应对人口老龄化中长期规划》，规划提出要积极推进健康中国建设，打造高质量的健康服务体系，建立和完善包括健康教育、预防保健、疾病诊治等在内的综合、连续的老年健康服务体系，促进老年人身心健康。

2021 年 11 月，《中共中央　国务院关于加强新时代老龄工作的意见》

发布，要求健全养老服务体系，主要包括创新居家社区养老服务模式、进一步规范发展机构养老、建立基本养老服务清单制度等；完善老年人健康支撑体系，主要包括提高老年人健康服务和管理水平、加强失能老年人长期照护服务和保障、深入推进医养结合；促进老年人社会参与，主要包括扩大老年教育资源供给、提升老年文化体育服务质量、鼓励老年人继续发挥作用；着力构建老年友好型社会，主要包括加强老年人权益保障、打造老年宜居环境、强化社会敬老；积极培育银发经济，主要包括加强规划引导、发展适老产业；强化老龄工作保障，主要包括加强人才队伍建设、加强老年设施供给、完善相关支持政策；等等。

2022 年 2 月，国家卫生健康委会同 14 个部门出台了《“十四五”健康老龄化规划》。“健康老龄化”是党的十九大作出的实施健康中国战略的重大决策部署，党的十九届五中全会明确提出实施积极应对人口老龄化国家战略、促进健康老龄化是协同推进两个国家战略的必然要求。

截至 2021 年末，在全国城乡社区获得健康管理服务的 65 周岁及以上老年人达到 11941. 2 万人。378. 3 万残疾老年人获得基本康复服务。全国共有国家老年医学中心 1 个、国家老年疾病临床医学研究中心 6 个，设有老年医学科的二级及以上综合性医院 4685 个，建成老年友善医疗机构的综合性医院 5290 个、基层医疗卫生机构 15431 个，设有安宁疗护科的医疗卫生机构 1027 个，设有老年人“绿色通道”的二级及以上综合性医院超过 9000 个。在养老服务机构和设施方面，全国共有各类养老服务机构和设施 35. 8 万个、养老服务床位 815. 9 万张。其中，全国共有注册登记的养老机构 4. 0 万个，比上年增长 4. 7%；床位 503. 6 万张，比上年增长 3. 1%；社区养老服务机构和设施 31. 8 万个、床位 312. 3 万张。全国 31 个省（区、市）设市城市新建居住区配建养老服务设施达标率为 62%，比上年提高约 16 个百分点。全国新开工改造城镇老旧小区 5. 56 万个、惠及居民 965 万户，增设养老、助残等各类社区服务设施 1. 4 万个，351 万 60 周岁及以上老年人已享受公租房保障。

为了提升养老服务安全质量水平，民政部发布了《养老机构老年人健康档案管理规范》《养老机构老年人跌倒预防基本规范》《养老机构服务标准体系建设指南》等12项行业标准，进一步加强养老机构服务质量监管。民政部、国家市场监管总局联合印发了《关于强化养老服务领域食品安全管理的意见》，强化养老服务领域食品安全管理。这些措施有助于提升养老服务安全质量的水平。

2024年1月，国务院办公厅印发《关于发展银发经济增进老年人福祉的意见》指出，银发经济是向老年人提供产品或服务，以及为老龄阶段做准备等一系列经济活动的总和，涉及面广、产业链长、业态多元、潜力巨大。为积极应对人口老龄化，促进事业产业协同，加快银发经济规模化、标准化、集群化、品牌化发展，开发高精尖产品和培育高品质服务模式，让老年人共享发展成果、安享幸福晚年。意见提出从发展民生事业，解决急难愁盼；扩大产品供给，提升质量水平；聚焦多样化需求，培育潜力产业；强化要素保障，优化发展环境等4个方面增进老年人福祉。

在完善老年人健康支撑体系和积极培育银发经济中，食品及食品中的保健食品具有特殊且不容忽视的作用。营养的优质供给和有效干预，对于老年人非常重要，可以提高老年人的身体素质，有助于减少疾病的发生发展、提升健康水平。

（二）通过营养的优质供给和有效干预提升老年人健康水平

在健康老龄化中，生存质量是一个重要内容，值得大力倡导和努力实施，减少失能或部分失能老人的数量是健康老龄化的重要目标。

在配合其他健康生活方式过程中，营养的优质供给和有效干预，不仅有助于延长寿命，更重要的是能有效降低失能或部分失能老人的比例，有利于提高生存质量。

2022年10月，全国老龄工作委员会办公室发布《关于开展老年营养改善行动的通知》，要求通过宣传老年营养健康知识、加强老年人群营养干预、提升老年营养健康服务能力等，实现增强老年人营养健康意识，提升老年人营养健康素养，营造有利于老年人营养健康的社会氛围等目标。

近年来，国家积极鼓励政府、高校、企业多方参与老年营养教育，定期免费为老年人开展营养风险筛查，开展老年营养健康公益活动，加大老年营养科研工作的扶持和投入力度，并专门发布了《中国老年人膳食指南（2022）》《国民营养科普丛书——老年人营养膳食指导》等，持续提升老年人群营养健康水平。

有学者在研究中发现：老年抚养系数对居民医疗保健消费支出有正的影响，即老年抚养系数的上升会带动居民人均医疗保健消费支出的增加，而少儿抚养系数对居民医疗保健消费支出的影响不显著[①]。这个研究结果同样证实了老年人在保健食品和营养素补充剂的消费结构中占有显著的比重。根据对老年人的保健食品和营养素补充剂的消费观察看出，尽管保健食品和营养素补充剂的消费从年龄结构上出现了明显的并行趋势，并且不断向年轻人群渗透，但中老年人群仍是保健食品消费的主要群体。

虽然对是否制定老年食品标准等问题还存在不同的认识，但实践中已经有行业制定的一些标准，如《老年人健康管理技术规范》（WS/T 484－2015）中的老年人饮食指导：老年人需从膳食中获得足够的各种营养素，尤其是微量营养素。此外，不少企业研发针对老年人的各种食品，包括保健食品和营养素补充剂，满足老年人对营养的多种不同需求。

① 王学义、张冲：《中国人口结构与居民医疗保健消费》，《统计研究》2013 年第 7 期。

产 业 篇

B.3 保健食品产业发展现状研究

张永建*

摘 要： 经过多年的发展，我国保健食品产业具有了一定的规模，其生产布局与结构具有两个明显的特征：一是我国保健食品的生产地域广泛，全国31个省（区、市）都有保健食品生产企业，但企业的数量差距显著；二是从产业组织结构看，我国保健食品产业具有低集中寡占型的特征。综观我国保健食品产业发展的演进历史，大起大落无疑是显著特征之一。自2019年以来，保健食品生产企业数量大幅减少，市场明显萎缩，保健食品产业再次进入调整周期。如何熨平发展中的这种大起大落，使保健食品产业能够相对平稳地健康发展，仍然是各方面需要思考和应对的挑战。

关键词： 保健食品产业　产业组织　监管　双轨制　调整周期

* 张永建，中国社会科学院食品药品产业发展与监管研究中心主任，“中国保健食品产业发展研究”课题组组长。

1995年10月30日起实施的《食品卫生法》中的第二十二条规定：表明具有特定保健功能的食品，其产品及说明书必须报国务院卫生行政部门审查批准，其卫生标准和生产经营管理办法，由国务院卫生行政部门制定。第二十三条规定：表明具有特定保健功能的食品，不得有害于人体健康，其产品说明书内容必须真实，该产品的功能和成分必须与说明书相一致，不得有虚假。《食品卫生法》确立了保健食品的法律地位，并使其成为一个比较明确清晰的食品品类。《食品安全法》替代《食品卫生法》后，保健食品的法律地位再次得到确认。

在实行保健食品上市前的注册管理制度之前，市场上出现了很多声称具有一定保健功能，但与传统食品原料和形态存在较大差异的食品；同时，还出现了以滋补营养、保健康复为主，但治疗作用不明显或无治疗作用的产品。针对这种情况，1987年，卫生部出台了《禁止食品加药卫生管理办法》和《中药保健药品的管理规定》，明确“特殊营养食品”、“传统加药食品”以及“中药保健药品”由省级卫生行政部门负责审批。按照《食品卫生法》的要求，卫生部于1996年制定发布了《保健食品管理办法》，开始对保健食品实行注册许可和生产许可管理，并在中药序列中取消了中药保健药品类别，停止审批中药保健药品；同年颁布了《保健食品标识规定》《保健食品功能学评价程序和检验方法》，规范了保健食品标识和保健功能声称的管理；1997年发布了《保健（功能）食品通用标准》；1998年发布了《保健食品良好生产规范（GMP）》。至此，我国保健食品的管理开始步入正轨并发展至今。

一　全国保健食品生产企业数量与分布

经过多年的发展，我国保健食品产业具有了一定的规模，2020年2月，国家市场监督管理总局发布《关于修订公布食品生产许可分类目录的公告》，保健食品是32个类别之一，根据食品生产许可的分类，保健食品共有18个剂型，类别编号为2701~2718。

（一）保健食品生产企业数量及分布结构

据统计，截至2022年第三季度末，我国保健食品生产企业有1683家，从这1683家企业在31个省（区、市）的分布来看，我国保健食品生产的布局与结构具有两个明显的特征。

一是我国保健食品的生产地域广泛，全国31个省（区、市）都有保健食品生产企业。

二是31个省（区、市）保健食品生产企业的数量差距显著。从31个省（区、市）来看，超过200家的仅有山东1个省；拥有100~150家企业的有广东、浙江、江苏和江西等4个省；拥有50~99家企业的有河南、吉林、安徽、湖北和陕西等5个省；拥有30~49家企业的有北京、辽宁、云南、河北、黑龙江、四川、上海、福建和天津等9个省市；拥有10~29家企业的有湖南、广西、山西、贵州、甘肃、青海、新疆、海南和内蒙古等9个省区；不足10家企业的是宁夏、重庆和西藏等3个省（区、市）（见表1）。企业分布具有明显的"两头小、中间大"的纺锤形特征。

表1　31个省（区、市）保健食品生产企业数量及分布

单位：家，%

省(区、市)	数量	占比
山　东	218	12.95
广　东	146	8.67
浙　江	142	8.44
江　苏	119	7.07
江　西	104	6.18
河　南	85	5.05
吉　林	84	4.99
安　徽	83	4.93
湖　北	75	4.46
陕　西	60	3.57
北　京	49	2.91
辽　宁	47	2.79
云　南	46	2.73

续表

省(区、市)	数量	占比
河　北	46	2.73
黑龙江	44	2.61
四　川	38	2.26
上　海	36	2.14
福　建	35	2.08
天　津	30	1.78
湖　南	28	1.66
广　西	27	1.60
山　西	23	1.4
贵　州	22	1.37
甘　肃	18	1.07
青　海	17	1.01
新　疆	16	9.51
海　南	13	0.77
内蒙古	13	0.77
宁　夏	9	0.53
重　庆	7	0.41
西　藏	3	0.18
合　计	1683	100.00

虽然全国 31 个省（区、市）都有保健食品生产企业，但省（区、市）之间的差距非常明显，最多的山东省为 218 家，最少的为仅 3 家的西藏，考虑到西藏的特殊性，仅比西藏多的重庆市为 7 家，山东省是重庆市的 31.14 倍。

（二）保健食品生产企业数量变动状况

我国保健食品产业在相关法规建设方面处于早期，进入保健食品产业的门槛比较低，再加之市场前景看好，这就吸引了不少资本的进入，企业数量增长比较快，一度达到 3700 家左右，虽然之后有所减少，但相当一段时间保持在 3000 家左右。在这 3000 家左右企业中，大多数是中小企业。保健食品产业具有比较明显的“小、散、弱”特征，特别是抗风险能力差，大起大落是我国保健食品产业发展中一个非常鲜明的特征。

随着监管的不断完善和市场竞争的不断加剧，我国保健食品产业产生了一批具有一定规模的大型企业，这些企业的产生和发展有助于提高保健食品产业的集中度。“十三五”期间，我国保健食品产业组织结构得到了一定程度的改善，保健食品生产企业数量呈下降的趋势，特别是2019年1月8日国家市场监管总局等13个部门联合部署的整治“保健”市场乱象百日行动（简称“百日行动”）后，监管部门持续开展了一系列的治理整顿，违法违规的企业被严厉惩治，严重违法违规的企业从市场出清，还有一些达不到监管要求和标准的企业也自行陆续退出了保健食品领域，再加之疫情叠加的影响，企业的数量明显减少。尽管保健食品生产企业的数量大幅度减少，但企业的质量却有一定程度的提升，守法合规经营正在成为企业生存发展的核心要素之一。截至2022年第三季度末，相比2021年同期的1691家减少了8家（新疆生产建设兵团1家企业没有被纳入统计）。虽然企业总量上减少得不多，但具体到31个省（区、市）还是有明显差别（见表2）。

表2　2022年第三季度末与2021年同期相比31个省（区、市）保健食品生产企业变动状况

单位：家

省（区、市）	数量	省（区、市）	数量
山　东	+9	上　海	0
广　东	−15	福　建	+1
浙　江	+7	天　津	−5
江　苏	0	湖　南	−4
江　西	−8	广　西	−2
河　南	0	山　西	−3
吉　林	−4	贵　州	0
安　徽	+16	甘　肃	−1
湖　北	+7	青　海	0
陕　西	+6	新　疆	0
北　京	−5	海　南	+2
辽　宁	0	内蒙古	−4
云　南	+3	宁　夏	0
河　北	+3	重　庆	−1
黑龙江	−1	西　藏	0
四　川	−9	合　计	−8

（三）保健食品生产企业的集中度

集中度是对产业组织结构分析的一个重要方面。课题组查阅了大量的文献并对一些文献的数据进行演算，由于种种原因，仍然无法获取比较客观、准确和扎实的市场数据，同样也无法获得目标企业的市场份额数据。因此，课题组用企业代替市场，用企业的集中度代替市场的集中度，试图能够从侧面反映我国保健食品产业的组织结构。计算公式为：

$$CR_n = \sum_{i=1}^{n} \frac{x_i}{X}$$

CR_n表示保健食品的生产区域集中度；x_i 表示第 i 个省（区、市）所拥有的数量；X 表示全国总数；$\frac{x_i}{X}$表示第 i 个省（区、市）占全国的百分比。把各省（区、市）看作独立的个体，分别取前 4 位、前 6 位和前 8 位，分别计算得出 $CR_4 = 37.13\%$，$CR_6 = 48.36\%$，$CR_8 = 58.28\%$。按照相关理论，当 CR_4小于 40 时，则该行业为竞争型。一般认为，如果行业集中度 CR_4 或 $CR_8<40$，则该行业为竞争型；而如果 $30 \leqslant CR_4$或 $40 \leqslant CR_8$，则该行业为寡占型。按照美国经济学家贝恩对市场结构进行的分类和日本通产省对产业集中度的划分标准，产业市场结构可粗分为寡占型（$CR_8 \geqslant 40\%$）和竞争型（$CR_8<40\%$）两类，其中，寡占型又细分为极高寡占型（$CR_8 \geqslant 70\%$）和低集中寡占型（$40\% \leqslant CR_8 < 70\%$）；竞争型又细分为低集中竞争型（$20\% \leqslant CR_8<40\%$）和分散竞争型（$CR_8<20\%$）。

如果按照贝恩和日本通产省对产业集中度的划分标准，我国保健食品产业 $CR_4<40$，可以被视为一个竞争型的产业。但随着多年来的发展，在激烈的市场竞争中，保健食品产业已经形成了一批头部企业或者说第一集团，这部分企业中既有中国的企业也有跨国公司企业，这些头部企业相对中小型企业具有明显的竞争优势。根据前面测算的 $CR_8 = 58.28\%$，则我国保健食品产业同时又具有低集中寡占型的特征，特别是 2020 年以来，由于大量中小企业退出，低集中寡占型的特征更加明显。

用各区域企业的集中度代替市场的集中度，其缺陷是没有考虑这个行业相关市场中正在运营和竞争的企业的一些具体状况，特别是寡占型特征越明显，偏离程度可能就越大，所以，对有些情况还需要做更具体准确的分析。例如，虽然有些企业拥有很多保健食品文号，但真正投入生产并进入市场的并不多；有些机构获得保健食品文号并不是为了自己要生产，而是在市场中转让保健食品文号。这样的情况就会对集中度的测算造成一定程度的偏差。但之所以仍然采用了这个方法，根本原因在于相比各种各样的市场销售数据，企业数量则更加真实、客观、扎实和可靠。

二　全国保健食品数量（文号）与分布结构

（一）31个省（区、市）保健食品数量（文号）的分布

根据课题组统计，从 1996 年卫生部批准第一个保健食品上市以来，截至 2022 年第三季度末，我国已有 16560 个保健食品获得注册，还有 12291 个保健食品进行了备案（见表 3）。此外，根据国家市场监管总局披露，2022 年批准各类保健食品注册共 1314 个，截至 2023 年底，共发放保健食品备案凭证约 1.7 万个。

表 3　截至 2022 年第三季度末全国 31 个省（区、市）拥有保健食品数量（文号）排序

单位：个

省(区、市)	合计	注册	备案
广　东	4755	2648	2107
山　东	4399	1143	3256
北　京	3006	2835	171
江　苏	1893	1041	852

续表

省(区、市)	合计	注册	备案
江　西	1806	954	852
浙　江	1732	907	825
河　南	1294	526	768
安　徽	1195	156	1039
上　海	1079	957	122
湖　北	880	462	418
黑龙江	867	434	433
陕　西	749	619	130
吉　林	710	380	330
福　建	566	480	86
四　川	522	434	88
天　津	504	431	73
河　北	463	280	183
辽　宁	420	333	87
广　西	351	195	156
湖　南	271	215	56
云　南	247	219	28
山　西	243	178	65
海　南	221	134	87
贵　州	161	145	16
内蒙古	113	100	13
新　疆	85	77	8
甘　肃	74	66	8
重　庆	70	69	1
宁　夏	69	43	26
青　海	59	53	6
西　藏	47	46	1
合　计	28851	16560	12291

根据表3的数据，31个省（区、市）拥有保健食品数量（文号）差距显著，最多的是广东省，最少的是西藏自治区。广东、山东两个省拥有保健

食品数量（文号）都超过4000个；北京超过3000个；拥有1000~2000个保健食品数量（文号）的有6个省市，分别是江苏、江西、浙江、河南、安徽和上海；拥有500~999个保健食品数量（文号）的有湖北、黑龙江、陕西、吉林、福建、四川和天津等7个省市；拥有100~499个保健食品数量（文号）的有河北、辽宁、广西、湖南、云南、山西、海南、贵州和内蒙古等9个省区；少于100个的有新疆、甘肃、重庆、宁夏、青海和西藏等6个省（区、市）。

如果从31个省（区、市）拥有保健食品数量（文号）的角度进行集中度观察，经过相关计算，$CR_4=48.70\%$，$CR_6=61.20\%$，$CR_8=70.00\%$，保健食品数量（文号）集中度明显高于保健食品生产企业的集中度，具体见表4。

表4　保健食品生产与数量（文号）的集中度

单位：%

	CR_4	CR_6	CR_8
保健食品生产企业集中度	37.13	48.36	58.28
保健食品数量(文号)集中度	48.70	61.20	70.00
保健食品生产省(区、市)	鲁、粤、浙、苏	鲁、粤、浙、苏、赣、豫	鲁、粤、浙、苏、赣、豫、吉、皖
保健食品数量(文号)省(区、市)	粤、鲁、京、苏	粤、鲁、京、苏、赣、浙	粤、鲁、京、苏、赣、浙、豫、皖

（二）保健食品生产企业平均拥有产品数量（文号）的分布

从统计分析我们可以看出，31个省（区、市）的保健食品生产企业数量和保健食品数量（文号）存在显著差异，保健食品生产企业拥有的保健食品数量（文号）对企业的发展和市场扩张很有意义。31个省（区、市）每家保健食品生产企业平均拥有的产品数量（文号）计算如下。

$$X_i = N_i/M_i$$

X_i 为第 i 个省（区、市）每家保健食品生产企业平均拥有的产品数量

（文号）；N_i 为第 i 个省（区、市）保健食品数量（文号）；M_i 为第 i 个省（区、市）保健食品生产企业数量。X_i 越大，企业拥有的产品数量（文号）就越多，可以提供的品类、品种相对就多。经过整理计算，31 个省（区、市）X_i 值见表 5。

表 5　31 个省（区、市）保健食品生产企业平均拥有产品数量（文号）

单位：个

省(区、市)	数量(文号)	省(区、市)	数量(文号)
北　京	61.3	浙　江	12.2
广　东	32.6	湖　北	11.7
上　海	28.4	内蒙古	10.2
山　东	20.8	河　北	10.1
黑龙江	19.7	山　西	10.1
江　西	17.4	重　庆	10.0
海　南	17.0	湖　南	9.7
天　津	16.8	辽　宁	8.9
福　建	16.2	吉　林	8.5
江　苏	15.9	宁　夏	7.7
西　藏	15.7	贵　州	7.3
河　南	15.2	云　南	5.4
安　徽	14.4	新　疆	5.3
四　川	13.7	甘　肃	4.1
广　西	13.0	青　海	3.5
陕　西	12.5		

31 个省（区、市）每家保健食品生产企业平均拥有的产品数量（文号）差距非常大，最多的是北京，最少的是青海，北京是青海的 17.5 倍。

从省级的视角考察，北京每家保健食品生产企业平均拥有 61.3 个产品数量（文号）；广东、上海和山东等 3 个省市均超过 20 个；黑龙江、江西、海南、天津、福建、江苏、西藏、河南、安徽、四川、广西、陕西、浙江、湖北、内蒙古、河北、山西和重庆等 18 个省（区、市）数量在 10~19 个；湖南、辽宁、吉林、宁夏、贵州、云南、新疆、甘肃和青海等 9 个省区数量均不超过10个。通过观察和计算得出，31个省（区、市）每家保健食品生产企业平均拥有的产品数量（文号）也同样显示出“两头小、中间大”的纺锤形特征。

（三）“双轨制”改革加快保健食品上市速度

根据统计，自2016年7月1日开始实施保健食品上市备案以来，截至2023年12月31日的7年半时间里，通过备案上市的保健食品数量已经超过27年来注册上市的产品数量，达到惊人的1.7万个左右，平均每年达到2267个。这种现象源于保健食品上市“双轨制”改革的实施。

2015年5月，国务院提出了“放管服”改革。2016年7月，国家食品药品监督管理总局发布的《保健食品注册与备案管理办法》开始实施，将原来单一注册制调整为注册与备案相结合的管理模式，使用原料已经被列入保健食品原料目录的保健食品，以及首次进口的属于补充维生素、矿物质等营养物质的保健食品实行备案管理。2019年6月，国务院召开全国深化“放管服”改革优化营商环境电视电话会议。2019年10月，国家市场监管总局、国家卫生健康委发布的《保健食品原料目录与保健功能目录管理办法》开始施行，国家开始建立多元并相对开放的保健食品目录管理制度，进一步推进保健食品上市注册和备案“双轨制”运行的改革。

“双轨制”改革的重点是“备案制度”的实施。备案制度从相关管理制度建立并施行7年多以来，得到了多方面特别是企业的肯定和赞扬。一方面，备案制度的实施不仅使企业大大减少了投入并加快了产品上市的时间，提高了企业运营的效率，而且使企业节约了大量的资金。另一方面，备案制度的实施有效节约了政府的行政资源，提高了政府管理的效率，也使管理部门可以腾出更多的时间、精力和资源，系统深入地研究和解决发展中的深层次问题。

总之，保健食品上市制度“双轨制”的重大改革所释放出的制度红利，使政府和企业共同成为这项改革的受益者，而改革中达成的共识，有利于推动政府和企业的相向而行。

三　保健食品销售渠道和销售模式的发展与面临的挑战

（一）店铺模式与直销模式

保健食品产业发展的早期，主要是通过店铺销售产品，店铺销售主要分为药店分销模式和商超渠道分销模式，时至今日，店铺销售仍然是一些企业的主要销售渠道，但总体来看，店铺销售模式的占比近些年来呈现下降的趋势。

1997 年，传销在中国出现，但这是我国法律不允许的销售形式。我国法律不允许传销，但是允许直销，并且为规范直销行为，加强对直销活动的监管，防止欺诈，保护消费者合法权益和社会公共利益，2005 年 8 月，国务院第 101 次常务会议通过了《直销管理条例》，2005 年 12 月 1 日起施行；2017 年 3 月，国务院对《直销管理条例》进行了一次修改。根据商务部直销行业信息管理系统数据统计，截至 2021 年 2 月 23 日，我国共有 90 家企业正式获得直销经营许可证，分布于 19 个省（区、市），其中广东、山东和北京等三个省市居多。

在直销发展的过程中，很多企业将原来“一对一”的直销发展为“一对多”的模式，这种模式被称为会议营销或服务营销，简称“会销”。直销在保健食品行业之所以快速发展并成为一种主要销售形式，一是需要向消费者更多地解读产品，使消费者知道和了解产品；二是会销不仅可以提高销售的效率，还能培养一批潜在的消费者和从业人员。直销对保健食品市场的发展和增进消费者对保健食品的了解具有一定的积极作用。正是因为会销所具有的效率和黏性等特征，因此，即使在非食品领域，会销也越来越多地被采用。

但直销特别是会销过程中出现了不容忽视的问题。在直销和会销快速发展的过程中，一些企业违规操作，在销售过程中夸大宣传、虚假宣传，甚至欺诈消费者等，严重侵害了消费者的合法权益，迫使监管部门多次对此开展专项治理，特别是保健食品产业发展的主要问题从生产领域转向流通领域后，治理的频率不断提高、强度明显加强。

（二）线上市场快速发展

随着互联网和数字经济的快速发展，不少保健食品生产企业开始尝试销售模式转型，这种转型的主要目的是探索减少对原有店铺或者直销渠道的依赖，建立以互联网为平台的远程无接触销售模式。近些年来，线上销售模式开始发力，不少企业加大了营销模式改革和创新的力度与投入，特别是疫情期间，由于人员流动和交流大幅度减少，加大线上的销售力度就成为主要的选项，特别是直播带货等网络销售新形式所产生的效应也吸引了不少企业更加重视线上的营销，从而采取更加多样的线上营销形式。从阿里数据来看，2019 年保健食品及相关产品在阿里线上渠道的销售额为 214.1 亿元，2020 年销售额达到 333.96 亿元，增长 55.98%。在课题组调研的一个大型头部保健食品生产企业营销模式变革案例中观察到，该企业原来绝大部分的市场都在线下，但随着线上销售力度不断加大，线上销售的营业额已经占总营业额的 15%以上。

保健食品线上市场发展得很快，但由于多种原因也表现出显著的不平衡性。各地区之间的差距非常明显。课题组调研了我国最大的保健食品销售电商平台和一个全部在线上销售的保健食品生产企业，截至 2022 年 12 月 31 日，该平台和该企业在 31 个省（区、市）的销售占比见表 6。

表 6　某电商平台和某企业在 31 个省（区、市）销售占比

单位：%

地区	序号	省(区、市)	电商平台	线上销售企业
东部地区	1	北京	3	5.2
	2	天津	1	1.7
	3	河北	3	4.3
	4	上海	6	3.9
	5	江苏	9	8.6

续表

地区	序号	省(区、市)	电商平台	线上销售企业
东部地区	6	浙江	12	7.8
	7	福建	4	2.8
	8	山东	6	5.9
	9	广东	13	10.1
	10	海南	1	0.7
中部地区	11	山西	2	2.0
	12	安徽	4	3.5
	13	江西	3	1.8
	14	河南	4	4.5
	15	湖北	3	3.2
	16	湖南	4	2.5
西部地区	17	内蒙古	1	1.8
	18	广西	2	1.8
	19	重庆	2	2.3
	20	四川	4	5.5
	21	贵州	1	2.1
	22	云南	2	2.5
	23	西藏	0	0.4
	24	陕西	2	2.9
	25	甘肃	1	1.4
	26	青海	0	0.4
	27	宁夏	0	0.6
	28	新疆	1	2.4
东北地区	29	辽宁	3	3.4
	30	吉林	1	1.7
	31	黑龙江	2	2.3

电商平台上有多家企业和多个品种、品类的保健食品销售，从区域占比看，东部地区占 58%；中部地区占 20%；西部地区占 16%；东北地区占 6%。从 31 个省（区、市）占比考察，广东、浙江、江苏、山东、上海居于前 5 位。此外，全部在线上销售的保健食品生产企业主要销售本企业的产品，但对于了解线上市场的区域分布也有一定的参考意义。

对于保健食品生产企业来说，营销模式一方面要遵从法律法规和监管的要求，实现规范中发展；另一方面，也要更有效地向消费者销售产品、增加企业收入。因此，探索适合保健食品产品和消费者的新的、更加有效的合规营销模式，将是企业不得不面对的全新的而且是颇具难度的挑战。探索保健食品销售新模式，需要认真分析和总结已有模式的经验教训，树立新理念、构建新思维、研创新方法，充分利用科学技术的新支撑，通过管理创新、制度创新和方法创新，培育适应新发展要求的核心竞争力。

四　保健食品产业再次进入调整周期

如前所述，大起大落是我国保健食品产业发展的显著特征之一。2019年以来，保健食品生产企业数量大幅减少，市场明显下滑萎缩，保健食品产业再次进入调整周期。

（一）史上最严厉的治理整顿

从“十二五”期初至2018年，保健食品产业经历了近十年比较快的发展时期，但是一个看似偶然实则必然的事件，使保健食品产业发展的进程发生了重大转变，保健食品产业发展再次进入低谷。

2018年12月，自媒体“丁香医生”发表一篇题为《百亿保健帝国权健，和它阴影下的中国家庭》的文章，该文章单日点击量10万次以上，自此，大量自媒体以及《人民日报》等主流媒体纷纷加入报道保健产品乱象的行列，此类话题也在微博热搜榜上有名，关于保健产品乱象的议论上升为公众舆论。随后监管部门开展了专项治理——“百日行动”。

虽然保健食品产业经历了多次的治理整顿，但2019年的“百日行动”无疑是史上最严厉的一次治理整顿。值得注意的是，“百日行动”后，管理部门继续对保健食品开展一系列的专项治理整顿。

“百日行动”以及之后的一系列治理整顿，对保健食品产业产生了非常大的影响，究其原因，主要是保健食品产业发展的主要问题和矛盾发生了转移和变化。一方面，“十二五”以来，在监管部门一系列治理下，保健食品的产品质量大幅度提高，不按标准生产、擅自更改工艺和违规添加药物等现象大大减少，几近绝迹。另一方面，保健食品销售中的夸大宣传甚至虚假宣传屡见不鲜、屡禁不止，不仅导致消费者意见很大，也伤害了整个行业，这次的治理整顿对以直销和会销为主的企业影响更加显著，不少以直销和会销为主的企业相关的市场营销活动大大减少甚至取消。由此看出，保健食品产业发展的主要矛盾和问题已经由生产领域转向市场营销领域，并且最终通过“权健事件”爆发出来，因此，虽然看似偶然，其实是问题和矛盾长期积累的必然结果。

自史上最严厉的治理整顿以来，保健食品产业正在经历企业出清和产品出清的“双出清”阶段。在这一轮出清的近2000家企业中，一部分是由于违法违规被逐出市场；另一部分是由于市场萎缩，难以为继而主动退出市场；还有一部分是转移到其他领域，脱离了保健食品产业。随着这部分企业的出清，相应的产品也在市场上出清。需要特别指出的是，虽然出现了“双出清”，但是保健食品的市场需求仍然存在，因此，“双出清”使仍在这一领域的企业有机会填补腾空的市场空间。此外，从前面的案例还可以看出，即使仍在保健食品领域的企业，为降低风险也不同程度地进行产品结构的调整，加快非保健食品的研发和生产，通过扩大非保健食品的生产和营销，维护企业的生存和发展。

（二）保健食品产业明显下滑，再次进入调整周期

通过调查和对公开信息的分析，课题组认为，保健食品产业再次进入调整周期。

1. 企业数量大幅度减少

“十二五”期初，保健食品生产企业约有3600家，而到2022年第三季度末，保健食品生产企业还有1683家，减少了近2000家，保健食品产业再次经历了大浪淘沙。特别需要指出的是，现存的1683家企业中也有不同的情况，一是基本不生产或极少生产保健食品；二是曾经生产经营过保健食品，后来转型进入其他领域；三是不少曾经以生产经营保健食品为主的企业纷纷调整产品结构，加大非保健食品品种的生产销售；四是受市场萎缩等多

种因素的影响，仅仅维持现有的状况；等等。

课题组调查的不少样本企业大都是进入保健食品领域超过 20 年的大型企业，或者说是行业的代表性龙头企业，而且经过多年的发展，这些企业大多具有一定的抗风险能力。但对于那些主要生产经营保健食品的中小企业，特别是进入保健食品领域时间不长的企业，大多数产品研发能力都不强，短期内难以推出替代产品，往往无法承受外部环境特别是市场剧烈变动带来的风险和损失，再加之有限的经济实力难以支撑营销模式和管理能力等方面的升级，因此黯然离场也就成为其唯一的选择。

2. 保健食品销售收入占企业总销售收入的比重明显下降

课题组在调研中了解到，近些年来，不少曾经以生产销售保健食品为主营业务的企业，其保健食品销售收入占比显著下降，而且这个趋势仍在继续。表 7 是某企业 2022 年在 31 个省（区、市）销售额中保健食品销售收入占比的情况。

表 7　2022 年某企业在 31 个省（区、市）销售额中保健食品销售收入占比

单位：%

省(区、市)	占比	省(区、市)	占比
黑龙江	39.61	河　南	36.69
吉　林	37.89	湖　北	41.30
辽　宁	38.35	湖　南	48.77
北　京	47.83	内蒙古	34.93
天　津	41.74	广　西	48.73
河　北	39.86	重　庆	46.56
上　海	51.23	四　川	43.28
江　苏	41.26	贵　州	34.29
浙　江	45.64	云　南	33.17
福　建	41.79	陕　西	34.82
山　东	42.34	甘　肃	35.36
广　东	46.88	青　海	34.61
海　南	42.90	宁　夏	32.66
山　西	40.18	新　疆	43.89
安　徽	40.36	西　藏	0
江　西	45.54		

从表 7 看出，该企业保健食品销售收入占比为 30%~40%的有 12 个省（区、市）；占比 40%~49%的有 17 个省（区、市）；仅上海的占比超过 50%。从这个案例可以看出，作为一个长期以生产销售保健食品为主营业务且耕耘多年的大型企业，其保健食品销售收入占企业总销售收入的比重却显著低于其他收入的占比，这种“主业不主”的状况在行业内并不鲜见。

课题组对 10 家大型保健食品生产企业 2017~2022 年销售收入结构的调研和资料分析发现，这 10 家企业中 70%的保健食品销售收入在企业总销售收入中的占比是下降的，其中有 1 家下降超过 40 个百分点，详见表 8。

表 8　样本企业保健食品销售收入在企业总销售收入中的占比及变动情况

单位：%，百分点

企业	2017 年	2018 年	2019 年	2020 年	2021 年	2022 年	2022 年占比比 2017 年占比增加*
A	81.40	69.70	52.30	37.50	31.20	36.10	-45.30
B	—	87.13	86.62	83.94	75.05	67.31	-19.82
C	60.03	55.33	44.78	30.41	28.61	—	-31.42
D	36.30	39.70	31.90	36.90	38.00	30.20	-6.10
E	62.00	66.00	65.00	68.00	70.00	69.00	+7.00
F	64.00	56.00	53.00	44.00	35.00	41.00	-23.00
G	53.00	60.00	55.00	58.00	63.00	65.00	+12.00
H	57.35	68.43	52.31	61.09	71.26	71.83	+14.48
I	50.86	54.33	35.36	37.98	36.02	42.83	-8.03
J	68.00	60.00	59.00	47.00	47.00	46.00	-22.00

* 由于个别企业个别年份无数据，故按其上年或下年数据计算变动情况。

资料来源：根据课题组调研和对相关企业年报的整理计算。

课题组在调研中看到，不少企业通过调整产品结构，努力打造企业发展的第二曲线，继续推动企业的发展。不少保健食品企业在产品结构调整中主要向两个领域延伸，一是向药品领域延伸，二是向普通食品领域延伸，也有兼而有之的。此外，不少企业在调整产品结构的同时，也加大了营销模式改革和创新的力度与投入。

（三）走出下降通道需要各相关方相向而行

受多种因素的影响，保健食品生产和市场出现了萎缩，虽然 2023 年的市场有一些回暖的迹象，但并未改变保健食品产业再次进入调整周期的大格局。这个调整周期的长短主要取决于两个方面。

一方面，取决于企业的应对能力，需要企业的多维创新和升级等方面的能力。面对市场变化，这些企业可以通过多年市场经验的积累以及研发能力和管理能力的支撑，开发新的产品及其相应的市场，弥补由保健食品市场下滑而产生的损失。

多维创新是保健食品产业新发展的核心要素，新发展中的创新不是修修补补，不是短期的和应急的，而是基于新环境、新理念、新思维、新逻辑、新方法的理念创新、制度创新、管理创新、科技创新和产品创新的集成，是企业核心竞争力的重构和再造，是保健食品企业转型升级、实现传统企业向现代企业蜕变的最重要的推动力。企业应对市场竞争的底气首先源自自身的经营管理能力和水平。夯实管理基础、强化管理能力、培育核心竞争力仍是保健食品生产企业要解决好的核心问题。例如，传统企业“产品+营销”的“双轮驱动”模式需要向“资本+科技+品牌+营销”的“四轮驱动”模式升级，培育和构建新的核心竞争力。

另一方面，取决于对突出问题和矛盾的解决程度，这也是我们最早提出来的保健食品产业必须从“发展中规范”向“规范中发展”转变的重要内容。面对保健食品产业发展主要问题和矛盾的转变，需要科学、法规、管理、创新和智慧等多方面的应对，也需要释放更多的制度红利和管理红利，为产业发展提供相对稳定和比较清晰的预期，推动保健食品产业的创新发展。在这个过程中，需要政产学研乃至消费者等各利益相关方达成更加广泛的共识，达成的共识越充分、共识度越高，社会效益和经济效益就会越好，就会出现共赢。因此，各不同主体的交流沟通，构建各利益相关者相向而行的格局，对加快实现中国保健食品产业向“规范中发展”的转变和新发展格局具有特殊而重要的意义。

总之，保健食品产业如何尽快走出低谷进入新的发展周期，还要面对一系列的挑战，解决一系列的问题，应对这些挑战和解决这些问题的主体当然是保健食品企业，但同时也需要不断完善保健食品产业新发展的外部环境，需要构建这些外部环境的利益相关方共同努力。

B.4

影响保健食品生产企业生产布局可能因素研究

张永建*

摘　要： 全国31个省（区、市）都有保健食品生产企业，影响企业生产布局的因素有很多，其中的人口数量、国内生产总值（GDP）、社会消费品零售总额、人均可支配收入、人均消费支出和城镇居民人均医疗保健支出等经济性因素对生产布局具有不同程度的影响，从全国范围考察，这6个因素对生产布局的影响总体并不显著，但是从不同区域考察，这6个因素影响程度有着明显的差异，有些因素对生产布局具有显著的影响。

关键词： 保健食品　生产布局　影响程度　拟合优度

影响保健食品生产布局的因素有很多，根据保健食品的特点，首先，课题组在诸多因素中选取了人口数量、国内生产总值（GDP）、社会消费品零售总额、居民人均可支配收入、居民人均消费支出和城镇居民人均医疗保健支出等6个因素进行分析。之所以选择这6个因素，人口数量反映的是现实和潜在消费者的数量；国内生产总值反映经济规模和经济发展水平；社会消费品零售总额反映市场规模；居民人均可支配收入反映购买力的水平；居民人均消费支出反映现实消费状况；城镇居民人均医疗保健支出反映城镇居民个人医疗保健支出的状况（因为保健食品的市场主要还是在城镇，因此，

---

* 张永建，中国社会科学院食品药品产业发展与监管研究中心主任，“中国保健食品产业发展研究”课题组组长。

我们将居民人均医疗保健支出项下中细分出城镇居民人均医疗保健支出)，并考察这些因素对保健食品生产布局的影响程度，探讨其中的规律。

公式为：

$$r = \frac{\sum_{i=1}^{n}(x_i - \bar{x})(y_i - \bar{y})}{\sqrt{\sum_{i=1}^{n}(x_i - \bar{x})^2}\sqrt{\sum_{i=1}^{n}(y_i - \bar{y})^2}}$$

一　6个因素对全国保健食品生产布局影响程度的分析

课题组以省（区、市）作为统计单位，对31个省（区、市）的相关数据进行统计整理，详见表1。

表1　全国保健食品生产布局及影响因素数据

省（区、市）	生产企业数量（家）	人口数量（万人）	GDP（亿元）	社会消费品零售总额（亿元）	居民人均可支配收入（元）	居民人均消费支出（元）	城镇居民人均医疗保健支出（元）
北　京	49	2184	41610.9	13794.2	77415	43640.4	3755.0
天　津	30	1363	16311.3	3572.0	48976	33188.4	2811.0
河　北	46	7420	42370.4	13720.1	30867	19953.7	1988.8
山　西	23	3481	25642.6	7562.7	29178	17191.2	2421.2
内蒙古	13	2401	23158.6	4971.4	35921	22658.3	2039.8
上　海	36	2475	44652.8	16442.1	79610	48879.3	3188.7
江　苏	119	8515	122875.6	42752.1	49862	31451.4	2173.7
浙　江	142	6577	77715.4	30467.2	60302	36668.1	2162.1
安　徽	83	6127	45045.0	21518.4	32745	21910.9	1637.6
福　建	35	4188	53109.9	21050.1	43118	28440.1	1773.8
江　西	104	4528	32074.7	12853.5	32419	20289.9	1724.3
山　东	218	10163	87435.1	33236.2	37560	22820.9	2298.1
陕　西	60	3956	32772.7	10401.6	30116	19346.5	2608.4
甘　肃	18	2492	11201.6	3922.2	23273	17456.2	2090.5
青　海	17	595	3610.1	842.1	27000	19020.1	2524.6

续表

省（区、市）	生产企业数量（家）	人口数量（万人）	GDP（亿元）	社会消费品零售总额（亿元）	居民人均可支配收入（元）	居民人均消费支出（元）	城镇居民人均医疗保健支出（元）
宁　夏	9	728	5069.6	1338.4	29599	20023.8	2267.3
新　疆	16	2587	17741.3	3240.5	27063	18960.6	2349.1
重　庆	7	3213	29129.0	13926.1	35666	24597.8	2445.3
四　川	38	8374	56749.8	24104.6	30679	21518.0	2193.4
贵　州	22	3856	20164.6	8507.1	25508	17957.3	1706.6
云　南	46	4693	28954.2	10838.8	26937	18851.0	2317.7
西　藏	3	364	2132.6	726.5	26675	15342.5	1098.9
河　南	85	9872	61345.1	24407.4	28222	18391.3	1899.3
湖　北	75	5844	53734.9	22164.8	32914	23846.1	1922.3
湖　南	28	6604	48670.4	19050.7	34036	22798.2	2350.5
广　东	146	12657	129118.6	44882.9	47065	31589.3	1748.6
广　西	27	5047	26300.9	8539.1	27981	18087.9	1903.4
海　南	13	1027	6818.2	2268.4	30957	22241.9	1668.3
辽　宁	47	4197	28975.1	9526.2	36089	35111.7	2595.2
吉　林	84	2348	13070.2	3807.7	27975	27769.8	2396.4
黑龙江	44	3099	15901.0	5210.0	28346	27159.0	2350.7

对全国保健食品生产布局影响因素相关系数 r 的计算结果见表2。

表2　相关系数

		生产企业数量	人口数量	GDP	社会消费品零售总额	居民人均可支配收入	居民人均消费支出	城镇居民人均医疗保健支出
生产企业数量	Pearson 相关性	1	0.731	0.766	0.769	0.254	0.239	-0.060
	显著性（双侧）		0.000	0.000	0.000	0.168	0.195	0.750
	N	31	31	31	31	31	31	31

注：若无特别说明，相关性系数均为 $\alpha=0.01$ 水平下的。下同。

一般认为：$|r| \geq 0.8$ 时，两变量强相关；$0.5 \leq |r| < 0.8$，两变量中度相关；$0.3 \leq |r| < 0.5$，两变量相关程度低；$|r| < 0.3$，两变量弱

相关。

各影响因素相关性的计算结果如下。

（1）生产企业数量与人口数量的相关系数 $r=0.731$，p 值 $=0.000$，在 $\alpha=0.01$ 水平下中度相关。

（2）生产企业数量与 GDP 的相关系数 $r=0.766$，p 值 $=0.000$，在 $\alpha=0.01$ 水平下中度相关。

（3）生产企业数量与社会消费品零售总额的相关系数 $r=0.769$，p 值 $=0.000$，在 $\alpha=0.01$ 水平下中度相关。

（4）生产企业数量与居民人均可支配收入的相关系数 $r=0.254$，p 值 $=0.168$，在 $\alpha=0.01$ 水平下弱相关。

（5）生产企业数量与居民人均消费支出的相关系数 $r=0.239$，p 值 $=0.195$，在 $\alpha=0.01$ 水平下弱相关。

（6）生产企业数量与城镇居民人均医疗保健支出的相关系数 $r=-0.060$，p 值 $=0.750$，在 $\alpha=0.01$ 水平下负弱相关。

从全国范围考察，保健食品生产布局与“社会消费品零售总额”“GDP”“人口数量”三个因素具有中度相关性，而“居民人均可支配收入”“居民人均消费支出”“城镇居民人均医疗保健支出”三个因素的影响程度较弱，且“城镇居民人均医疗保健支出”的影响程度为负弱性。根据计算结果推断，保健食品生产布局对经济的规模性因素比较注重，明显高于对分散个体的重视程度（见表 3）。

表 3　各影响因素对全国生产布局的影响程度

	生产企业数量	人口数量	GDP	社会消费品零售总额	居民人均可支配收入	居民人均消费支出	城镇居民人均医疗保健支出
相关系数 r	1	0.731	0.766	0.769	0.254	0.239	-0.060
影响程度		中	中	中	弱	弱	负弱

二　各因素对6个区域中保健食品生产布局影响程度的分析

（一）华北区各因素对生产企业数量的影响程度分析

华北区共有保健食品生产企业 161 家。对该区 6 个影响因素统计、整理和计算后的数据见表 4。

表 4　华北区相关系数

		生产企业数量	人口数量	GDP	社会消费品零售总额	居民人均可支配收入	居民人均消费支出	城镇居民人均医疗保健支出
生产企业数量	Pearson 相关性	1	0.398	0.800	0.845	0.542	0.512	0.518
	显著性(双侧)		0.507	0.104	0.071	0.346	0.377	0.371
	N	5	5	5	5	5	5	5

各影响因素相关性的计算结果如下：区域内生产企业数量与人口数量相关程度低；区域内生产企业数量与 GDP 强相关；区域内生产企业数量与社会消费品零售总额强相关；区域内生产企业数量与居民人均可支配收入中度相关；区域内生产企业数量与居民人均消费支出中度相关；区域内生产企业数量与城镇居民人均医疗保健支出中度相关（见表 5）。

表 5　华北区各影响因素对生产布局的影响程度

	生产企业数量（家）	人口数量（万人）	GDP（亿元）	社会消费品零售总额（亿元）	居民人均可支配收入(元)	居民人均消费支出（元）	城镇居民人均医疗保健支出（元）
北　京	49	2184	41610.9	13794.2	77415	43640.4	3755.0
天　津	30	1363	16311.3	3572.0	48976	33188.4	2811.0
河　北	46	7420	42370.4	13720.1	30867	19953.7	1988.8
山　西	23	3481	25642.6	7562.7	29178	17191.2	2421.2
内蒙古	13	2401	23158.6	4971.4	35921	22658.3	2039.8
相关系数 r		0.398	0.800	0.845	0.542	0.512	0.518
影响程度		低	强	强	中	中	中

（二）华东区各因素对生产企业数量影响程度分析

华东区共有保健食品生产企业 737 家，是食品生产企业最多的区域，全国超过百家生产企业的共有 5 个省（区、市），华东区就有 4 个。对该区 6 个影响因素统计、整理和计算后的数据见表 6。

表 6　华东区相关系数

		生产企业数量	人口数量	GDP	社会消费品零售总额	居民人均可支配收入	居民人均消费支出	城镇居民人均医疗保健支出
生产企业数量	Pearson 相关性	1	0.885	0.536	0.581	-0.333	-0.399	-0.079
	显著性(双侧)		0.008	0.215	0.171	0.466	0.375	0.866
	N	7	7	7	7	7	7	7

各影响因素相关性的计算结果如下：区域内生产企业数量与人口数量强相关；区域内生产企业数量与 GDP 中度相关；区域内生产企业数量与社会消费品零售总额中度相关；区域内生产企业数量与居民人均可支配收入负低相关；区域内生产企业数量与居民人均消费支出负低相关；区域内生产企业数量与城镇居民人均医疗保健支出负弱相关（见表 7）。

表 7　华东区各影响因素对生产布局的影响程度

	生产企业数量（家）	人口数量（万人）	GDP（亿元）	社会消费品零售总额（亿元）	居民人均可支配收入(元)	居民人均消费支出（元）	城镇居民人均医疗保健支出（元）
上海	36	2475	44652.8	16442.1	79610	48879.3	3188.7
江苏	119	8515	122875.6	42752.1	49862	31451.4	2173.7
浙江	142	6577	77715.4	30467.2	60302	36668.1	2162.1
安徽	83	6127	45045.0	21518.4	32745	21910.9	1637.6
福建	35	4188	53109.9	21050.1	43118	28440.1	1773.8
江西	104	4528	32074.7	12853.5	32419	20289.9	1724.3
山东	218	10163	87435.1	33236.2	37560	22820.9	2298.1
相关系数 *r*		0.885	0.536	0.581	-0.333	-0.399	-0.079
影响程度		强	中	中	负低	负低	负弱

（三）西北区各因素对生产企业数量影响程度分析

西北区共有保健食品生产企业120家，对该区6个影响因素统计、整理和计算后的数据见表8。

表8　西北区相关系数

		生产企业数量	人口数量	GDP	社会消费品零售总额	居民人均可支配收入	居民人均消费支出	城镇居民人均医疗保健支出
生产企业数量	Pearson 相关性	1	0.794	0.897*	0.956*	0.428	0.085	0.646
	显著性（双侧）		0.109	0.039	0.011	0.472	0.892	0.239
	N	5	5	5	5	5	5	5

注：＊为α=0.05水平下的。

各影响因素相关性的计算结果如下：区域内生产企业数量与人口数量中度相关；区域内生产企业数量与GDP强相关；区域内生产企业数量与社会消费品零售总额强相关；区域内生产企业数量与居民人均可支配收入低相关；区域内生产企业数量与居民人均消费支出弱相关；区域内生产企业数量与城镇居民人均医疗保健支出中度相关（见表9）。

表9　西北区各影响因素对生产布局的影响程度

	生产企业数量（家）	人口数量（万人）	GDP（亿元）	社会消费品零售总额（亿元）	居民人均可支配收入（元）	居民人均消费支出（元）	城镇居民人均医疗保健支出（元）
陕西	60	3956	32772.7	10401.6	30116	19346.5	2608.4
甘肃	18	2492	11201.6	3922.2	23273	17456.2	2090.5
青海	17	595	3610.1	842.1	27000	19020.1	2524.6
宁夏	9	728	5069.6	1338.4	29599	20023.8	2267.3
新疆	16	2587	17741.3	3240.5	27063	18960.6	2349.1
相关系数 *r*		0.794	0.897	0.956	0.428	0.085	0.646
影响程度		中	强	强	低	弱	中

（四）西南区各因素对生产企业数量影响程度分析

西南区共有保健食品生产企业 116 家，对该区 6 个影响因素统计、整理和计算后的数据见表 10。

表 10　西南区相关系数

		生产企业数量	人口数量	GDP	社会消费品零售总额	居民人均可支配收入	居民人均消费支出	城镇居民人均医疗保健支出
生产企业数量	Pearson 相关性	1	0.769	0.648	0.552	-0.253	0.069	0.516
	显著性(双侧)		0.129	0.237	0.334	0.681	0.912	0.373
	N	5	5	5	5	5	5	5

各影响因素相关性的计算结果如下：区域内生产企业数量与人口数量中度相关；区域内生产企业数量与 GDP 中度相关；区域内生产企业数量与社会消费品零售总额中度相关；区域内生产企业数量与居民人均可支配收入负弱相关；区域内生产企业数量与居民人均消费支出弱相关；区域内生产企业数量与城镇居民人均医疗保健支出中度相关（见表 11）。

表 11　西南区各影响因素对生产布局的影响程度

	生产企业数量（家）	人口数量（万人）	GDP（亿元）	社会消费品零售总额（亿元）	居民人均可支配收入(元)	居民人均消费支出（元）	城镇居民人均医疗保健支出（元）
重庆	7	3213	29129.0	13926.1	35666	24597.8	2445.3
四川	38	8374	56749.8	24104.6	30679	21518.0	2193.4
贵州	22	3856	20164.6	8507.1	25508	17957.3	1706.6
云南	46	4693	28954.2	10838.8	26937	18851.0	2317.7
西藏	3	364	2132.6	726.5	26675	15342.5	1098.9
相关系数 *r*		0.769	0.648	0.552	-0.253	0.069	0.516
影响程度		中	中	中	负弱	弱	中

（五）中南区各因素对生产企业数量影响程度分析

中南区共有保健食品生产企业 374 家，对该区 6 个影响因素统计、整理和计算后的数据见表 12。

表 12　中南区相关系数

		生产企业数量	人口数量	GDP	社会消费品零售总额	居民人均可支配收入	居民人均消费支出	城镇居民人均医疗保健支出
生产企业数量	Pearson 相关性	1	0.894*	0.951	0.953	0.741	0.686	-0.280
	显著性(双侧)		0.016	0.004	0.003	0.092	0.132	0.591
	N	6	6	6	6	6	6	6

注：* 为 α=0.05 水平下的。

各影响因素相关性的计算结果如下：区域内生产企业数量与人口数量强相关；区域内生产企业数量与 GDP 强相关；区域内生产企业数量与社会消费品零售总额强相关；区域内生产企业数量与居民人均可支配收入中度相关；区域内生产企业数量与居民人均消费支出中度相关；区域内生产企业数量与城镇居民人均医疗保健支出负弱相关（见表 13）。

表 13　中南区各影响因素对生产布局的影响程度

	生产企业数量（家）	人口数量（万人）	GDP（亿元）	社会消费品零售总额（亿元）	居民人均可支配收入（元）	居民人均消费支出（元）	城镇居民人均医疗保健支出（元）
河南	85	9872	61345.1	24407.4	28222	18391.3	1899.3
湖北	75	5844	53734.9	22164.8	32914	23846.1	1922.3
湖南	28	6604	48670.4	19050.7	34036	22798.2	2350.5
广东	146	12657	129118.6	44882.9	47065	31589.3	1748.6
广西	27	5047	26300.9	8539.1	27981	18087.9	1903.4
海南	13	1027	6818.2	2268.4	30957	22241.9	1668.3
相关系数 *r*		0.894	0.951	0.953	0.741	0.686	-0.280
影响程度		强	强	强	中	中	负弱

（六）东北区各因素对生产企业数量影响程度

东北区共有保健食品生产企业 175 家，对该区 6 个影响因素统计、整理和计算后的数据见表 14。

表 14　东北区相关系数

		生产企业数量	人口数量	GDP	社会消费品零售总额	居民人均可支配收入	居民人均消费支出	城镇居民人均医疗保健支出
生产企业数量	Pearson 相关性	1	-0.766	-0.584	-0.639	-0.477	-0.378	-0.276
	显著性(双侧)		0.445	0.603	0.558	0.684	0.754	0.822
	N	3	3	3	3	3	3	3

各影响因素相关性的计算结果如下：区域内生产企业数量与人口数量负中度相关；区域内生产企业数量与 GDP 负中度相关；区域内生产企业数量与社会消费品零售总额负中度相关；区域内生产企业数量与居民人均可支配收入负低相关；区域内生产企业数量与居民人均消费支出负低相关；区域内生产企业数量与人口数量负弱相关（见表 15）。

表 15　东北区各影响因素对生产布局的影响程度

	生产企业数量（家）	人口数量（万人）	GDP（亿元）	社会消费品零售总额（亿元）	居民人均可支配收入(元)	居民人均消费支出（元）	城镇居民人均医疗保健支出（元）
辽　宁	47	4197	28975.1	9526.2	36089	35111.7	2595.2
吉　林	84	2348	13070.2	3807.7	27975	27769.8	2396.4
黑龙江	44	3099	15901.0	5210.0	28346	27159.0	2350.7
相关系数 r		-0.766	-0.584	-0.639	-0.477	-0.378	-0.276
影响程度		负中	负中	负中	负低	负低	负弱

三　同一影响因素在不同区域的影响程度

从对各区域的分析可以看出，这些因素对区域内保健食品生产布局的影响程度有明显差异，即使是同一影响因素，在不同区域内的影响程度也不尽相同。表16整理了相关系数在全国和6个区域的分布。

表16　全国和各区域的相关系数

因素	全国	华北区	华东区	西北区	西南区	中南区	东北区
人口数量	0.731	0.398	0.885	0.794	0.769	0.894	-0.766
国内生产总值	0.766	0.800	0.536	0.897	0.648	0.951	-0.584
社会消费品零售总额	0.769	0.845	0.581	0.956	0.552	0.953	-0.639
居民人均可支配收入	0.254	0.542	-0.333	0.428	-0.253	0.741	-0.477
居民人均消费支出	0.239	0.512	-0.399	0.085	0.069	0.686	-0.378
城镇居民人均医疗保健支出	-0.060	0.518	-0.079	0.646	0.516	-0.280	-0.276

（1）从人口数量因素考察，对保健食品生产布局的影响程度分别为：中南区和华东区为强相关；西北区、西南区和东北区为中度相关，其中，东北区为负相关；华北区则为低相关。人口数量因素对各区域的影响程度由强到弱依次为：中南区、华东区、西北区、西南区、东北区、华北区。

（2）从国内生产总值因素考察，对保健食品生产布局的影响程度分别为：中南区、西北区和华北区为强相关；西南区、华东区和东北区为中度相关，其中，东北区为负相关。国内生产总值因素对各区域的影响程度由强到弱依次为：中南区、西北区、华北区、西南区、东北区、华东区。

（3）从社会消费品零售总额因素考察，对保健食品生产布局的影响程度分别为：西北区、中南区和华北区为强相关；华东区、西南区和东北区为中度相关，其中，东北区为负相关。社会消费品零售总额因素对各区域的影响程度由强到弱依次为：西北区、中南区、华北区、东北区、华东区、西南区。

（4）从居民人均可支配收入因素考察，对保健食品生产布局的影响程度分别为：中南区和华北区为中度相关；西北区、华东区和东北区的相关程度低，其中，东北区为负相关；西南区为弱相关。居民人均可支配收入因素对各区域的影响程度由强到弱依次为：中南区、华北区、东北区、西北区、华东区、西南区。

（5）从居民人均消费支出因素考察，对保健食品生产布局的影响程度分别为：中南区和华北区为中度相关；华东区和东北区均为负低相关；西北区和西南区均为弱相关。居民人均消费支出因素对各区域的影响程度由强到弱依次为：中南区、华北区、华东区、东北区、西北区、西南区。

（6）从城镇居民人均医疗保健支出因素考察，对保健食品生产布局的影响程度分别为：西北区、华北区和西南区为中度相关；华东区、中南区和东北区均为负弱相关。城镇居民人均医疗保健支出因素对各区域的影响程度由强到弱依次为：西北区、华北区、西南区、中南区、东北区、华东区。

通过上述分析发现，在给定的可能影响保健食品生产布局的6个影响因素中，人口数量、国内生产总值和社会消费品零售总额等3个影响因素分别在不同区域显示出强相关性；而区域内居民人均可支配收入、居民人均消费支出和城镇居民人均医疗保健支出等3个影响因素在所有区域都没有显示出强相关性，仅仅为中度相关、低相关或者弱相关。

表17　同一影响因素对生产布局的影响程度比较

因素	全国	华北区	华东区	西北区	西南区	中南区	东北区
人口数量	中	低	强	中	中	强	负中
国内生产总值	中	强	中	强	中	强	负中
社会消费品零售总额	中	强	中	强	中	强	负中
居民人均可支配收入	弱	中	负低	低	负弱	中	负低
居民人均消费支出	弱	中	负低	弱	弱	中	负低
城镇居民人均医疗保健支出	负弱	中	负弱	中	中	负弱	负弱

四　对各个影响因素线性回归的拟合优度分析

以下对全国和6个区域中各影响因素对保健食品生产布局影响进行线性回归的拟合优度进行分析。利用到的公式如下。

公式一：线性回归方程

$$y = bx + a$$

公式二：拟合系数

$$R^2 = 1 - \frac{\sum_{i=1}^{n}(y_i - \hat{y}_i)^2}{\sum_{i=1}^{n}(y_i - \bar{y})^2}$$

课题组对线性回归拟合程度的判断设定为：当 $R^2=1$ 时，拟合程度非常好；$R^2 \geqslant 0.9$ 为拟合程度较高；$0.9 > R^2 \geqslant 0.8$ 为拟合程度比较好；$0.8 > R^2 \geqslant 0.7$ 为有一定的拟合程度；$0.7 > R^2 \geqslant 0.6$ 为拟合程度一般；$0.6 > R^2 \geqslant 0.5$ 为可能有一定的拟合程度；$0.5 > R^2 \geqslant 0.4$ 为拟合程度比较差；$R^2 < 0.4$ 为拟合程度很差。

（一）对全国生产布局的线性回归及拟合优度判断

全国范围中，各影响因素对保健食品生产布局影响的线性回归计算与拟合优度见图1至图6。

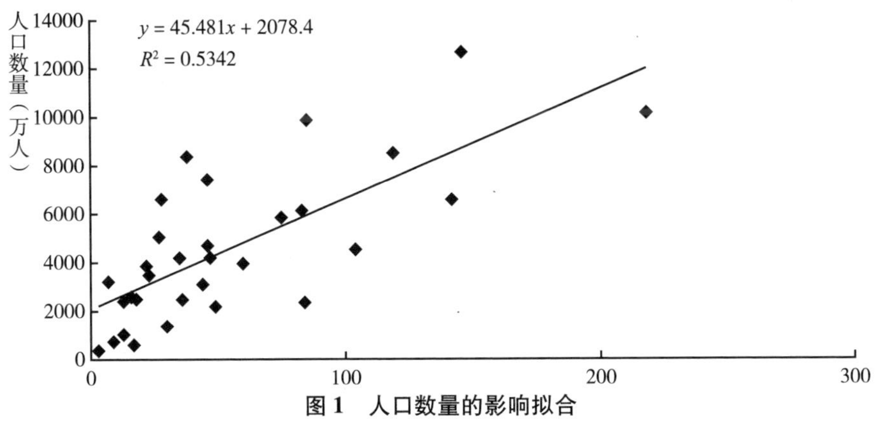

图1　人口数量的影响拟合

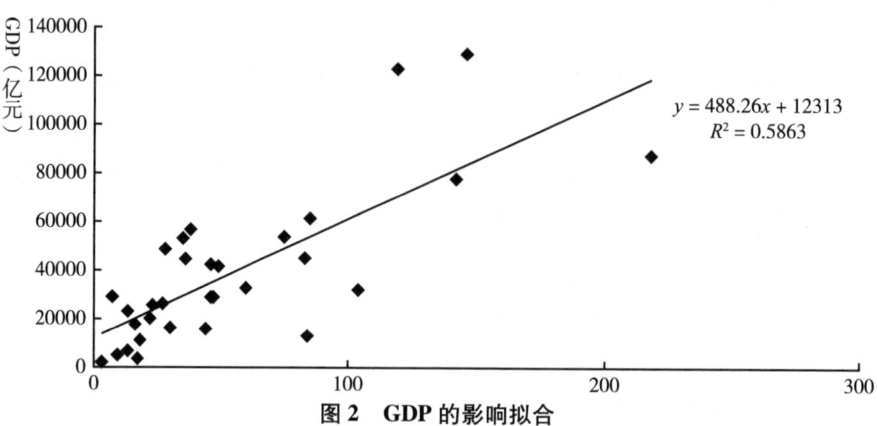

图 2　GDP 的影响拟合

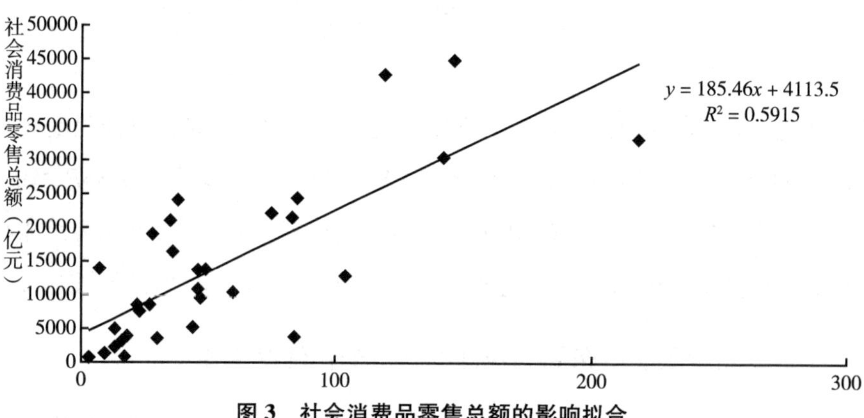

图 3　社会消费品零售总额的影响拟合

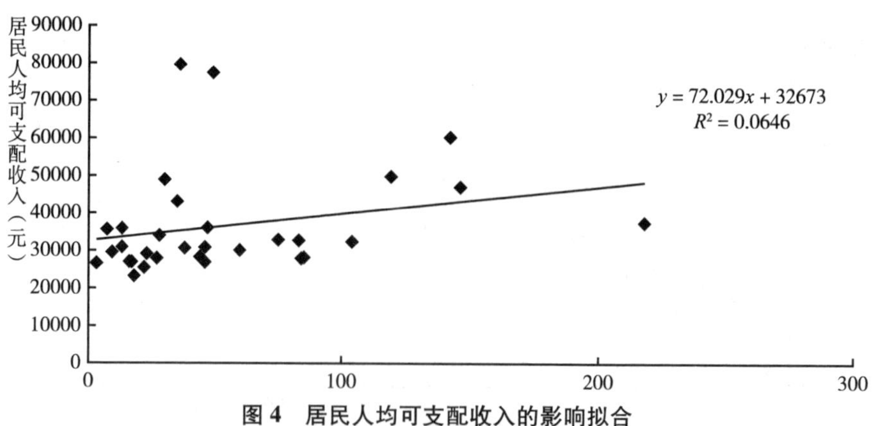

图 4　居民人均可支配收入的影响拟合

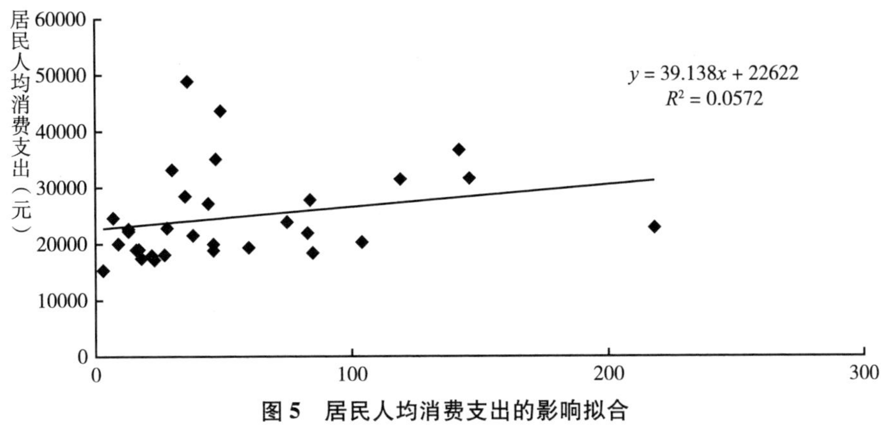

图 5　居民人均消费支出的影响拟合

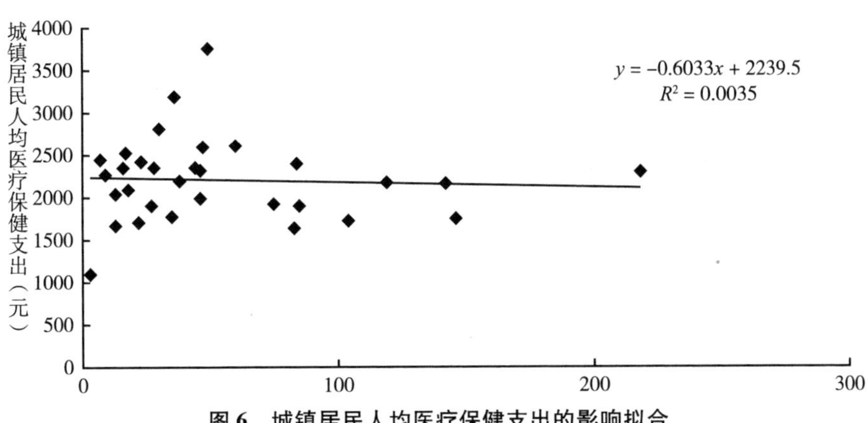

图 6　城镇居民人均医疗保健支出的影响拟合

从全国范围的生产布局看，人口数量、国内生产总值和社会消费品零售总额等 3 个影响因素的线性回归可能具有一定的拟合程度；而居民人均可支配收入、居民人均消费支出和城镇居民人均医疗保健支出等 3 个因素的拟合程度很差。

（二）对各区域生产布局的线性回归及拟合优度判断

我国各地区存在比较明显的差异，因此，课题组进一步分析这 6 个影响因素在各区域的状况。因为篇幅的限制，对各区域生产布局（生产企业数量）的线性回归及拟合优度判断不再显示回归分析的图像，仅用表格的形式显示计算结果和拟合系数。

（1）对华北区生产布局的线性回归及拟合优度判断。对华北区 6 个可能影响生产布局因素进行的线性回归及拟合优度的计算结果见表 18。

表 18　华北区生产布局的线性回归及拟合优度

影响因素	$y=bx+a$	R^2
人口数量	62. 274x+1364. 6	0. 1584
国内生产总值	609. 51x+10193	0. 6394
社会消费品零售总额	266. 65x+138. 09	0. 7144
居民人均可支配收入	709. 79x+21616	0. 2935
居民人均消费支出	367. 76x+15485	0. 2626
城镇居民人均医疗保健支出	24. 609x+1810. 8	0. 2687

对华北区可能影响生产布局因素的线性回归及拟合优度检验显示，“社会消费品零售总额”有一定的拟合程度；“国内生产总值”的拟合程度一般；其他影响因素的拟合程度都很差。

（2）对华东区生产布局的线性回归及拟合优度判断。对华东区 6 个可能影响生产布局因素进行的线性回归及拟合优度的计算结果见表 19。

表 19　华东区生产布局的线性回归及拟合优度

影响因素	$y=bx+a$	R^2
人口数量	36. 584x+2230. 1	0. 7832
国内生产总值(GDP)	266. 42x+38079	0. 2875
社会消费品零售总额	95. 439x+15426	0. 3379
居民人均可支配收入	−89. 321x+57349	0. 1108
居民人均消费支出	−63. 324x+36733	0. 1592
城镇居民人均医疗保健支出	−0. 6576x+2. 206	0. 0063

对华东区可能影响生产布局因素的线性回归及拟合优度检验显示，“人口数量”有一定的拟合程度；其他影响因素的拟合程度都很差。

（3）对西北区生产布局的线性回归及拟合优度判断。对西北区 6 个可能影响生产布局因素进行的线性回归及拟合优度的计算结果见表 20。

表 20　西北区生产布局的线性回归及拟合优度

影响因素	$y=bx+a$	R^2
人口数量	54. 9x+754	0. 6308
国内生产总值	520. 58x+1585. 2	0. 8054
社会消费品零售总额	179. 06x−348. 47	0. 9136
居民人均可支配收入	56. 916x+26044	0. 1833
居民人均消费支出	3. 9247x+18867	0. 0073
城镇居民人均医疗保健支出	6. 5179x+2211. 6	0. 4178

对西北区可能影响生产布局因素的线性回归及拟合优度检验显示，“社会消费品零售总额”的拟合程度较高；“国内生产总值”的拟合程度比较好；“人口数量”的拟合程度一般；“城镇居民人均医疗保健支出”的拟合程度比较差；“居民人均可支配收入”“居民人均消费支出”的拟合程度很差。

（4）对西南区生产布局的线性回归及拟合优度判断。对西南区 6 个可能影响生产布局因素进行的线性回归及拟合优度的计算结果见表 21。

表 21　西南区生产布局的线性回归及拟合优度

影响因素	$y=bx+a$	R^2
人口数量	118. 31x+1355. 3	0. 5908
国内生产总值	681. 09x+11625	0. 4202
社会消费品零售总额	250. 49x+5809. 3	0. 3051
居民人均可支配收入	−56. 011x+30392	0. 0641
居民人均消费支出	12. 984x+19352	0. 0048
城镇居民人均医疗保健支出	15. 202x+1599. 7	0. 2665

对西南区可能影响生产布局因素的线性回归及拟合优度检验显示，“人口数量”可能有一定的拟合程度；“国内生产总值”的拟合程度比较差；其他影响因素的拟合程度都很差。

（5）对中南区生产布局的线性回归及拟合优度判断。对中南区6个可能影响生产布局因素进行的线性回归及拟合优度的计算结果见表22。

表22　中南区生产布局的线性回归及拟合优度

影响因素	$y=bx+a$	R^2
人口数量	$71.879x+2361.4$	0.7987
国内生产总值	$792.75x+4916.7$	0.9036
社会消费品零售总额	$280.93x+2707.9$	0.9079
居民人均可支配收入	$104.5x+27015$	0.5488
居民人均消费支出	$67.232x+18635$	0.4710
城镇居民人均医疗保健支出	$-1.3209x+1997.7$	0.0785

对中南区可能影响生产布局因素的线性回归和拟合检验显示，“国内生产总值”“社会消费品零售总额”的拟合程度较高；“人口数量”有一定的拟合程度；“居民人均可支配收入”可能有一定的拟合程度；“居民人均消费支出”的拟合程度比较差；“城镇居民人均医疗保健支出”的拟合程度很差。

（6）对东北区生产布局的线性回归及拟合优度判断。对东北区6个可能影响生产布局因素进行的线性回归及拟合优度的计算结果见表23。

表23　东北区生产布局的线性回归及拟合优度

影响因素	$y=bx+a$	R^2
人口数量	$-31.954x+5078.6$	0.5861
国内生产总值	$-222.46x+32292$	0.3412
社会消费品零售总额	$-85.537x+11171$	0.4088

续表

影响因素	$y=bx+a$	R^2
居民人均可支配收入	−97.995x+36520	0.2271
居民人均消费支出	−75.003x+34389	0.1426
城镇居民人均医疗保健支出	−1.6098x+2541.3	0.0761

对东北区可能影响生产布局因素的线性回归及拟合优度检验显示，“人口数量”可能有一定的拟合程度；“社会消费品零售总额”的拟合程度比较差；其他影响因素的拟合程度都很差。

（三）同一影响因素在不同区域线性回归表现的比较

在对全国和各区域可能影响保健食品生产布局的6个影响因素进行计算和分析后，再对同一影响因素在不同区域的线性回归的表现与拟合优度进行观察（见表24）。

表24　全国以及各区的拟合系数 R^2

	全国	华北区	华东区	西北区	西南区	中南区	东北区
人口数量	0.5342	0.1584	0.7832	0.6308	0.5908	0.7987	0.5861
国内生产总值	0.5863	0.6394	0.2875	0.8054	0.4202	0.9036	0.3412
社会消费品零售总额	0.5915	0.7144	0.3379	0.9139	0.3051	0.9079	0.4088
居民人均可支配收入	0.0646	0.2935	0.1108	0.1833	0.0641	0.5488	0.2271
居民人均消费支出	0.0572	0.2626	0.1592	0.0073	0.0048	0.4712	0.1426
城镇居民人均医疗保健支出	0.0035	0.2687	0.0063	0.4178	0.2665	0.0785	0.0761

“人口数量”因素在全国范围可能有一定的拟合程度；在华东区和中南区有一定的拟合程度；在西北区的拟合程度一般；在西南区和东北区可能有一定的拟合程度；在华北区的拟合程度很差。

“国内生产总值”因素在全国范围可能有一定的拟合程度；在中南区的拟合程度较高；在西北区的拟合程度比较好；在华北区的拟合程度一般；在西南区的拟合程度比较差；在华东区和东北区的拟合程度很差。

“社会消费品零售总额”因素在全国范围可能有一定的拟合程度；在西北区和中南区的拟合程度较高；在华北区有一定的拟合程度；在东北区的拟合程度比较差；在华东区和西南区的拟合程度很差。

“居民人均可支配收入”因素在全国范围的拟合程度很差；在中南区可能有一定的拟合程度；在其他 5 个区域的拟合程度很差。

“居民人均消费支出”因素在全国范围的拟合程度很差；在中南区的拟合程度比较差；在其他 5 个区域的拟合程度很差。

“城镇居民人均医疗保健支出”因素在全国范围的拟合程度很差；在西北区的拟合程度比较差；在其他 5 个区域的拟合程度很差。

综上可见，在各区域中，一是拟合程度较高和比较好（$1>R^2\geqslant0.8$）的影响因素仅有“国内生产总值”“社会消费品零售总额”，而且仅出现在西北区和中南区。二是有一定的拟合程度和可能有一定的拟合程度（$0.8>R^2\geqslant0.5$）的影响因素有“人口数量”“国内生产总值”“社会消费品零售总额”“居民人均可支配收入”，其中，“人口数量”出现在华东区、西北区、西南区、中南区和东北区；“国内生产总值”和“社会消费品零售总额”仅出现在华北区；“居民人均可支配收入”仅出现在中南区。三是“居民人均可支配收入”“居民人均消费支出”“城镇居民人均医疗保健支出”3 个影响因素的拟合程度基本上都是比较差和很差（见表 25）。

表 25　全国以及各区的拟合程度

	全国	华北区	华东区	西北区	西南区	中南区	东北区
人口数量	可能有	很差	有一定	一般	可能有	有一定	可能有
国内生产总值	可能有	一般	很差	比较好	比较差	较高	很差
社会消费品零售总额	可能有	有一定	很差	较高	很差	较高	比较差
居民人均可支配收入	很差	很差	很差	很差	很差	可能有	很差
居民人均消费支出	很差	很差	很差	很差	很差	比较差	很差
城镇居民人均医疗保健支出	很差	很差	很差	比较差	很差	很差	很差

B.5
对保健食品剂型及分布结构的梳理与分析

张永建*

摘　要：　在我国食品生产许可的分类中，保健食品的剂型有18个，是生产许可类别中最多的。通过对3774个保健食品样本的剂型及分布结构梳理，硬胶囊剂、片剂、软胶囊剂、口服液、颗粒剂和粉剂等6个剂型的合计占比接近85%，是保健食品最多、最常见的剂型。对31个省（区、市）的保健食品生产企业的统计和模型计算显示，生产企业数量与剂型总数量具有强相关性；生产企业数量与剂型种类数量具有中度相关性；生产企业数量与企业平均剂型总量仅有负弱相关性。从市场和饮食传统视角考察，更加常见的食品或法律意义上的普通食品形态似更有利于实现“食品功能化，功能食品化”。

关键词：　保健食品　剂型　分布结构

根据2020年2月26日国家市场监管总局公布的《关于修订公布食品生产许可分类目录的公告》，保健食品共有18个剂型，分别是片剂（分类编号2701）、粉剂（分类编号2702）、颗粒剂（分类编号2703）、茶剂（分类编号2704）、硬胶囊剂（分类编号2705）、软胶囊剂（分类编号2706）、口服液（分类编号2707）、丸剂（分类编号2708）、膏剂（分类编号2709）、

---

* 张永建，中国社会科学院食品药品产业发展与监管研究中心主任，“中国保健食品产业发展研究课题组”组长。

饮料（分类编号 2710）、酒剂（分类编号 2711）、饼干类（分类编号 2712）、糖果类（分类编号 2713）、糕点类（分类编号 2714）、液体乳类（分类编号 2715）、原料提取物（分类编号 2716）、复配营养素（分类编号 2717）和其他类别（分类编号 2718），在 32 个食品生产许可类别中，保健食品的剂型（细分类别）是最多的。

一　保健食品的剂型结构与区域分布

课题组在 2022 年 9 月 30 日从 1692 家保健食品生产企业中抽取了 3774 个保健食品为样本，对样本中的剂型进行分类统计。

（一）样本剂型的结构

从样本剂型的分布结构看（见表 1），大致可以分为三类，第一类是比较多的剂型，主要有硬胶囊剂、片剂、软胶囊剂、口服液、颗粒剂和粉剂等 6 个剂型；第二类是比较少的剂型，主要有茶剂、酒剂、原料提取物、饮料、其他类别和膏剂等 6 个剂型；第三类是非常少的剂型，主要有丸剂、糖果类、复配营养素、液体乳类、饼干类和糕点类等 6 个剂型。

表 1　3774 个样本的剂型分布

单位：个，%

	剂型	数量	占比
1	硬胶囊剂	898	23.79
2	片剂	857	22.71
3	软胶囊剂	420	11.13
4	口服液	359	9.51
5	颗粒剂	350	9.27
6	粉剂	321	8.51
7	茶剂	138	3.66

续表

	剂型	数量	占比
8	酒剂	112	2.97
9	原料提取物	94	2.49
10	饮料	75	1.99
11	其他类别	63	1.67
12	膏剂	42	1.11
13	丸剂	18	0.48
14	糖果类	18	0.48
15	复配营养素	4	0.11
16	液体乳类	3	0.08
17	饼干类	1	0.03
18	糕点类	1	0.03

（二）样本剂型的区域分布

31个省（区、市）和新疆生产建设兵团（以下简称“兵团”）都有保健食品的生产，为此，我们对3774个样本中18个剂型的地域分布进行了相关的统计分析。

1. 硬胶囊剂

样本中有898个硬胶囊剂，生产地涉及31个省（区、市）（见表2）。

2. 片剂

样本中有857个片剂，生产地涉及31个省（区、市）。

3. 软胶囊剂

样本中有420个软胶囊剂，生产地涉及31个省（区、市）。

4. 口服液

样本中有359个口服液，生产地涉及28个省（区、市）。

5. 颗粒剂

样本中有350个颗粒剂，生产地涉及29个省（区、市）。

6. 粉剂

样本中有 321 个粉剂，生产地涉及 25 个省（区、市）。

7. 茶剂

样本中有 138 个茶剂，生产地涉及 24 个省（区、市）。

8. 酒剂

样本中有 112 个酒剂，生产地涉及 27 个省（区、市）。

9. 原料提取物

样本中有 94 个原料提取物，生产地涉及 21 个省（区、市）。

10. 饮料

样本中有 75 个饮料，生产地涉及 27 个省（区、市）。

11. 其他类别

样本中有 63 个其他类别，生产地涉及 15 个省（区、市）。

12. 膏剂

样本中有 42 个膏剂，生产地涉及 14 个省（区、市）。

13. 丸剂

样本中有 18 个丸剂，生产地涉及 11 个省（区、市）。

14. 糖果类

样本中有 18 个糖果类，生产地涉及 6 个省（区、市）。

15. 复配营养素

样本中有 4 个复配营养素，生产地涉及 4 个省（区、市）。

16. 液体乳类

样本中有 3 个液体乳类，生产地涉及 3 个省市。

17. 饼干类

样本中有 1 个饼干类，生产地为安徽省，占 100%，其他省（区、市）没有该剂型。

18. 糕点类

样本中有 1 个糕点类，生产地为广东省，占 100%，其他省（区、市）没有该剂型。

表 2-1 样本中剂型在 31 个省（区、市）及兵团的分布

单位：个，%

序号	硬胶囊剂			片剂			软胶囊剂			口服液			颗粒剂			粉剂		
	区域	数量	占比	区域	数量	占比	区域	数量	占比	区域	数量	占比	区域	数量	占比	区域	数量	占比
1	山东	89	9.91	山东	110	12.84	山东	56	13.33	江西	58	16.16	山东	40	11.43	广东	49	15.26
2	江苏	71	7.91	湖北	87	10.15	广东	47	11.19	山东	54	15.04	广东	39	11.14	山东	38	11.84
3	广东	70	7.80	广东	86	10.04	湖北	44	10.48	广东	36	10.03	江西	36	10.29	浙江	37	11.53
4	浙江	66	7.35	江西	72	8.40	浙江	32	7.62	吉林	25	6.96	湖北	29	8.29	江苏	37	11.53
5	湖北	65	7.24	浙江	51	5.95	吉林	22	5.24	浙江	19	5.29	浙江	28	8.00	安徽	24	7.48
6	贵州	54	6.01	江苏	50	5.83	北京	17	4.05	江苏	16	4.46	陕西	27	7.71	黑龙江	15	4.67
7	吉林	44	4.90	吉林	42	4.90	江苏	16	3.81	新疆	14	3.90	吉林	24	6.86	江西	12	3.74
8	陕西	42	4.68	河南	39	4.55	安徽	15	3.57	贵州	13	3.62	安徽	17	4.86	吉林	12	3.74
9	江西	38	4.23	安徽	29	3.38	陕西	14	3.33	北京	10	2.79	江苏	16	4.57	湖北	12	3.74
10	甘肃	32	3.56	云南	28	3.27	江西	13	3.10	辽宁	10	2.79	云南	12	3.43	北京	12	3.74
11	辽宁	26	2.90	北京	25	2.92	云南	13	3.10	福建	10	2.79	上海	11	3.14	天津	10	3.12
12	安徽	25	2.78	陕西	25	2.92	青海	13	3.10	河南	9	2.51	黑龙江	8	2.29	上海	9	2.80
13	北京	25	2.78	四川	23	2.68	河南	12	2.86	黑龙江	9	2.51	北京	7	2.00	辽宁	8	2.49
14	青海	24	2.67	河北	22	2.57	上海	12	2.86	安徽	9	2.51	河北	6	1.71	河北	8	2.49
15	云南	23	2.56	天津	18	2.10	黑龙江	11	2.62	湖北	7	1.95	天津	6	1.71	福建	8	2.49
16	四川	22	2.45	福建	18	2.10	新疆	11	2.62	陕西	7	1.95	福建	6	1.71	四川	4	1.25
17	河北	21	2.34	黑龙江	17	1.98	河北	10	2.38	四川	7	1.95	河南	4	1.14	云南	4	1.25
18	上海	21	2.34	辽宁	14	1.63	贵州	9	2.14	云南	7	1.95	四川	4	1.14	湖南	4	1.25
19	福建	21	2.34	上海	14	1.63	辽宁	7	1.67	湖南	6	1.67	湖南	4	1.14	广西	4	1.25
20	黑龙江	20	2.23	湖南	14	1.63	天津	7	1.67	天津	5	1.39	广西	4	1.14	陕西	3	0.93

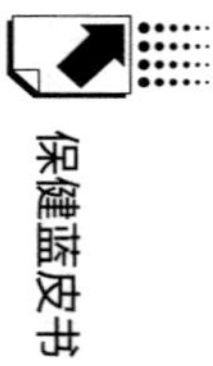

续表

序号	硬胶囊剂			片剂			软胶囊剂			口服液			颗粒剂			粉剂		
	区域	数量	占比	区域	数量	占比	区域	数量	占比	区域	数量	占比	区域	数量	占比	区域	数量	占比
21	天津	20	2.23	甘肃	14	1.63	山西	7	1.67	河北	5	1.39	甘肃	4	1.14	山西	3	0.93
22	广西	16	1.78	广西	11	1.28	甘肃	7	1.67	上海	4	1.11	内蒙古	4	1.14	内蒙古	3	0.93
23	湖南	15	1.67	新疆	10	1.17	四川	5	1.19	广西	4	1.11	青海	4	1.14	甘肃	2	0.62
24	山西	10	1.11	山西	8	0.93	湖南	5	1.19	山西	4	1.11	辽宁	3	0.86	青海	2	0.62
25	河南	9	1.00	贵州	8	0.93	广西	4	0.95	青海	4	1.11	山西	3	0.86	海南	1	0.31
26	新疆	8	0.89	青海	6	0.70	福建	3	0.71	甘肃	3	0.84	贵州	1	0.29	河南	0	0.00
27	海南	7	0.78	海南	6	0.70	宁夏	3	0.71	内蒙古	3	0.84	海南	1	0.29	贵州	0	0.00
28	宁夏	5	0.56	内蒙古	5	0.58	内蒙古	2	0.48	海南	1	0.28	宁夏	1	0.29	宁夏	0	0.00
29	重庆	4	0.45	重庆	2	0.23	重庆	1	0.24	宁夏	0	0.00	重庆	1	0.29	重庆	0	0.00
30	内蒙古	3	0.33	宁夏	2	0.23	海南	1	0.24	重庆	0	0.00	新疆	0	0.00	新疆	0	0.00
31	西藏	2	0.22	西藏	1	0.12	兵团	1	0.24	新疆	0	0.00	西藏	0	0.00	西藏	0	0.00
32	兵团	0	0.00	兵团	0	0.00	西藏	0	0.00	兵团	0	0.00	兵团	0	0.00	兵团	0	0.00
小计		898	100	小计	857	100	小计	420	100	小计	359	100	小计	350	100	小计	321	100

表 2-2　样本中剂型在 31 个省（区、市）及兵团的分布

单位：个，%

序号	茶剂			酒剂			原料提取物			饮料			其他类别			膏剂		
	区域	数量	占比	区域	数量	占比	区域	数量	占比	区域	数量	占比	区域	数量	占比	区域	数量	占比
1	陕西	19	13.77	山东	17	15.18	浙江	19	20.21	广东	10	13.33	山东	16	25.40	江西	10	23.81
2	湖北	18	13.04	江西	10	8.93	陕西	16	17.02	浙江	8	10.67	北京	9	14.29	山东	7	16.67
3	广东	14	10.14	吉林	8	7.14	江苏	13	13.83	江苏	5	6.67	陕西	9	14.29	浙江	7	16.67
4	山东	11	7.97	广东	6	5.36	安徽	6	6.38	山东	4	5.33	广东	8	12.70	吉林	3	7.14
5	北京	8	5.80	浙江	6	5.36	山东	5	5.32	福建	4	5.33	吉林	5	7.94	辽宁	3	7.14
6	福建	7	5.07	云南	6	5.36	河南	5	5.32	安徽	3	4.00	辽宁	4	6.35	江苏	2	4.76
7	河北	6	4.35	江苏	5	4.46	甘肃	5	5.32	湖北	3	4.00	青海	3	4.76	河北	2	4.76
8	江西	5	3.62	安徽	5	4.46	湖南	4	4.26	陕西	3	4.00	江西	2	3.17	云南	2	4.76
9	安徽	5	3.62	辽宁	5	4.46	北京	3	3.19	河北	3	4.00	浙江	1	1.59	广东	1	2.38
10	湖南	5	3.62	山西	5	4.46	广东	2	2.13	甘肃	3	4.00	湖北	1	1.59	湖北	1	2.38
11	广西	5	3.62	广西	4	3.57	吉林	2	2.13	云南	3	4.00	河北	1	1.59	四川	1	2.38
12	新疆	5	3.62	贵州	4	3.57	黑龙江	2	2.13	江西	2	2.67	上海	1	1.59	黑龙江	1	2.38
13	浙江	4	2.90	甘肃	4	3.57	天津	2	2.13	吉林	2	2.67	天津	1	1.59	福建	1	2.38
14	四川	4	2.90	四川	3	2.68	广西	2	2.13	辽宁	2	2.67	湖南	1	1.59	广西	1	2.38
15	黑龙江	4	2.90	河北	3	2.68	新疆	2	2.13	四川	2	2.67	山西	1	1.59	北京	0	0.00
16	江苏	3	2.17	内蒙古	3	2.68	湖北	1	1.06	上海	2	2.67	江苏	0	0.00	陕西	0	0.00
17	云南	3	2.17	湖北	2	1.79	辽宁	1	1.06	天津	2	2.67	福建	0	0.00	青海	0	0.00
18	天津	3	2.17	北京	2	1.79	云南	1	1.06	广西	2	2.67	安徽	0	0.00	上海	0	0.00
19	辽宁	2	1.45	黑龙江	2	1.79	上海	1	1.06	贵州	2	2.67	甘肃	0	0.00	天津	0	0.00
20	贵州	2	1.45	天津	2	1.79	福建	1	1.06	宁夏	2	2.67	云南	0	0.00	湖南	0	0.00

续表

序号	茶剂			酒剂			原料提取物			饮料			其他类别			膏剂		
	区域	数量	占比	区域	数量	占比	区域	数量	占比	区域	数量	占比	区域	数量	占比	区域	数量	占比
21	甘肃	2	1.45	青海	2	1.79	青海	1	1.06	重庆	2	2.67	四川	0	0.00	山西	0	0.00
22	上海	1	0.72	新疆	2	1.79	江西	0	0.00	北京	1	1.33	广西	0	0.00	安徽	0	0.00
23	山西	1	0.72	海南	2	1.79	四川	0	0.00	黑龙江	1	1.33	贵州	0	0.00	甘肃	0	0.00
24	内蒙古	1	0.72	陕西	1	0.89	河北	0	0.00	山西	1	1.33	宁夏	0	0.00	贵州	0	0.00
25	吉林	0	0.00	上海	1	0.89	山西	0	0.00	青海	1	1.33	重庆	0	0.00	宁夏	0	0.00
26	河南	0	0.00	福建	1	0.89	贵州	0	0.00	海南	1	1.33	黑龙江	0	0.00	重庆	0	0.00
27	青海	0	0.00	湖南	1	0.89	内蒙古	0	0.00	西藏	1	1.33	海南	0	0.00	海南	0	0.00
28	海南	0	0.00	河南	0	0.00	海南	0	0.00	河南	0	0.00	西藏	0	0.00	西藏	0	0.00
29	宁夏	0	0.00	宁夏	0	0.00	宁夏	0	0.00	湖南	0	0.00	河南	0	0.00	河南	0	0.00
30	重庆	0	0.00	重庆	0	0.00	重庆	0	0.00	新疆	0	0.00	新疆	0	0.00	新疆	0	0.00
31	西藏	0	0.00	西藏	0	0.00	西藏	0	0.00	内蒙古	0	0.00	内蒙古	0	0.00	内蒙古	0	0.00
32	兵团	0	0.00	兵团	0	0.00	兵团	0	0.00	兵团	0	0.00	兵团	0	0.00	兵团	0	0.00
小计		138	100	小计	112	100	小计	94	100	小计	75	100	小计	63	100	小计	42	100

表 2-3　样本中剂型在 31 个省（区、市）及兵团的分布

单位：个，%

序号	丸剂			糖果类			复配营养素			液体乳类			饼干类			糕点类		
	区域	数量	占比	区域	数量	占比	区域	数量	占比	区域	数量	占比	区域	数量	占比	区域	数量	占比
1	广东	3	16.67	江西	6	33.33	江苏	2	50.00	北京	1	33.33	安徽	1	100	广东	1	100
2	浙江	2	11.11	广东	4	22.22	上海	1	25.00	天津	1	33.33	江西	0	0.00	江西	0	0.00
3	吉林	2	11.11	安徽	3	16.67	陕西	1	25.00	安徽	1	33.33	山东	0	0.00	山东	0	0.00
4	河北	2	11.11	福建	3	16.67	江西	0	0.00	江西	0	0.00	浙江	0	0.00	浙江	0	0.00
5	四川	2	11.11	浙江	1	5.56	山东	0	0.00	山东	0	0.00	吉林	0	0.00	吉林	0	0.00
6	云南	2	11.11	湖南	1	5.56	浙江	0	0.00	浙江	0	0.00	辽宁	0	0.00	辽宁	0	0.00
7	北京	1	5.56	山东	0	0.00	吉林	0	0.00	吉林	0	0.00	江苏	0	0.00	江苏	0	0.00
8	江西	1	5.56	吉林	0	0.00	辽宁	0	0.00	辽宁	0	0.00	河北	0	0.00	河北	0	0.00
9	陕西	1	5.56	辽宁	0	0.00	河北	0	0.00	江苏	0	0.00	云南	0	0.00	云南	0	0.00
10	辽宁	1	5.56	河北	0	0.00	云南	0	0.00	河北	0	0.00	湖北	0	0.00	湖北	0	0.00
11	天津	1	5.56	云南	0	0.00	湖北	0	0.00	云南	0	0.00	四川	0	0.00	四川	0	0.00
12	山东	0	0.00	湖北	0	0.00	四川	0	0.00	湖北	0	0.00	黑龙江	0	0.00	黑龙江	0	0.00
13	湖北	0	0.00	四川	0	0.00	黑龙江	0	0.00	四川	0	0.00	福建	0	0.00	福建	0	0.00
14	黑龙江	0	0.00	黑龙江	0	0.00	福建	0	0.00	黑龙江	0	0.00	广西	0	0.00	广西	0	0.00
15	广西	0	0.00	广西	0	0.00	广西	0	0.00	福建	0	0.00	北京	0	0.00	北京	0	0.00
16	青海	0	0.00	青海	0	0.00	青海	0	0.00	广西	0	0.00	陕西	0	0.00	陕西	0	0.00
17	山西	0	0.00	山西	0	0.00	湖南	0	0.00	陕西	0	0.00	青海	0	0.00	青海	0	0.00
18	甘肃	0	0.00	甘肃	0	0.00	山西	0	0.00	青海	0	0.00	上海	0	0.00	上海	0	0.00
19	贵州	0	0.00	贵州	0	0.00	甘肃	0	0.00	上海	0	0.00	天津	0	0.00	天津	0	0.00
20	宁夏	0	0.00	宁夏	0	0.00	贵州	0	0.00	湖南	0	0.00	湖南	0	0.00	湖南	0	0.00

续表

序号	丸剂			糖果类			复配营养素			液体乳类			饼干类			糕点类		
	区域	数量	占比	区域	数量	占比	区域	数量	占比	区域	数量	占比	区域	数量	占比	区域	数量	占比
21	重庆	0	0.00	重庆	0	0.00	宁夏	0	0.00	山西	0	0.00	山西	0	0.00	山西	0	0.00
22	海南	0	0.00	海南	0	0.00	重庆	0	0.00	甘肃	0	0.00	甘肃	0	0.00	安徽	0	0.00
23	西藏	0	0.00	西藏	0	0.00	海南	0	0.00	贵州	0	0.00	贵州	0	0.00	甘肃	0	0.00
24	河南	0	0.00	河南	0	0.00	西藏	0	0.00	宁夏	0	0.00	宁夏	0	0.00	贵州	0	0.00
25	新疆	0	0.00	新疆	0	0.00	河南	0	0.00	重庆	0	0.00	重庆	0	0.00	宁夏	0	0.00
26	内蒙古	0	0.00	内蒙古	0	0.00	新疆	0	0.00	海南	0	0.00	海南	0	0.00	重庆	0	0.00
27	江苏	0	0.00	北京	0	0.00	内蒙古	0	0.00	西藏	0	0.00	西藏	0	0.00	海南	0	0.00
28	上海	0	0.00	天津	0	0.00	广东	0	0.00	河南	0	0.00	河南	0	0.00	西藏	0	0.00
29	福建	0	0.00	江苏	0	0.00	北京	0	0.00	新疆	0	0.00	新疆	0	0.00	河南	0	0.00
30	安徽	0	0.00	上海	0	0.00	天津	0	0.00	广东	0	0.00	内蒙古	0	0.00	新疆	0	0.00
31	湖南	0	0.00	陕西	0	0.00	安徽	0	0.00	内蒙古	0	0.00	广东	0	0.00	内蒙古	0	0.00
32	兵团	0	0.00	兵团	0	0.00	兵团	0	0.00	兵团	0	0.00	兵团	0	0.00	兵团	0	0.00
小计		18	100	小计	18	100	小计	4	100	小计	3	100	小计	1	100	小计	1	100

二 剂型选择

（一）剂型选择的影响因素

从对样本的统计可见，硬胶囊剂和片剂的占比均超过 20%；软胶囊剂占比超过 10%；口服液和颗粒剂的占比均接近 10%；粉剂的占比超过 8%，这 6 个剂型合计占比接近 85%。此外，丸剂、糖果类、复配营养素、液体乳类、饼干类和糕点类 6 个剂型占比均不到 1%，合计起来也仅占 1.21%。茶剂、酒剂、原料提取物、饮料、其他类别和膏剂等 6 个剂型合计占 13.89%。

虽然保健食品在 32 个食品生产许可类别中拥有最多的剂型，但从这 3774 个样本统计发现，硬胶囊剂、片剂、软胶囊剂、口服液、颗粒剂和粉剂等 6 个剂型在保健食品可以使用的 18 个剂型中占有绝对的优势。这 6 个剂型之所以占比高，与其特点有关，例如，片剂，具有生产工艺相对简单、成本较低、有效成分比较稳定等特性，不易受环境影响；剂量准确且可以根据需要制作成不同剂量的产品，方便人们准确使用。胶囊，一是具有比较好的包裹性，可以有效地保护有效成分，对于需要以肠吸收为主时，可以在一定程度上防止有效成分在胃酸等环境下被破坏；二是胶囊体积较小且外观光滑，比较容易吞咽，适合老年和吞咽困难的人；三是胶囊内的有效成分可以慢慢释放，延长有效成分持续的时间；四是由于胶囊的包裹，大多不需要特别的调味；等等。而且这些剂型便于携带、服用方便，生产过程中的剂量控制更容易实现。

另外，相较于茶剂、酒剂、饮料、糖果类、液体乳类、饼干类和糕点类等食品形态的剂型来说，胶囊和片剂等剂型更趋向于药品的常见形态，这也导致一些消费者想当然或在潜意识中将保健食品趋同于药品。虽然食品形态更有利于“食品功能化，功能食品化”，但从保健食品的角度看，食品形态的剂型面临的挑战和难度相较于药品形态的难度更大，例如，剂量控制、口味调整、包装、产品存储空间等，这必然对研发、有效成分保持、成本管理和市场营销等提出了更高的要求。

（二）样本中剂型数量和剂型种类在31个省（区、市）及生产企业中的分布

在上述对样本的相关分析后，进一步分析剂型的数量和18个剂型种类在31个省（区、市）及各生产企业的分布，一是考察31个省（区、市）拥有的剂型总量和剂型种类，二是考察各生产企业平均拥有的剂型总量（见表3）。此外，因为无法获得和统计出生产企业平均拥有的剂型种类，所以无法从这个维度进行考察。

表3　31个省（区、市）及生产企业拥有的剂型总量与剂型种类

单位：家，个

省（区、市）	生产企业数量	剂型总量	剂型种类数量	企业平均剂型总量
山　东	218	447	12	2.05
广　东	146	376	15	2.58
浙　江	142	281	14	1.98
江　苏	119	236	12	1.98
江　西	104	265	13	2.55
河　南	85	78	6	0.92
吉　林	84	191	12	2.27
安　徽	83	143	13	1.72
湖　北	75	270	12	3.6
陕　西	60	168	13	2.8
北　京	49	121	13	2.45
辽　宁	47	86	13	1.83
云　南	46	104	12	2.26
河　北	46	89	12	1.93
黑龙江	44	90	11	2.05
四　川	38	77	11	2.03
上　海	36	78	12	2.17
福　建	35	83	12	2.37
天　津	30	78	13	2.60
湖　南	28	60	11	2.14
广　西	27	57	11	2.11

续表

省(区、市)	生产企业数量	剂型总量	剂型种类数量	企业平均剂型总量
山　西	23	43	10	1.87
贵　州	22	93	8	4.23
甘　肃	18	76	10	4.22
青　海	17	60	10	3.53
新　疆	16	39	6	2.44
海　南	13	20	8	1.54
内蒙古	13	24	8	1.85
宁　夏	9	13	5	1.44
重　庆	7	10	5	1.43
西　藏	3	18	4	6.00

注：新疆生产建设兵团数据并入新疆。

根据对样本在31个省（区、市）及生产企业拥有的剂型总量与剂型种类的统计，一是剂型总量排名前8位的是山东、广东、浙江、湖北、江西、江苏、吉林和陕西，此外，安徽、北京和云南拥有的剂型总量均超过100个，其他的省（区、市）均不到100个；二是从剂型种类数量在各省（区、市）的分布看，没有一个省（区、市）拥有所有的18个剂型；三是拥有剂型前两位的省份是广东和浙江，分别有15个和14个，有8个省（区、市）的剂型种类数量不到10个，其他省（区、市）的剂型种类数量在10~13个。每个省（区、市）剂型的具体分布见表4。

通过观察可以看出，每个省（区、市）的剂型总量与该省（区、市）企业数量具有正相关性，为此，我们通过模型分析判断企业数量对剂型总量、剂型种类和企业平均剂型总量的线性相关程度。

相关系数计算模型为：

$$r = \frac{\sum_{i=1}^{n}(x_i - \bar{x})(y_i - \bar{y})}{\sqrt{\sum_{i=1}^{n}(x_i - \bar{x})^2}\sqrt{\sum_{i=1}^{n}(y_i - \bar{y})^2}}$$

表 4　样本中 31 个省（区、市）及兵团保健食品剂型数量

单位：个

地区	硬胶囊剂	片剂	软胶囊剂	口服液	颗粒剂	粉剂	茶剂	酒剂	原料提取物	饮料	其他类别	膏剂	丸剂	糖果类	复配营养素	液体乳类	饼干类	糕点类
山　东	89	110	56	54	40	38	11	17	5	4	16	7	0	0	0	0	0	0
江　苏	71	50	16	16	16	37	3	5	13	5	0	2	0	0	2	0	0	0
广　东	70	86	47	36	39	49	14	6	2	10	8	1	3	4	0	0	0	1
浙　江	66	51	32	19	28	37	4	6	19	8	1	7	2	1	0	0	0	0
湖　北	65	87	44	7	29	12	18	2	1	3	1	1	0	0	0	0	0	0
贵　州	54	8	9	13	1	0	2	4	0	2	0	0	0	0	0	0	0	0
吉　林	44	42	22	25	24	12	0	8	2	2	5	3	2	0	0	0	0	0
陕　西	42	25	14	7	27	3	19	1	16	3	9	0	1	0	1	0	0	0
江　西	38	72	13	58	36	12	5	10	0	2	2	10	1	6	0	0	0	0
甘　肃	32	14	7	3	4	2	2	4	5	3	0	0	0	0	0	0	0	0
辽　宁	26	14	7	10	3	8	2	5	1	2	4	3	1	0	0	0	0	0
安　徽	25	29	15	9	17	24	5	5	6	3	0	0	0	3	0	1	1	0
北　京	25	25	17	10	7	12	8	2	3	1	9	0	1	0	0	1	0	0
青　海	24	6	13	4	4	2	0	2	1	1	3	0	0	0	0	0	0	0
云　南	23	28	13	7	12	4	3	6	1	3	0	2	2	0	0	0	0	0
四　川	22	23	5	7	4	4	4	3	0	2	0	1	2	0	0	0	0	0
福　建	21	18	3	10	6	8	7	1	1	4	0	1	0	3	0	0	0	0
河　北	21	22	10	5	6	8	6	3	0	3	1	2	2	0	0	0	0	0
上　海	21	14	12	4	11	9	1	1	1	2	1	0	0	0	1	0	0	0
黑龙江	20	17	11	9	8	15	4	2	2	1	0	1	0	0	0	0	0	0

续表

地区	硬胶囊剂	片剂	软胶囊剂	口服液	颗粒剂	粉剂	茶剂	酒剂	原料提取物	饮料	其他类别	膏剂	丸剂	糖果类	复配营养素	液体乳类	饼干类	糕点类
天津	20	18	7	5	6	10	3	2	2	2	1	0	1	0	0	1	0	0
广西	16	11	4	4	4	4	5	4	2	2	0	1	0	0	0	0	0	0
湖南	15	14	5	6	4	4	5	1	4	0	1	0	0	1	0	0	0	0
山西	10	8	7	4	3	3	1	5	0	1	1	0	0	0	0	0	0	0
河南	9	39	12	9	4	0	0	0	5	0	0	0	0	0	0	0	0	0
新疆	8	10	11	0	0	0	5	2	2	0	0	0	0	0	0	0	0	0
海南	7	6	1	1	1	1	0	2	0	1	0	0	0	0	0	0	0	0
宁夏	5	2	3	0	1	0	0	0	0	2	0	0	0	0	0	0	0	0
重庆	4	2	1	0	1	0	0	0	0	2	0	0	0	0	0	0	0	0
内蒙古	3	5	2	3	4	3	1	3	0	0	0	0	0	0	0	0	0	0
西藏	2	1	0	14	0	0	0	0	0	1	0	0	0	0	0	0	0	0
兵团	0	0	1	0	0	0	0	0	0	0	0	0	0	0	0	0	0	0
小计	898	857	420	359	350	321	138	112	94	75	63	42	18	18	4	3	1	1

计算结果显示：生产企业数量与剂型总量的相关系数 $r=0.946$，说明生产企业数量与剂型总量具有强相关性；生产企业数量与剂型种类数量的相关系数 $r=0.550$，说明生产企业数量与剂型种类数量具有中度相关性；生产企业数量与企业平均剂型总量的相关系数 $r=-0.200$，说明生产企业数量与企业平均剂型总量仅有负弱相关性（见图 1）。

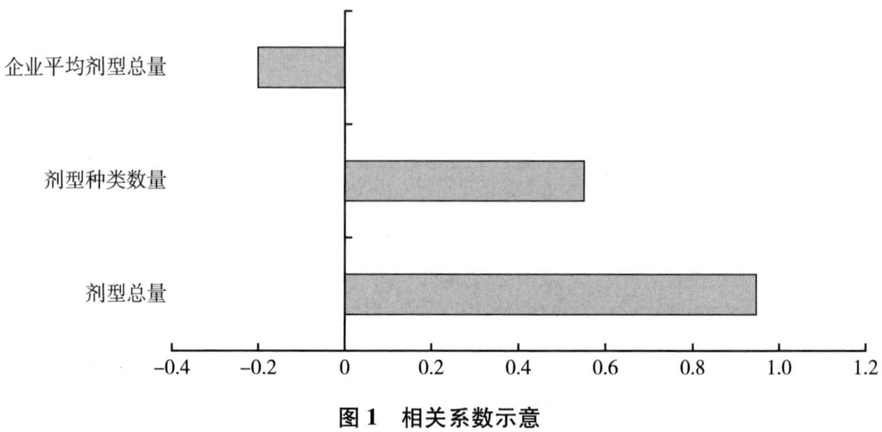

图 1　相关系数示意

特别需要说明的是，因为不同剂型需要有不同的生产线、不同的生产工艺和不同的标准，甚至不同的原料，所以，生产企业平均拥有的剂型总量中，很可能是同样的剂型种类，例如，多种规格的胶囊或片剂，这种情况在中小企业非常普遍，在课题组的调研中，即使是大型企业，其主要产品剂型种类大多仅是三五个。

B.6

保健食品的科技应用与发展研究

曹　庸*

摘　要：　功能性保健食品作为一种受到越来越多人关注的产品，其研究与发展离不开科技的推动。在食品科学领域，科学技术被广泛应用于功能成分的挖掘与提取、活性评价、配方设计等方面，促进了这些领域的飞速发展。保健食品的科技应用满足了原料研发、加工技术研发、产品评价和安全性评价等方面的核心需求，尤其是超临界流体色谱技术、快速规模化高效筛选模型和中药网络药理学等新兴科技在保健食品研究中展现出巨大的应用潜力。食品科技朝着创新、绿色和健康的方向不断发展，必须满足质量控制和监管的需求。要建立全面的科技应用监管机制，加强基础研究，以确保保健食品科技应用的安全、有效和规范。这将有助于提高保健食品的质量和功能性，并为公众的健康提供更好的保障。

关键词：　保健食品　食品科学　科技应用　功能　原料

一　保健食品的科技应用与发展

（一）保健食品对科学技术的核心需求

保健食品是介于药品和普通食品之间的特殊食品，其定义清晰明确了保健食品的基本要求，保健食品是适用于特定人群食用，具有调节机体的功

* 曹庸，华南农业大学食品学院教授。

能，不以治疗疾病为目的，并且对人体不产生任何急性、亚急性或慢性危害的食品。随着生物技术、人工智能、大数据和先进制造等技术的快速兴起和蓬勃发展，我国保健食品科学技术也在快速更新迭代。近些年，科学技术在保健食品加工领域推陈出新，其核心目的在于精准指导保健食品原料开发、生产控制和产品应用；严格界定保健原料和食品的安全性和功能性；开发新型加工及生产方式，提升企业生产效率。因此，保健食品科技应用满足的核心需求主要包括保健食品原料研发、加工技术研发、形成的产品以及产品安全性评价和功能性评价等5个方面。

1. 保健食品原料研发

保健食品属于特殊食品范畴，其原料目录来源广泛、监管严格。原料是保健食品生产的根本保障，它的安全直接影响保健食品的质量安全。目前，我国保健食品可使用的原料包括普通食品原料、新食品原料、保健食品原料以及按照传统既是食品又是中药材的物质，具体内容如表1所示。保健食品原料领域对科学技术的核心需求在于：①开发安全性高、功能性强的新型保健食品原料；②完善原有保健食品使用目录中原料的质量标准。

表1　保健食品原料执行标准和法规

类别	标准号/法规	标准名称/法规名称
普通食品原料	GB26687	复配食品添加剂通则
	GB2760	食品添加剂使用标准
	GB14880	食品营养强化剂使用标准
		中国食物成分表(2004)
		可用于婴幼儿食品的菌种名单
		可用于食品的菌种名单
		其他普通食品
新食品原料	—	新资源食品名单
保健食品原料	—	保健食品原料目录
	—	可用于保健食品的真菌菌种名单
药食同源	—	中华人民共和国药典

在当今科技高速发展的背景下，快速挖掘食品功能活性物质已经成为保健食品发展的核心需求。

不同于发达国家，我国保健食品原料种类广泛、来源复杂，原料质量控制面临着巨大的挑战。国产化原辅料和药食同源食品存在国家标准、行业标准和质量控制方面参考依据的缺失。部分原料应用时间较短，原料的稳定性和安全性有待进一步考察，而且长期食用、药用经验安全研究方向上缺少系统全面的毒理学研究资料。保健食品中舶来品和国产化产品原料差异明显、市场规范要求不一，如何保证在市场流通中产品的安全性是现阶段我国面临的巨大挑战。

2. 保健食品加工工艺

保健食品加工工艺安全规范最早出现在 1998 年出台的《保健食品良好生产规范》标准中，该标准一直沿用至今，其中明确规定了对生产具有特定保健功能食品企业的人员、设计与设施、原料、生产过程、成品贮存与运输以及品质和卫生管理方面的基本技术要求。其中在备案制保健食品产品中，生产工艺必须执行《保健食品备案产品主要生产工艺（试行）》（见表 2），该文件明确规定片剂、硬胶囊剂、软胶囊剂、口服液、颗粒以及经预混、包埋、微囊化等前处理的原料等工艺要求规范。保健食品加工领域对科学技术的核心需求在于：①完善中草药原料加工方式中的提取、配伍方式；②解决产品加工过程中实际存在的物化变化，例如，口服液等提取产品出现二次沉淀，添加物混料的均一性，溶解性差等现象。

表 2　保健食品加工工艺执行标准和法规

标准/法规号	标准/法规名称
GB 17405-1998	《保健食品良好生产规范》
—	《保健食品备案产品主要生产工艺（试行）》

保健食品生产加工必须满足上述标准和法规规定的要求，在其基础上进一步完善生产制度，规范生产要求，严格落实食品安全。然而实际生产加工保健食品过程中问题层出不穷，一直在挑战保健食品安全底线。实际加工工

艺需要关注以下三个方面。

一是保健食品中的提取物原料中溶剂残留和工艺问题。目前保健食品原料提取物标准尚不完善、部分检验方法不统一、提取后溶剂残留是保健食品原料提取面临的挑战之一。保健食品原料提取主要采用水提，少部分采用乙醇等溶剂提取，提取溶剂对保健食品安全性以及功能性的影响存在较大的争议，目前只有确定了原料、功能和标志性成分之后，固化相应的制法工艺，保证原材料安全性和有效性，才能最终保证产品功效。

二是保健食品中的原料复方复配问题。中药类保健食品在加工过程中通常是在中医药理论的指导下，将两种或多种中药进行配合使用，其化学成分的多样性和化学反应的多样性使产品加工过程成为一个复杂体系。不同组分之间、靶点之间、组分与靶点之间均发生密切的拮抗或协同作用，众多化学成分通过对多靶点、多途径的整合而呈现多效性，而这种多样性是否会产生有毒有害成分，是否会对安全和功效产生影响有待进一步验证。

三是随着技术的快速发展，新技术、新工艺的安全性对保健食品安全评价也有一定的影响。传统的安全性评价方法难以全面检测保健食品的安全性，应探索和寻找新的评价方法。

3. 保健食品产品

保健食品是在符合原料和加工工艺安全条件下生产的合格产品。现有的保健食品只明确适用范围：一类以健康人群为对象，主要为了补充营养素、满足生命周期不同阶段的需求；另一类主要供给某些生理功能有问题的人食用，强调保健食品在预防疾病和促进康复方面的调节功能。保健食品适用范围过于宽广，产品功效在适用人群范围上没有明确规定。理应在科学技术的指导下，结合膳食营养素参考摄入量规范不同保健食品的具体应用范围和适用人群，在安全、有效的剂量下适当引导大众选择合适的保健产品。

在现有的保健食品大环境下，保健食品存在的主要问题归纳为以下几方面：植物源成分掺假、农药残留等，重金属超标；动物源成分抗生素、激素、抗菌类药物使用；中草药内源性毒性；中药配伍之间的复杂变化。进一步监管保健食品产品质量安全势在必行。此外，保健食品产品的安全还必须符合污染物限量、真菌毒素限量、微生物限量规定，食品添加剂和食品强化剂必须符合 GB2760-2014 的规定添加范围，此外包装材料和使用的相关标签都有明确的规范和要求。部分标准和法规如表 3 所示。

表 3　保健食品产品执行标准和法规

标准/法规号	标准/法规名称
GB 2760-2014	食品添加剂使用标准
GB 2761-2017	食品中真菌毒素限量
GB 2762-2017	食品中污染物限量
GB 2763-2016	食品中农药最大残留限量
GB 29921-2013	食品中致病菌限量
GB 7718-2011	预包装食品标签通则
GB 4806. 1-2016	食品接触材料及制品通用安全要求
GB 4806. 3-2016	搪瓷制品
GB 4806. 4-2016	陶瓷制品
GB 4806. 5-2016	玻璃制品
GB 4806. 6-2016	食品接触用塑料树脂
GB 4806. 7-2016	食品接触用塑料材料及制品
GB 4806. 8-2016	食品接触用纸和纸板材料及制品
GB 4806. 9-2016	食品接触用金属材料及制品
GB 4806. 10-2016	食品接触用涂料及涂层
GB 4806. 11-2016	食品接触用橡胶材料及制品

除了不可控因素外，常见的人为风险因素可以归纳为违规生产和安全管理不规范。其中违规生产主要有非法添加药物、私自更改生产工艺、生产假冒伪劣产品等。从产品生产安全风险评价的角度看，生产企业可以通过加强质量监管来防控。

4. 保健食品安全性评价

民以食为天，食以安为先，保障食品安全是所有食品原料和加工产品的最低准则。中国保健食品产品的安全与评价主要参照 2020 年颁布的《保健食品及其原料安全性毒理学检验与评价技术指导原则》，其对保健食品安全性毒理学评价程序与检验方法对受试物的特征说明作出了详细规定。同时以普通食品为原料的保健食品，其仅采用物理粉碎或水提等传统工艺生产、食用方法，且原料推荐食用量为常规用量或符合国家相关食品用量规定的保健食品，原则上可不开展毒性试验。采用导致物质基础发生重大改变等非传统工艺生产的保健食品，应进行急性经口毒性试验、三项遗传毒性试验、90天经口毒性试验和致畸试验，必要时开展其他毒性试验。

5. 保健食品功能性评价

现在科技的发展对保健食品功能性评价的主要突破在于：①线虫、斑马鱼等新型的模式动物在功能评价领域广泛应用；②以多组学技术和分子对接模拟技术进一步深入阐述功能成分的作用机制。结合现有功能评价方式，按照2022年保健食品功能检验与评价方法指南，现阶段功能评价以老鼠和人体为主要的评价对象，其实验周期时间长、成本高、资金投入大。现有的评价方式在合理的评价指标上增加线虫、斑马鱼作为模式动物，有利于进一步加快基础功效指标的评价。此外，为了进一步规范保健功能目录的管理工作，国家市场监督管理总局于2019年发布并实施了《保健食品原料目录与保健功能目录管理办法》（以下简称《管理办法》）。《管理办法》规定，任何单位或个人在科学研究论证的基础上，均可提出纳入保健食品原料目录和功能目录的建议。

（二）保健食品的科技应用

我国功能性食品产业发展迅速，目前人们对功能性食品的研究不仅仅在动物实验或者人体试验的验证试验方面，还聚焦在利用科学技术研究该食品功能性成分、含量、结构、作用机理及稳定性等内容。

1. 超临界流体色谱技术在生物活性物中的分析应用

超临界流体色谱（SFC）技术是一种以发展快速、超快速、高效分离，提高分析方法绿色化而闻名的分离技术。不同于传统的GC和HPLC，SFC流动相是一种介于气体和液体之间的超临界流体，兼有液体的高密度和气体的低黏度优势。目前，SFC技术在天然产物手性分析以及药物代谢组学研究和药物指纹图谱研究等方面，均获得了较广泛的应用，对天然产物中活性成分和有效成分的研究越来越多。随着 SFC 技术的飞速发展，制备型和半制备型 SFC 技术也应运而生，并在天然产物相关成分分离及制备中得到较广泛的应用。

2. 采用快速规模化高效筛选模型，挖掘新型功能物质

对食品功能物质的多维度精准挖掘进行研究具有重要意义。基于现有相关数据库资源，包括 TCMID、TCM、TCMSP 等，整合功能成分关键信息，利用机器学习、神经网络和队列等方法分析、研究、构建全新的食品功能物质健康功效网络数据库，解析功能物质与健康功效的相关性，构建“物质结构—功效活性—靶标作用位点”的多维度、多靶标、高效精准筛选方法，从而实现功能物质的高效精筛。

3. 秀丽隐杆线虫评价模型在食品科学中的应用

秀丽隐杆线虫作为一种模式生物已经引领了食品科学近 20 年，主要在食品毒理学和营养评价方面作出了贡献。秀丽隐杆线虫模型作为揭示宿主-微生物相互作用的完美替代模型，阐明了从肠道到高等生物的轴、肠道微生物群与宿主生理之间的奥秘。秀丽隐杆线虫模型必将带来下一代营养学和毒理学的科学浪潮，为未来的食品科学认识提供更多的方向。

4. 类器官技术在功能性食品领域的应用

类器官（Organoids）指利用成体干细胞或多能干细胞进行体外三维培养而形成的具有一定空间结构的组织类似物。与传统的二维培养相比，类器官可以显示接近生理的细胞组成和行为。许多类器官可以在培养中进行广泛的扩展并保持基因组的稳定性，这使它们适合生物银行和高通量筛选。与动物模型相比，类器官可以降低实验的复杂性，且适用于实时成像技术，更重要的是，可以帮助进行在动物上不容易或不能准确建模的人类发育和疾病的相关研究。类器官的未来应用方向主要有疾病建模、抗癌药物筛选、药物毒理检测等，基因和细胞疗法在模拟人体内稳态和疾病中具有广阔的应用前景。

5. 中药网络药理学在食品科学研究中的应用

网络药理学是一种强大的研究工具，可以解决中药和其他混合物的

"多成分—多目标"方面的问题，但基于生物信息学的分子机制预测有待进一步验证。当筛选得到生物活性化合物及其对应的核心靶点后，分子对接是解释化合物与靶点相互作用的有效途径。为了进一步证实网络药理学的结果，需要在细胞、组织、器官和动物水平上进行真实的实验验证。与一般的生物学实验不同，验证网络药理学结果的实验具有明确的目标设定范围，与传统的药理学研究相比，大大提高了试验效率。

6. 分子模拟技术在食品分子相互作用研究中的应用

分子模拟技术是近年来探究食品组分之间、食品组分与机体之间、食品组分与环境之间互作机理和构效关系的一种新兴技术，因其能打破科学实验存在的盲目、耗时、费力等局限性，在食品领域的应用日益广泛。目前，分子模拟方法的联合应用是食品科学研究领域的一个新趋势。分子模拟技术是在分子水平上获取食品分子构象动态信息、研究食品组分互作机理、分析传统实验难以解释清楚的宏观现象的重要工具，其在优化食品加工和储存条件、改善食品功能特性和感官品质、提高活性分子生物利用度和食品安全性等方面贡献巨大，具有广阔的应用前景。

7. 界面扩张流变学在食品组分相互作用中的应用

界面扩张流变学性质是流变学研究中的一个分支，能够反映不同分子在界面层上的吸附和分散行为，对于研究复合体系中各组分间的相互作用具有重要意义。界面扩张流变学方法具有变化趋势直观、不同化合物间差异明显、能够直接与食品的加工特性建立联系等优点，适合于研究较为复杂的基质体系，在食品加工和分析领域具有不可比拟的优势和广阔的应用前景。目前，界面扩张流变学性质对食品组分相互作用进行分析这一方法还处于起步阶段，仍需不断完善与改进，但该技术所展现的特色优势为食品加工性能的研究以及揭示食品组分之间的相关作用提供了新的思路。

8. 食品胶体在营养学视角下的组分互作、结构设计及胶体应用

食品胶体的主要成分是多糖类或蛋白质的大分子物质，是一类具有长链骨架的复杂聚合物，在一定条件下，其分子中的羧基、羟基、氨基或羧酸根等亲水基团可以通过水合作用形成润滑、黏稠的胶冻液或凝胶。在近

十年中，食品胶体最受欢迎的研究领域之一是它们作为功能成分来调节食物在胃肠道中的命运，食品胶体可用于保护食品和饮料中的生物活性剂在储存期间免受化学降解，但在食用后可提高其生物利用度。通过深度挖掘食品胶体在大生命、大健康领域的前沿方向，食品胶体的科学研究必将被推向新高度。

9. 食品组学技术在食品生物活性物中的应用

食品组学是将食品和营养研究与包括生物信息学工具在内的组学分析技术相结合。食物成分与人类基因组在不同水平上相互作用，产生转录组、蛋白质组和代谢组的变化，即生物活性化合物与转录因子相互作用，改变基因表达或蛋白质，改变其水平和功能的信号。因此，我们可以使用基因组—转录组—蛋白组—代谢组学等多维组学技术表征这些变化的高通量性质，研究这些食物基因组的相互作用，确定生物活性成分对稳态调节的影响，制定营养干预策略，发现将营养与健康联系起来的生物标志物。

10. 合成生物学在未来食品领域中的应用

合成生物学是交叉学科的产物，汇集了生命科学和社会科学、工程和信息科学等不同领域。目前，合成生物学的发展正在改变食品工业。食品科学与合成生物学的有效结合不仅是解决现有食品安全问题的一条重要途径，合成生物学在改善传统食品生产体系、改善食品营养、为食品添加新功能、重新设计传统发酵技术等方面具有潜力，可以开发新的资源，提供更安全、更营养、更美味、更可持续的未来食品，以满足人们的需求。合成生物学领域的发展使细胞工程能够用于食品制造。这些工程细胞可以将可再生原料转化为重要的食品成分、功能性食品添加剂和营养化学品。

针对我国保健食品科技发展愿景和重大战略需求，多维度精准挖掘评价、多学科交叉融合创新将是未来保健食品科技发展的核心竞争领域，相信随着科学技术水平的提升，对健康有益的食品功能成分作用机理以及量效关系将逐渐被研究者发现，功能性食品可以得到更深层次的研究，实现基于典型功能物质的健康食品精准设计与生产应用，能够通过膳食方式达到调节人类生理功能的效果。

二　保健食品科技应用面临的挑战

随着保健食品市场规模不断扩大以及消费者需求的不断增长，中国作为世界上最大的保健食品原料供应国与最大的潜在市场，对保健食品产业发展具有重要主导作用。在当前科技化、信息化高速发展的时代，中国保健食品质量监管整体水平提升，对保健食品原料目录、功能声称及产品命名等细则不断更新，进一步规范了行业发展，但在科技创新技术应用方面仍然面临一些挑战和问题。中国的保健食品科技应用监管体制正朝着更加完善和严格的方向发展。

（一）保健食品科技应用面临多种现实需求的挑战与应对措施

保健食品科技应用包括活性物质的提取与制备技术、功能活性快速筛选模型、分子模拟技术等，而这些科技在应用过程中可能面临多种挑战。我国需逐步加大科研投入，继续加大对保健食品的生产许可和质量监管力度，确保科技应用的安全性和有效性，不断提升产品品质。面对多种现实需求的挑战，保健食品科技应用的管理与应对方式主要包括以下几个方面。

一是应对安全性挑战方面。建立健全监管体系，明确监管权责，制定相关的法规和标准，提供科技应用的注册和审批机制。对于新的科技应用，加强科技应用的风险评估和安全性评价，遵循相关法规和标准。进行动物实验、体外试验和临床试验，评估科技应用的安全性。建立健全监测机制，对试验的过程进行管理，及时发现和处置科技应用可能存在的安全问题，并根据结果进行进一步的决策。

二是应对功能性挑战方面。加强功能性成分的研究，明确科技应用的作用机制和效果。建立科学的评价方法和标准，评估产品的功能性。加强与消费者的沟通，了解消费者的需求和期望，不断改进科技应用的功能性。

三是应对评价挑战方面。为了确保保健食品的有效性和安全性，监管部门不断加强对保健食品临床试验的规范和管理，要求某些保健食品进行临床试验，并对临床试验的设计、实施和结果进行监管。建立科学的评价方法和标准，评估产品的功效和效果。提高临床试验等相关评价手段和配套设备的科学性和有效性，获得科技应用的可靠数据支持。加强相关研究领域的学术交流，提高评价的科学性和准确性。

四是应对质量控制挑战方面。建立严格的生产管理和质量控制体系，确保产品的质量和一致性。加强市场监督和抽检工作，对科技应用产品进行质量把关。安排定期的检验和测试，确保产品符合相关质量标准。此外，我国正在努力建设完善的保健食品溯源体系，以追溯保健食品的生产、流通和销售环节，确保产品质量和安全。通过溯源体系，监管部门可以追踪和排查问题产品，提高监管效能。随着科技化程度的不断提升，中国保健食品监管可能会引入更多先进的科技手段。

五是应对经济性挑战方面。提高生产工艺和技术水平，降低产品成本。加强产学研合作，降低研发成本，提高科技应用的经济效益。鼓励创新和技术转化，提高科技应用的竞争力和市场份额。

以上措施有助于有效应对保健食品科技应用所面临的多种现实需求的挑战，提高保健食品科技应用的安全性、功能性、产品评价和质量控制的有效性以及科技推广应用的经济性。

（二）保健食品科技应用的监管推动

随着保健食品市场的不断扩大和消费者对产品质量的更高要求，政府进一步加大对保健食品科技应用的监管力度。通过建立健全的保健食品科技监管机制和体系，不断推动和加强保健食品科技应用的监管工作，提高保健食品科技应用的监管效能，确保科技应用的安全性、有效性和规范性，保障公众的权益和健康。

1. 基于监管的保健食品科技评价体系

建立科学、客观的保健食品科技评价体系，明确评价的指标和标准，并与法律法规和政策措施衔接配套。加速推进《食品安全国家标准保健食品》《保健食品检验与评价技术规范》等国家标准、规范文件的修订，加速补充或增加规范化的检验方法，严格规范保健食品科技评价体系，并与安全监管

需求相匹配。

2. 保健食品科技准入机制

制定并完善保健食品科技及其应用的准入条件和程序，明确科技应用保健食品的注册和审批要求。食品药品监管部门不断加强对保健食品生产企业的许可和监督检查，加强对科技应用保健食品的安全性和有效性评估，确保保健食品的质量和安全符合相关标准和规定，符合要求后方可进入市场。建立有效的监督与管理机制，对科技应用的准入进行动态监控和追踪评估。

3. 保健食品科技推广应用机制

加强对保健食品科技的推广宣传，向社会公众传递科学、可靠的信息。鼓励企业和机构进行科技应用的示范推广，促进科技应用在市场中的普及和推广。加强与医疗机构、保健品零售商、营养师等的合作，不断推动保健食品科技的应用推广。

4. 保健食品科技应用中的容错与调整机制

建立容错机制，允许在实践中发现偏差或问题时进行及时调整和修正。建立有效的监测和反馈机制，及时发现和处置科技应用的安全问题。加强对科技应用的监督和检查，发现科技应用的违规行为并及时处理。

5. 科技化监管有助于提高监管能力和效率

加强监管部门的人员培训，提高专业知识和监管能力。制定规范的监管流程和标准操作规程，提高监管效率和准确性。随着科技的进步，引入科技监管手段，合理分配资源，加强对保健食品的追溯和监测能力，扩大监管的覆盖面，增强监管的效果。推动信息化技术在监管中的应用，引入更多先进的科技手段，如人工智能、大数据分析和区块链等，提高监管数据的可视化、自动化和可溯源化。

参考文献

李婷婷、朱勇辉、李欢君等：《功能性食品的研究进展》，《现代食品》2022 年第

12 期。

张元、闫加庆、刘敏等:《超临界流体色谱技术在药物分析领域的应用研究进展》,《中国药房》2018 年第 2 期。

Li M., Izpisua B. J., "Organoids – Preclinical Models of Human Disease," *N Engl J Med*, 2019, 380 (6): 569–579.

Li Y., Wang Y., Li P., et al., "Caenorhabditis Elegans: a Nature Present for Advanced Food Science," *Current Opinion in Food Science*, 2023, 49: 100971.

Low L. A., Mummery C., Berridge B. R., et al., "Organs-on-Chips: Into the Next Decade," *Nat Rev Drug Discov*, 2021, 20 (5): 345–361.

Si–Hung L., Bamba T., "Current State and Future Perspectives of Supercritical Fluid Chromatography," *TrAC Trends in Analytical Chemistry*, 2022, 149: 116550.

Su Y., Bai Q., Tao H., et al., "Prospects for the Application of Traditional Chinese Medicine Network Pharmacology in Food Science Research," *Journal of the Science of Food and Agriculture*, 2023, 103 (11): 5183–5200.

Wang Y., Qin J., "Medicine Advances in Human Organoids-on-Chips in Biomedical," *Life Medicine*, 2023, 2.

监 管 篇

B.7
保健食品功能与管理研究

郭海峰*

摘　要：　根据我国《食品安全法》的规定，保健食品属于特殊食品，是可以进行功能声称的食品。在保健食品的管理中，功能管理是重要与核心的管理内容。我国对保健食品功能的管理伴随着监管能力提升、科技进步、市场需求和产业发展等不断改进。在新一轮保健食品功能管理的改革中，更加注重企业的市场主体地位和创新需求，鼓励企业对功能的研发和创新，通过鼓励创新进而推动保健食品产业的高质量发展。

关键词：　保健食品　功能　功能管理

一　保健食品功能

（一）食品功能

食品是人类赖以生存的基础，更是人们实现对美好生活追求的一种重要

---

* 郭海峰，全国特殊食品标准化技术委员会委员，长期从事保健食品监督管理工作。

载体和手段。食品不仅可以饱腹，担负着供给人类正常生命活动所需的营养物质和能量、保障身体各项机能正常运行的重要使命，同时也可满足人们对色、香、味的感官追求，是维持生命、促进生长发育和健康的重要物质基础。依据《中华人民共和国食品安全法》的定义，食品是指各种供人食用或者饮用的成品和原料以及按照传统既是食品又是药品的物品，但是不包括以治疗为目的的物品。

食品的营养素大致分为七类，即蛋白质、脂肪、糖类（亦称“碳水化合物”）、矿物质、维生素、水、膳食纤维。

食品对人体的作用主要有两大方面，即营养功能和感官功能，有的食品还具有调节功能。食品营养功能是指食品能提供人体所需的营养素和能量，满足人体的营养需要，它是食品的主要功能。食品感官功能是指食品能满足人们不同的嗜好要求，即对食物色、香、味、形和质地的要求。良好的感官性状能够刺激味觉和嗅觉、兴奋味蕾、刺激消化酶和消化液的分泌，因而有增进食欲和稳定情绪的作用。食品调节功能表示食品可对人体产生良好的调节作用，如调节人体生理节律，调节机体的免疫力，有助于调节血压、血脂、血糖等。例如，芹菜的调节血压作用、绿豆的清热解毒作用等。

（二）保健食品功能

《中华人民共和国食品安全法》规定：保健食品声称保健功能，应当具有科学依据，不得对人体产生急性、亚急性或者慢性危害。保健食品是声称并具有特定保健功能或者以补充维生素、矿物质为目的的食品，即适用于特定人群食用，具有调节机体功能，不以治疗疾病为目的，并且对人体不产生任何急性、亚急性或慢性危害的食品。

我国保健食品分为营养素补充剂和功能性保健食品，营养素补充剂是指以补充维生素、矿物质为目的而不提供能量的产品，其作用是补充膳食供给的不足，预防营养缺乏和降低发生某些慢性退行性疾病的风险。功能性保健食品是指具有某种或多种法定功能声称，如增强免疫力、辅助降血脂、抗氧化等。

（三）食品和保健食品的联系与区别

食品和保健食品有着必然的联系，食品是各种供人食用或者饮用的成品和原料。而保健食品是食品的一种特殊成品。从定位角度，保健食品属于食品的一个种类，但不同的是，保健食品具有调节机体功能的作用并仅适宜于特定人群，同时又与药品有显著区别，不以治疗疾病为目的。有些保健食品具有食品的特征，比如具有保健功能的酸奶、饼干、养生保健酒等，具有食品特定的色、香、味、形，并具有相应声称的保健功能。

食品又与保健食品有显著的区别，主要体现在如下几个方面。一是食品强调提供营养成分，而保健食品强调具有特定保健功能。二是食品一般没有服用量的要求；而保健食品具有规定的服用量，具有特定的适宜人群和不适宜人群。三是食品中含有生理活性物质，可在自然生长中存在，天然安全，一般的食用方式和摄入量会受到自身限制，不会对人体产生副作用，通常可以长期食用；保健食品中的生理活性物质是通过加工提取、分离富集得到的，需要按照产品的标签说明书进行食用。此外，保健食品多以片剂、胶囊、口服液等特殊剂型的形态出现，与食品具有比较显著的差异。

（四）保健食品功能实现的科学基础

当前的保健食品发展越来越重视功效成分和功能因子，保健食品的功能实现通常基于其所含的成分和其与人体生理机能的相互作用。

1. 营养补充

保健食品通常富含一种或多种营养素，如维生素、矿物质、蛋白质、脂肪和碳水化合物。这些营养素是身体正常运作所必需的，供给不足会导致各种健康问题。适当摄入蛋白质对于肌肉生长和修复以及维持体内各种生物化学过程非常重要。一些保健食品提供高质量的蛋白质，可以帮助满足日常蛋白质需求。在某些情况下，个体可能因特殊需要或饮食不足而需要额外的维生素和矿物质。保健食品可以提供这些营养素，以弥补不足。

2. 富含活性成分提取物

一些保健食品包含草药成分和植物提取物，如姜黄素、大豆异黄酮、咖啡因、植物甾醇等，这些成分可能具有抗炎、抗衰老、降血压、降胆固醇等作用，有助于改善健康。

3. 益生菌和益生元

某些保健食品含有益生菌和益生元，有助于维持肠道微生态平衡。益生菌类对于消化、免疫系统和整体健康非常重要。膳食纤维是一种不可消化的碳水化合物，可以帮助调节胃肠道功能，减少便秘，稳定血糖水平，并有助于控制体重。

需要强调的是，保健食品的功效和效果可能因产品的成分、用量和个体差异而异。此外，保健食品不应替代均衡的饮食，而是应与健康饮食和健康生活方式相结合以获得最佳效果。

同时，这些成分可能基于一定的科学研究支持其在特定健康方面的作用。这些作用的科学基础可能包括以下几方面。

一是临床研究：许多保健食品成分，比如维生素、矿物质、植物提取物等，经过了临床研究。这些研究可能证明了它们在特定条件下对健康的积极影响，例如维持免疫系统健康、减轻炎症、改善心血管功能等。

二是细胞和动物实验：许多功能性成分在细胞培养或动物实验中被研究，以评估其对生物体的影响，如抗氧化、抗炎、抗菌等作用。

三是流行病学调查：某些研究可能通过观察大规模人群的饮食习惯和健康状况，寻找特定成分与特定健康结果之间的相关性。

四是吸收代谢机制研究：科学家们也在研究这些成分的作用机制，从分子水平理解其如何影响生物体的生理和生化过程。

尽管很多科学研究支持许多保健食品成分在特定情况下对健康的积极影响，但需要注意的是，不同人群之间可能存在个体差异，同时，对于某些成分的摄入量、相互作用、剂量和纯度等也会影响保健食品的功能。

二　保健食品功能的管理

《中华人民共和国食品安全法》第七十六条规定：使用保健食品原料

目录以外原料的保健食品和首次进口的保健食品应当经国务院食品药品监督管理部门注册。但是，首次进口的保健食品中属于补充维生素、矿物质等营养物质的，应当报国务院食品药品监督管理部门备案。其他保健食品应当报省、自治区、直辖市人民政府食品药品监督管理部门备案。《保健食品注册与备案管理办法》第三条规定：保健食品注册，是指主管部门根据注册申请人申请，依照法定程序、条件和要求，对申请注册的保健食品的安全性、保健功能和质量可控性等相关申请材料进行系统评价和审评，并决定是否准予其注册的审批过程。保健食品备案，是指保健食品生产企业依照法定程序、条件和要求，将表明产品安全性、保健功能和质量可控性的材料提交主管部门进行存档、公开、备查的过程。从法规而言，保健食品监管有两个重要和基础性的目录：保健食品原料目录与保健功能目录。

由此可见，虽然对保健食品功能的管理涉及很多方面，但原料和功能声称无疑是最核心和最重要的两个方面。

（一）功能目录与原料目录的管理

保健食品之所以具有功能，主要是因为使用了具有相关成分的原料，对这些具有相关成分的原料以及使用量，既要保证安全性，也要实现相应的功能性，因此，对这些具有相关成分的原料及使用量进行相应的管理，是保健食品功能管理中不可或缺的、重要的、基础性的内容。

按照《保健食品原料目录与保健功能目录管理办法》，纳入原料目录的原料，不仅要符合现行食品安全相关的法律法规，还需具有足够长的食用历史。以我国20余年保健食品注册审批工作记录和1.6万余个批准注册产品相关数据为基础，纳入原料目录的原料应在已批准注册的保健食品使用。这样，从合规和实际应用两方面，保证纳入原料目录的原料安全性确切可靠。我国对保健食品原料和功能管理的主要特点如下。

一是在把控原料品种安全性的同时，还明确原料的生产工艺、检验方法、产品技术要求等应实施标准化管理，以保证依据目录备案产品的质量一致性，从而为备案产品的食用安全性提供保障。

二是强化原料目录的事后监管，对保健食品原料目录和保健功能目录实行动态管理，强化食品安全风险防控，分别明确了保健食品原料目录和保健功能目录的再评价程序。

三是保健食品原料目录和功能目录的制定、调整和公布应遵循依法、科学、公开、公正的原则。同时，为纳入或者调整目录相关建议的入口、出口和路径设立了一整套程序。借鉴欧盟与韩国、日本等国家和地区制定类似目录的成熟做法，提出了原料和功能的纳入标准与科学依据等要求。

四是对于拟纳入目录的原料和功能，规定了建议人和建议内容，需经过审评机构技术审评、国家市场监管总局审查、社会公开征求意见等程序，最终国家市场监管总局会同国家卫健委、国家中医药管理局公布目录，同时规定了不得纳入目录的具体情形。

五是对于功能目录的纳入，打破政府包揽的模式。保健功能的命名、功能作用的解释等均可以根据人群的健康需求、产生的健康效应论证和提出，具有充足的科学依据、评价方法和判断标准，即有条件被纳入功能目录。这一管理模式与过去最大的不同之处是功能名称摆脱“看得见、摸不着”的窘境。

六是让更了解消费者健康需求、直接从事有关科学技术研究的行业代表和企业、科研院所和大专院校等社会各界直接参与进来，把产业发展的主动权交给保健食品研发的主要参与者。原料目录纳入新的原料、功能目录纳入新的功能，不仅政府主管部门可以提出建议，任何单位或个人也同样可以提出建议。

七是参考了国际组织和欧美等国家和地区对于健康声称的管理，将保健功能分为补充膳食营养物质、维持改善机体健康状态、降低疾病发生风险（水平）三类，大大扩展了原来补充微量营养素和调节特定身体机能的范围，全面覆盖了广大人民群众的保健需求。

八是还特别规定以传统养生保健理论为指导的保健功能，应当符合传统中医养生保健理论。《保健食品原料目录与保健功能目录管理办法》明确了基于中医理论的保健功能，为含中药材原料产品（约占 2/3 已注册产品）的功能声称开辟了新天地，也为弘扬祖国传统医学、实现《“健康中国 2030”

规划纲要》提出的“实现中医药健康养生文化创造性转化、创新性发展”“到2030年，中医药在治未病中的主导作用”的目标，从产品研发和产业发展的角度提供了支持。

九是鼓励多元市场主体参与目录制定，打通了新的保健功能研究开发路径。鼓励企业既继承传统中医养生理论，又充分应用现代生物医学技术，研究开发新功能新产品，改变产品低水平重复现状，促进保健食品产业高质量发展。《保健食品原料目录与保健功能目录管理办法》实施后，原料目录和功能目录将成熟一个、发布一个。随着目录不断扩大，备案产品增多，注册产品减少，生产企业和监管部门的制度成本也会降低。

正是因为原料、用量与功能具有直接的相关性，因此，我国对保健食品的原料实行目录管理，明确规定，除维生素、矿物质等营养物质外，对纳入保健食品原料目录的原料制定了一系列具体的规定。

保健食品原料目录中的原料、用量、功效是一一对应的关系，原料目录的制定有助于规范保健食品产品管理，为实施注册与备案相结合的管理制度奠定了良好基础。目前，我国可用于保健食品的生产原料主要有普通食品原料、既是食品又是药品的物品、仅用于保健食品原料、新食品原料，同时也涵盖真菌、益生菌、营养素、提取物等。主要管理依据包括《关于进一步规范保健食品原料管理的通知》《保健食品原料目录（一）》《保健食品备案产品可用辅料及其使用规定（2019年版）》等。

原卫生部于2002年发布《关于进一步规范保健食品原料管理的通知》，公布了《可用于保健食品的物品名单》、《保健食品禁用物品名单》和《既是食品又是药品的物品名单》，对保健食品原料发布了具体管理规定。同时规定《既是食品又是药品的物品名单》中的物品可用于生产普通食品和保健食品。对于未纳入普通食品原料生产食品、食品添加剂新品种、食品相关产品新品种，应当依据新食品原料安全性审查相关规定进行申报，批准后可用于普通食品和保健食品生产。

2016年，国家食品药品监督管理总局会同国家卫生和计划生育委员会和国家中医药管理局制定了《保健食品原料目录（一）》，主要针对维生素和矿物质等国际上达成共识的营养素补充剂的名称、用量和对应功效进行明确。2019 年，国家市场监督管理总局发布《保健食品备案产品可用辅料及其使用规定（2019 年版）》，对 196 种保健食品辅料的名称、相关标准和不同形态的最大使用剂量进行规定，并明确了保健食品备案产品辅料的使用应符合国家相关标准。2021 年 3 月《辅酶 Q10 等五种保健食品原料目录》正式发布，并于 2021 年 3 月 1 日起施行。这是首批功能类保健食品原料。2023 年 10 月国家市场监管总局发布了《保健食品原料目录营养素补充剂（2023 年版）》《〈保健食品原料目录大豆分离蛋白〉〈保健食品原料目录乳清蛋白〉》，这成为第二批功能类保健食品原料。针对行业关注的热点难点问题，文件分别在目录调整、配伍、每日用量、保健功能声称、不适宜人群和注意事项等方面作出详细解读。突破以往以单一原料备案的模式，允许蛋白粉与营养物质复配备案。

随着科学研究的不断深入，保健食品原料目录必将不断扩展，越来越多的原料将会纳入保健食品原料目录，最终保健食品上市将形成备案为主、注册为辅的格局。

（二）功能目录的调整

在保健食品产业发展初期，受科学技术发展水平、企业主体责任落实与自律状况、市场监管经验与支撑能力和保健食品的功能评价存在比较多的不确定性等多种复杂因素的影响，管理部门在功能的设定上进行开发管理，据不完全统计，先后出现了 80 多个功能，参见表 1。

表 1　“卫食健字”产品的功能声称统计

序号	功能声称	序号	功能声称
1	保护皮肤水分	6	促进泌乳
2	保护胃黏膜	7	促进排铅
3	修复乙醇引起的肝损伤	8	促进生长发育
4	补血	9	促进头发生长
5	促进肠蠕动	10	促进消化

续表

序号	功能声称	序号	功能声称
11	促进消化吸收	47	具有一定的改善胃肠功能的作用
12	促进消化吸收(改善食欲)	48	抗辐射
13	对化学性肝损伤具有辅助保护作用	49	抗疲劳
14	对化学性肝损伤有保护作用	50	抗疲劳(减轻学习疲劳)
15	对化学性肝损伤有辅助保护作用	51	抗突变
16	对化学性肝损伤有一定保护作用	52	抗氧化
17	对胃黏膜有辅助保护作用	53	美容(丰乳)
18	防龋护齿	54	美容(改善皮肤水分)
19	辅助降血压	55	美容(改善脂溢性)
20	辅助抑制肿瘤	56	美容(祛斑)
21	改善便秘	57	美容(祛黄褐斑)
22	改善肠道菌群	58	免疫调节
23	改善肠道菌群失调	59	耐缺氧
24	改善胃肠道功能(润肠通便)	60	清咽润喉(清咽)
25	改善记忆	61	祛痤疮
26	改善皮肤水分	62	祛黄褐斑
27	改善缺铁性贫血	63	润肠通便
28	改善视力	64	升高白细胞
29	改善睡眠	65	提示有延缓衰老的作用
30	改善微循环	66	调节肠道菌群
31	改善胃肠道功能	67	调节非特异性免疫
32	改善胃肠道功能(保护胃黏膜)	68	调节免疫
33	改善胃肠道功能(促进消化)	69	调节体液免疫
34	改善胃肠道功能(促进消化吸收)	70	调节细胞免疫
35	改善胃肠道功能(对胃黏膜有辅助保护作用)	71	调节血糖
36	改善胃肠道功能(改善肠道菌群)	72	调节血压
37	改善胃肠道功能(改善肠道菌群失调)	73	调节血脂(降低甘油三酯)
38	改善胃肠道功能(润肠通便)	74	调节血脂(降低总胆固醇)
39	改善胃肠道功能(调节肠道菌群)	75	延缓衰老
40	改善胃肠道功能(调节肠道菌群失调)	76	延缓衰老(抗氧化)
41	改善胃肠功能(润肠通便)	77	抑制肿瘤
42	改善胃功能	78	预防白细胞降低
43	改善营养性贫血	79	预防青少年近视
44	减肥	80	预防脂溢性脱发
45	减少皮脂腺分泌	81	增加骨钙潴留
46	降血糖	82	增加骨密度

续表

序号	功能声称	序号	功能声称
83	增强非特异性免疫	86	阻断 N-亚硝基化合物合成
84	增强骨密度	87	阻断亚硝胺合成
85	增强免疫力		

随着科学技术的发展和对保健食品管理经验的积累，管理部门对保健食品功能进行多次的调整，使之更加科学、准确。但值得注意的是，多次的功能调整主要还是做减法，合并同类项以及去除支撑不充分或不确定的功能。

在最新的一轮功能调整中，管理部门作出了以下规定。

一是任何单位或者个人在开展相关研究的基础上，可以向审评机构提出拟纳入或者调整目录的建议。国家市场监督管理总局可以根据保健食品注册和监督管理情况，选择具备能力的技术机构开展保健功能相关研究。符合要求的，技术机构应当及时提出拟纳入或者调整目录的建议。

二是国家市场监督管理总局食品审评机构负责组织拟定保健食品原料目录和保健功能目录，接收拟纳入或者调整保健食品原料目录和保健功能目录的建议。审评机构对拟纳入或者调整目录的建议材料进行技术评价，综合作出技术评价结论，并报送国家市场监督管理总局。

三是国家市场监督管理总局对审评机构报送的技术评价结论等相关材料的完整性、规范性进行初步审查，拟纳入或者调整的，应当公开征求意见，并修改完善。总局对审评机构报送的拟纳入或者调整目录的材料进行审查，符合要求的，会同国家卫生健康委员会、国家中医药管理局及时公布纳入或者调整的保健食品原料目录。总局及时组织对保健功能目录中的保健功能进行再评价，根据再评价结果，会同国家卫生健康委员会、国家中医药管理局对目录进行相应调整。

2023 年 8 月，国家市场监督管理总局发布《保健食品新功能及产品技术评价实施细则（试行）》新功能评价试行版；同月，《允许保健食品声称的保健功能目录非营养素补充剂（2023 年版）》及配套文件《保健食品功能检验与评价技术指导原则》《保健食品功能检验与评价方法》《保健食品人群试食试验伦理审查工作指导原则》等也正式发布。27 项功能变更为 24 项功能，保健食品功能阶段性调整完成。保健食品新旧功能评价衔接要求也在文件中予以明确，老产品的清理换证工作也将在五年内完成。上述管理规定主要内容包括如下部分。

1. 保健功能由27种调整为24种

最新一轮的功能调整中删除了“改善生长发育”“促进泌乳”“改善皮肤油分”这 3 个共识程度不高、健康需求不明晰的保健功能，新旧保健功能声称对应关系和功能评价衔接要求参见表 2。

表 2　新旧保健功能声称对应关系和功能评价衔接要求

序号	调整后保健功能声称	原保健功能声称	需重新开展的功能学试验项目
1	有助于增强免疫力	免疫调节、增强免疫力	重做动物功能试验
2	有助于抗氧化	延缓衰老、抗氧化	补做人体试食试验
3	辅助改善记忆	改善记忆、辅助改善记忆	人体试食试验使用韦氏记忆量表的，重做人体试食试验
4	缓解视觉疲劳	改善视力、缓解视疲劳	—
5	清咽润喉	清咽润喉、清咽	—
6	有助于改善睡眠	改善睡眠	—
7	缓解体力疲劳	抗疲劳、缓解体力疲劳	运动试验仅为爬杆试验的，重做动物功能试验
8	耐缺氧	耐缺氧、提高缺氧耐受力	重做动物功能试验
9	有助于控制体内脂肪	减肥	重做功能学试验
10	有助于改善骨密度	改善骨质疏松、增加骨密度	—
11	改善缺铁性贫血	改善营养性贫血、改善缺铁性贫血	—
12	有助于改善痤疮	美容(祛痤疮)、祛痤疮	—
13	有助于改善黄褐斑	美容(祛黄褐斑)、祛黄褐斑	—
14	有助于改善皮肤水分状况	美容(改善皮肤水分/油分)、改善皮肤水分	—
15	有助于调节肠道菌群	改善胃肠功能(调节肠道菌群)、调节肠道菌群	—
16	有助于消化	改善胃肠功能(促进消化)、促进消化	—

续表

序号	调整后保健功能声称	原保健功能声称	需重新开展的功能学试验项目
17	有助于润肠通便	改善胃肠功能(润肠通便)、通便	—
18	辅助保护胃黏膜	改善胃肠功能(对胃黏膜损伤有辅助保护作用)、对胃黏膜损伤有辅助保护功能	—
19	有助于维持血脂(胆固醇/甘油三酯)健康水平	调节血脂(降低总胆固醇、降低甘油三酯)、辅助降血脂	重做人体试食试验
20	有助于维持血糖健康水平	调节血糖、辅助降血糖	—
21	有助于维持血压健康水平	调节血压、辅助降血压	—
22	对化学性肝损伤有辅助保护作用	对化学性肝损伤有保护作用、对化学性肝损伤有辅助保护功能	—
23	对电离辐射危害有辅助保护作用	抗辐射、对辐射危害有辅助保护作用	重做动物功能试验
24	有助于排铅	促进排铅	—

注：①《保健食品功能检验与评价方法（2023 年版）》是在《保健食品检验与评价技术规范（2003 年版）》和原国家食品药品监管总局 2012 年修订发布的《关于印发抗氧化功能评价方法等 9 个保健功能评价方法的通知》基础上修订形成，原功能学试验报告评价要求和标准为《保健食品检验与评价技术规范（2003 年版）》或原国家食品药品监管总局 2012 年修订发布的《关于印发抗氧化功能评价方法等 9 个保健功能评价方法的通知》的，不需要提供保健功能再评价资料。

②参照既往再注册产品保健功能评价管理要求，原功能学试验报告评价要求和标准低于现行标准要求的，新旧保健功能声称调整时，需提供相应产品的保健功能再评价资料：第三方检验机构出具的上市后人群食用功能学评价研究报告，数据采集、管理、分析应当规范、真实、可溯源，并对产品的保健功能提供有效技术支撑；无法提供上市后人群食用功能学评价研究报告的，可提供按照《保健食品功能检验与评价方法（2023 年版）》、原国家食品药品监管总局 2012 年修订发布的《关于印发抗氧化功能评价方法等 9 个保健功能评价方法的通知》或《保健食品检验与评价技术规范（2003 年版）》重做的功能学试验报告，其中，原功能学试验报告评价要求和标准为《保健食品功能学评价程序和检验方法（1996 版）》的，需重新开展的功能学试验项目见表要求，“—”表示不需要提供保健功能再评价资料。

2. 评价方法改为推荐性方法

改革“保姆式”功能管理模式，配套的功能评价方法由强制性方法改为推荐性方法；鼓励企业和社会多元主体提出新功能建议和新的功能评价方法，参照功能目录的纳入程序，认可作为功能评价推荐性方法后，可供产品注册时使用。

3. 已列入目录的产品过渡

针对产品批件过渡问题，对保健功能已列入功能目录的，设定 5 年过渡期；规范注册和备案产品的保健功能声称，已发布的《保健食品原料目录》对应的功效按《功能目录　非营养素补充剂（2023 年版）》调整；对于已备案产品，备案人向原备案机构申请变更保健功能名称；对于已批准注册产品，注册证书持有人可单独提出保健功能名称变更注册，也可在办理其他变更、延续注册等申请事项时转换原保健功能声称；对于在审产品，审评机构将直接调整保健功能声称及说明书相关内容，申请人无须补正。

4. 未列入目录的产品过渡

自公告发布之日起 5 年内，已注册但保健功能尚未纳入《功能目录　非营养素补充剂（2023 年版）》的产品，可根据《保健食品原料目录与保健功能目录管理办法》申请将相应保健功能纳入保健功能目录；原方法是 1996 版的，其中 16 个功能经专家论证认为与 2023 版具有实质等同性，无须重做或补做实验，此类产品如果处于受理审评审批阶段审评机构直接调整（2003 版前的在审产品的应已无）；其余 8 个功能需要重做或补做功能学试验相应内容，然后进行变更注册，换发新的批准证书；对于注册证书“无有效期和无产品技术要求”的产品，省市级监督管理部门会对已批准的该类产品依据现行法律法规要求（《功能目录　非营养素补充剂（2023 年版）》等）提出换发注册证书的意见，注册人需相应提出转换/增补申请。

三　新功能管理的改革

（一）新功能管理改革启动

长期以来，保健食品功能及功能声称基本上是管理部门制定的，企业按照管理部门的要求进行相关功能的注册或备案后上市销售。

随着对保健食品管理改革的深入，对保健食品功能管理的改革开始启动。保健食品功能管理改革中最突出并最受企业关注的是对企业申报新功能持更加开放的态度，管理部门为此专门出台了相关的管理规定和法规。

（二）新功能管理改革主要内容

《保健食品新功能及产品技术评价实施细则（试行）》从6个方面进行了详细论述，可以看出，这是管理部门希望从制度上改革我国以往保健食品功能声称评价管理模式的重要举措，通过制度创新推动产业创新发展；通过消费促进产业转型升级；通过鼓励引导企业、高校、科研机构等社会力量开展功能创新和产品研发，用优质产品满足人民日益增长的健康需求。

保健食品新功能管理改革主要包括6个方面。

（1）新功能定位及研究。新功能定位应当明确，分为补充膳食营养物质、维持或改善机体健康状况、减少疾病发生风险因素三类；新功能研究应当充分开展新功能评价方法研究和方法学论证。在提出新功能建议前，应当通过符合要求的至少1家食品检验机构或临床试验机构验证评价。

（2）对应的新功能保健食品关联审评结论为“建议予以注册”的，食品审评中心根据科学依据的充足程度，明确新功能保健食品的保健功能声称限定用语。分级标注保健功能声称为：①科学证据（非结论性证据）表明产品具有 *** 功能；②支持性研究证据（非结论性证据）表明产品具有 *** 功能；③有限的研究证据（非结论性证据）表明产品具有 *** 功能。

（3）按照新功能建议项目要求提供全项目、清晰完整的技术评价材料及电子文本；新功能保健食品注册申请应按照保健食品注册管理相关规定提交申请材料。

（4）新功能技术评价内容。保健功能名称、解释、机理以及依据；保健功能研究报告包括保健功能的人群健康需求分析，保健功能与机体健康效应的分析以及综述，保健功能试验的原理依据、适用范围，以及其他相关科学研究资料；保健功能评价方法和判定标准，以及评价方法和判定标准的验证评价资料；相同或者类似功能在国内外的研究应用情况；有关科学文献依据以及其他材料。

（5）建议纳入保健功能目录。管理部门要求，对符合下列要求的，新功能建议技术评价结论为“建议纳入保健功能目录”：①建议材料项目完整；②不会引起社会伦理学方面的担忧；③保健功能名称和解释科学合理，能够被消费者正确理解；④保健功能目的明确，不以疾病的预防、治疗、诊断为目的；⑤保健功能人群健康需求明确，保健功能与机体健康效应的分析以及综述符合科学共识；⑥与国内外功能评价方法的对比资料和保健功能评价试验报告，能够支持保健功能评价方法和判定标准适用性、稳定性、可操作性；⑦试验数据和文献依据充分支持研究样品符合保健食品注册申请的安全性、保健功能和质量可控性要求；⑧以传统养生保健理论为指导的保健功能，符合传统中医养生保健理论；⑨现场核查结论符合要求。

（6）新功能保健食品需开展的工作。制定新功能保健食品上市后评价方案，采集产品销售、人群消费、健康评价和投诉反馈等数据，开展消费人群及健康效应的综合分析，形成上市后评价年度自查报告；选取符合要求的食品检验机构或临床试验机构开展新功能评价方法评价，除按照延续注册要求提交资料外，在注册证书有效期届满 6 个月前，向食品审评中心提供不少于 2 家符合要求的食品检验机构或临床试验机构出具的新功能评价方法验证报告；根据自查报告和评价数据提出新功能上市后评价综述，以及评价方法和功能声称限定用语的优化调整建议和理由。

《保健食品新功能及产品技术评价实施细则（试行）》要点如图 1 所示。

评价方法研究和方法学论证，通过至少一家符合要求的食品检验机构或临床试验机构的验证评价。

同步提出新功能建议和对应的新功能保健食品注册申请，食品审评中心同步接收、关联审批。

材料符合要求的，开展现场核查，邀请建议人对新功能研究进行技术交流。

根据自查报告和评价数据提出新功能上市后评价综述，以及评价方法和功能声称限定用语的优化调整建议和理由。

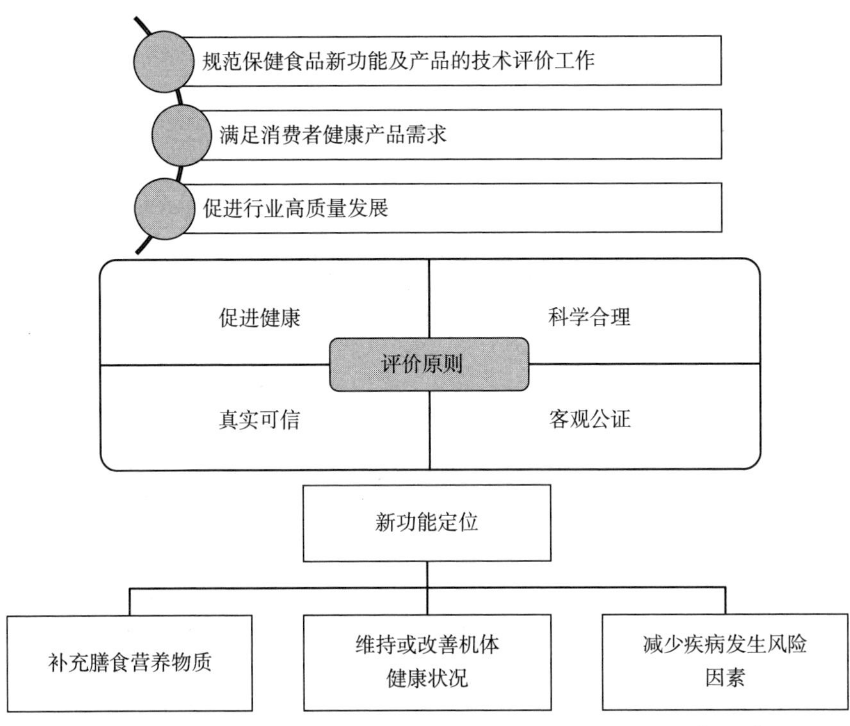

图 1 《保健食品新功能及产品技术评价实施细则（试行）》要点

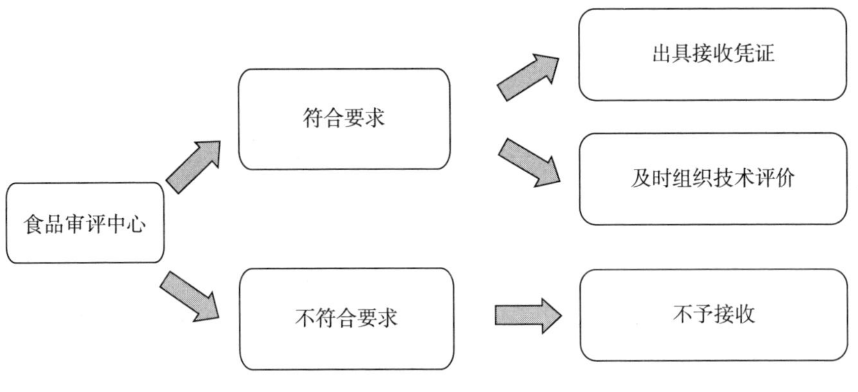

图 2 食品审评中心审评流程

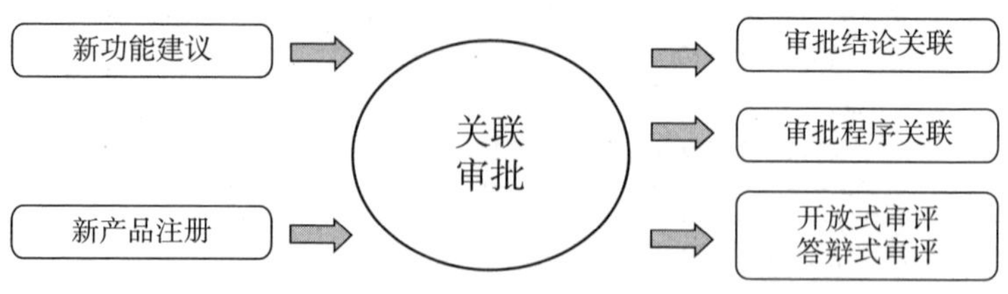

图3　食品审评中心关联审批

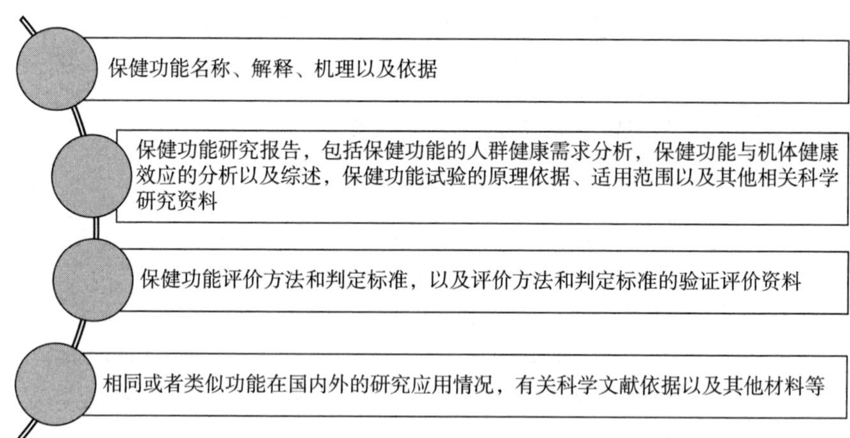

图4　技术评价的内容

建议纳入	不符合纳入
建议材料项目完整;	建议材料内容矛盾、前后不符，真实性难以保证或者内容不完整，无法证实建议的科学合理性;
不会引起社会伦理学方面的担忧;	容易引起社会伦理学方面的担忧;
保健功能名称和解释科学合理、正确理解;	保健功能名称和解释不科学、不合理，存在虚假宣传的可能，带有庸俗或封建迷信色彩;
……	……

图5　纳入和不纳入的条件

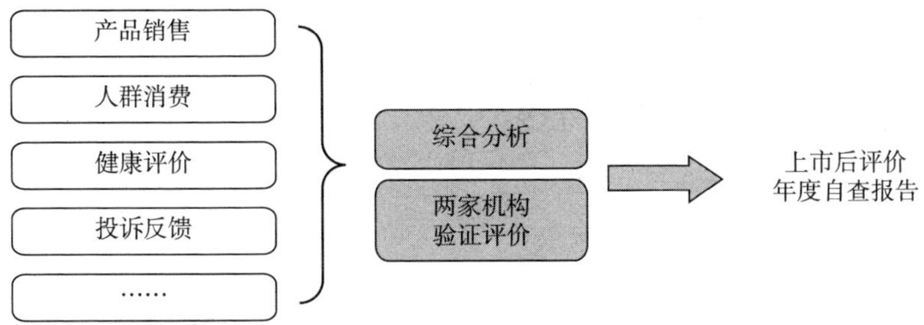

图 6　上市后评价

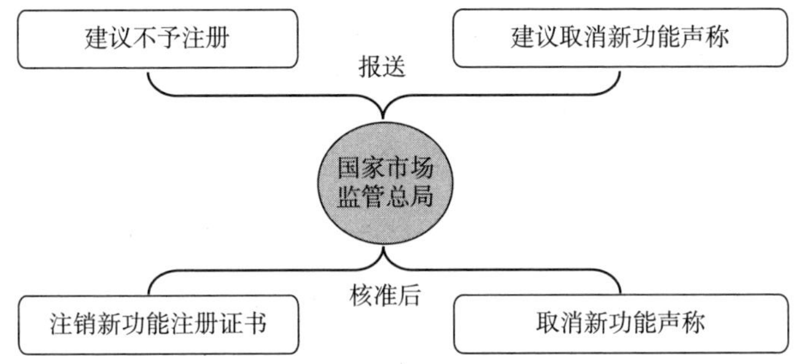

图 7　未开展上市评价

B.8
保健食品原料管理研究

田　明*

摘　要：《中华人民共和国食品安全法》明确了保健食品声称保健功能。安全、有效且质量可控的保健食品原料是确保产品发挥功效的关键，也是保健食品注册与备案管理工作的重点和难点。我国对保健食品原料实行目录制管理，随着科技进步、监管能力提升、市场需求扩大和产业发展，管理部门制定了与之相适应的原料管理办法，不断提高原料管理的效率和效能，确保保健食品原料目录不断调整和完善。现阶段进一步完善原料评价体系和评价机制有利于监管和产业的健康发展。

关键词：　保健食品　原料　监管

一　我国保健食品原料的分类及使用情况

（一）我国保健食品原料分类

我国自然资源丰富，食品原料种类繁多，加之我国传统中医养生理念的影响，我国“食疗”文化历史悠久。可用于保健食品的原料种类繁多，主要涉及农、林、渔等领域。梳理已注册保健食品原料的使用情况可知，我国保健食品的原料主要包含维生素、矿物质原料，中草药材原料，多种中药材配伍、中药材与其他原料（包括营养素、普通食品等）配伍，保健食品新原料四大类。①

* 田明，国家市场监督管理总局发展研究中心副研究员。

① 赵洪静、宛超、张李伟、张晓娜：《对我国保健食品管理若干问题的思考》，《中国现代中药》2017 年第 5 期。

根据原料的自然属性，保健食品原料分为三大类。一是中草药材，2002年，原卫生部出台了《关于进一步规范保健食品原料管理的通知》，明确两份名单：87种药食同源物质和可用于保健食品的114种物质。二是食品原料，包括普通食品原料、新食品原料和食品添加剂（保健食品中以辅料形式存在）。三是部分天然产物和动植物提取物。①

除此之外，有研究基于保健功能成分对应的化学结构将原料分为以下几类：微量元素和维生素，脂肪酸类，糖类，蛋白、多肽及氨基酸类，益生菌类提取物类。②

（二）我国保健食品原料的使用情况

根据文献调研可知，2006~2015年，除补充营养素产品外，其他功能声称产品使用原料总次数排名前10的原料分别为枸杞子、灵芝（含灵芝孢子粉）、西洋参、黄芪、蜂胶、人参、葛根、茯苓、淫羊藿及红景天。通过对使用总次数较高的前40种原料跟踪研究发现，灵芝、西洋参、蜂胶、葛根、淫羊藿、红景天使用频率在2006~2010年和2011~2015年没有明显的变化，但在2011~2015年，40种保健食品配方原料中枸杞子、黄芪、人参、茯苓、决明子、刺五加、山药、大枣、菊花及蜂王浆等的使用频率显著降低（$P<0.05$或$P<0.01$），而胶原蛋白、氨基葡萄糖、硫酸软骨素、辅酶Q10、绿茶提取物及沙棘等原料的使用频率均显著增高（$P<0.05$或$P<0.01$）。由此可见，随着科学技术的发展，保健食品的原料从传统且常用的中草药材开始向功能活性更为显著的植物提取物以及化合物转变。③

2013~2020年，已注册备案的保健食品中所含功效成分共有121种。对121种功效成分对应的保健功能进行进一步梳理发现，除微量元素和维生素

① 惠伯棣、张旭、宫平：《食品原料在我国功能性食品中的应用研究进展》，《食品科学》2016年第17期。

② 兰韬、吴琦、赵琳、云振宇：《保健食品功效成分、功能声称及其检测标准现状研究》，《食品工业科技》2021年第1期。

③ 李庆、金润浩、姜国哲、全贞玉、韩春姬：《2006—2015年我国已注册保健食品现状分析》，《食品科学》2017年第3期。

外，其他的功效成分按照相应的化学结构分为脂肪酸类、糖类、蛋白、多肽及氨基酸类、益生菌类、提取物类等6类，其中脂肪酸类功效成分有11种，糖类功效成分有17种，蛋白、多肽及氨基酸类功效成分有17种，益生菌类功效成分有6种，提取物类功效成分有68种。提取物中使用频率较高的为总皂苷、总黄酮、硫酸软骨素、腺苷、牛磺酸、原花青素、红景天苷等。由此可见，植物类提取物原料的使用较为普遍，与我国传统的“养生”文化契合。①

二　我国保健食品原料管理的历史沿革及现状

我国地大物博、资源丰富，传统的中医药养生理念是我国“国粹”，保健食品原料种类繁多、结构复杂。虽然我国保健食品原料的管理工作起步较早但未实现标准化管理。

20世纪80年代中期，我国保健食品产业开始兴起，由于缺乏相应的法规、标准，保健食品市场较为混乱，影响了行业的发展。

随着产业的发展，监管部门清晰地认识到产品监管要从源头抓起，为规范保健食品的使用和安全评价，2002年，卫生部发布《关于进一步规范保健食品原料管理的通知》，除明确保健食品可用和禁用的名单外，还规定了申报保健食品中含有动植物物品（或原料）的，动植物物品（或原料）总个数不得超过14个；使用药食同源的物品名单之外的动植物物品（或原料）个数不得超过4个；使用药食同源的物品名单和可用于保健食品的物品名单之外的动植物物品（或原料），个数不得超过1个，且应按有关要求进行安全性毒理学评价②。该通知虽然只是给出了保健食品可用和禁用的原料名单，并未像现行的保健食品原料目录一样规定用量及对应功效，但是该通知再次表明保健食品原料在保健食品审批过程中的重要地位。

---

① 兰韬、吴琦、赵琳、云振宇：《保健食品功效成分、功能声称及其检测标准现状研究》，《食品工业科技》2021年第1期。

② 《卫生部关于进一步规范保健食品原料管理的通知》（卫法监发〔2002〕51号），2002。

2015年新修订的《食品安全法》第四章明确保健食品连同特殊医学用途配方食品和婴幼儿配方食品属于特殊食品，并实行严格监管。其中规定建立保健食品原料目录，该目录应当包括原料名称、用量及其对应的功效，并将保健食品原料目录作为划分保健食品注册和备案的重要依据。2016年12月，国家食品药品监督管理总局会同国家卫生计生委和国家中医药管理局制定了《保健食品原料目录（一）》，涉及国际上达成共识的营养素补充剂的名称、用量和对应的功效，其他原料的纳入标准仍处于研究阶段。

2017年，国家食品药品监督管理总局印发了《保健食品备案产品可用辅料及其使用规定（试行）》，列出包含阿拉伯胶等在内的179种辅料的名称、相关标准以及不同形态的使用最大剂量，并明确规定保健食品备案产品辅料的使用应该符合国家相关标准。2019年，国家在此基础上发布了新的版本，增加了17种新的辅料。

2020年11月，国家市场监管总局会同国家卫生健康委、国家中医药局调整发布《保健食品原料目录　营养素补充剂（2020年版）》和《允许保健食品声称的保健功能目录　营养素补充剂（2020年版）》，同时制定了辅酶Q10等5种保健食品原料目录，这是相关职能部门首次发布除补充维生素、矿物质类原料之外的保健食品原料目录，包括辅酶Q10、破壁灵芝孢子粉、螺旋藻、鱼油、褪黑素5种保健食品原料，涉及增强免疫力、抗氧化、改善睡眠、辅助降血脂功能，并自2021年3月1日起施行，截至此时，两个目录明确了保健食品备案的原料共87种，其中营养素补充剂有82种，非营养素补充剂有5种。

2023年6月，国家市场监管总局会同国家卫生健康委、国家中医药局调整了《保健食品原料目录　营养素补充剂（2023年版）》《允许保健食品声称的保健功能目录　营养素补充剂（2023年版）》，新增了二十二碳六烯酸（DHA）、“酪蛋白磷酸肽+钙”、氯化高铁血红素，更新了部分原料及化合物的标准依据，增加了补充n-3多不饱和脂肪酸的保健功能及其释义。同时制定了《保健食品原料目录　大豆分离蛋白》《保健食品原料目录　乳清蛋白》，至此，非营养素补充剂的保健食品原料达到 7 种。由此可见，随着产业的发展，原料的管理越来越精细化，这也是严守保健食品安全和品质的重要举措。

除此之外，对于没有食品安全国家标准的地方特色食品，国家卫健委颁布了《食品安全地方标准制定及备案指南》，省（区、市）人民政府卫生行政部门可以制定并公布食品安全地方标准，报国务院卫生行政部门备案。标准的内容涉及名称、适用范围、术语和定义、产品标准技术、检验方法以及生产经营规范标准，其中，产品标准技术、检验方法以及生产经营规范标准多参考国家标准。[①]

三　我国保健食品原料管理存在的问题

（一）保健食品原料界定及监管待优化

我国“药食同源”文化源远流长，目前已经获批的保健食品原料绝大多数来源于“药食同源”的中草药原料，这是我国保健食品及其原料监管工作与其他国家和地区相比特殊的原因之一。

调研发现，国内仍存在对部分原料作为普通食品、中药材和保健食品概念界定及监管不清晰的现象。例如，肉苁蓉和铁皮石斛食用历史久远，国家卫生计生委已将其纳入药食同源物质名单（试点），规定仅在部分试点区域可作为普通食品食用。同时二者均已录入中国药典，治疗功能与主治非常明确，可作为中药材。调研发现，盛产上述两种原料的地区普遍存在二者在餐馆中以食材形式食用；商店以礼品和土特产形式出售；药店也以名贵中药材的形式出售。同一种原料多角色多重身份，定位管理及监管不清，行业发展方向不明。目前，市场上有已批准以二者为单一原料的保健食品，市场监管

① 田明、房军：《中国保健食品原料管理基本现状及改进建议》，《食品与机械》2019 年第 1 期。

部门正在组织研究原料用量与对应功效的关系，拟将其纳入保健食品原料目录管理，后期类似产品可实行备案管理。

我国保健食品原料种类繁多，除了对部分维生素、矿物质实现了标准化管理、建立了原料清单，对目前在产品审批过程中的化学性物质和中药材原料进行同步监管。对产品的原料审批主要集中在食用历史、保健功能、质量技术要求等的审核，所有产品的审批均采用相同的模式，并未根据原料的种类或者声称的风险等级加以区分，造成了产品的审批时限较长、效率较低。

（二）保健食品原料目录制定进程缓慢且评价体系待完善

《食品安全法》规定，保健食品应当建立包含原料名称、用量和对应功效在内的原料目录，用量和对应功效目录的建立需要科学的评定方法。保健食品原料目录的制定不仅能规范保健食品的原料管理，同时将极大地提高保健食品审评审批的效率。

截至目前，保健食品备案的原料共 93 种，其中营养素补充剂 86 种（发酵法维生素 K_2 和合成法维生素 K_2 分别归类），非营养素补充剂 7 种。我国保健食品原料目录的制定工作推进相对缓慢，究其原因：一是我国保健食品原料覆盖的种类繁多，建立原料目录需首先厘清原料的管理体系；二是原料目录的内容涉及原料的功效关系，科学的原料功能评价方法目前有待进一步论证。目前，国家相关职能部门已委托科研机构对注册审批通过数量较多的几十种原料开展功能验证，并在科学性足够的情况下发布征求意见。

除此之外，20 世纪 90 年代我国保健食品行业迅猛发展，加速了保健食品审评的步伐，由于科学研究的局限性，符合当时审批要求的产品已不符合现阶段的评审要求，加之未建立保健食品再评价机制，相关产品未进行质量升级，现阶段一直在市场上流通。为了保证保健食品市场的规范，建立保健食品原料及功能的再评价机制是很有必要的。与此同时，还应当建立原料管理的动态机制，纳入原料目录的原料并非永久性的，应当加大上市后的追踪监管，企业与市场监管部门都应当建立科学合理的再评价机制。为避免纳入原料目录的原料在使用一段时间后安全、功效等方面出现问题，应当提前设置合理的退出机制，保证保健食品原料目录内的原料能够放心使用。

（三）中药原料功能声称缺乏科学评价

保健食品的原料不同于普通食品原料，安全是底线要求，除安全性外还强调功效性。调研发现，部分原料过于注重其食用历史和安全性，并等同于普通食品食用，却声称保健和治疗功能，一般工作人员和消费者很难分辨哪些是符合保健食品的宣传，哪些是违法夸大疗效的宣传，这也是很多监管中发现问题却定不了性的主要原因。卫生部 2003 年发布的《保健食品检验与评价技术规范》（2018 年 7 月已废除）是保健食品赖以生存的技术依据。该规范明确规定的 27 种功效主要是基于现代医学基础的，与中国传统的中医理论存在一定的差别，导致部分基于传统中医理论的原料在功能声称的选择上很难定位，在很长时间内，我国以中药材为原料的保健食品只能进行现代健康声称，最终导致产品的虚假宣传等现象。

（四）缺乏专业权威的技术支撑机构

目前，我国关于保健食品功效性的相关实验标准和技术规范的制定主要由政府主导，但是，我国没有政府主管的专门支撑保健食品专业技术的科研机构，这导致很多政策导向很难与技术衔接。保健食品原料管理工作不同于其他的纯粹行政事务的管理工作，其中包含很多自然科学技术层面的工作，只有管理和技术工作良好衔接，才能保证整体工作稳步前进。管理方面的工作主要由政府机关主导，技术层面的工作建议来源于专业的科研机构，目前大多数专业科研机构的研究聚焦在基础科学研究上，对行业发展的政策关注较少，而且基于自然科学本身的特点，研究往往聚焦在某些难点和堵点技术上，因此对保健食品原料管理体系构建的支撑力度不够。

四　我国保健食品原料管理的建议

（一）加快原料目录研究工作，明确原料源头信息、安全范围和功能定位

首先，现阶段保健食品原料目录的研究建议从申报产品中数量较大的具有一定食用历史的单一原料入手，通过不同方式了解原料市场并对生产相关保健食品企业的原料信息进行整理，掌握市场上相关原料的主要形式、品种及来源，就主要的形式及品种展开研究。根据具体情况确定是否需要区分产地、使用部位及采收时间等细节问题，如需区分则选取市场上大量流通或者申报数量较多的作为现阶段的研究对象展开研究。其次，纳入保健食品原料目录的原料应明确其名称、种属、拉丁名等详细源头信息，确保产品安全底线。同时，基于《食品安全法》的规定，原料目录应当包含原料名称、含量及对应的功效。以韩国健康功能食品的原料管理为例，《健康功能食品法典》从制作标准、规范、健康功能食品的条件、检测方法四方面对作为健康功能食品的原料进行了规定，明确了此类原料与普通食品原料的区别，对监管部门工作开展也起到了积极的作用。保健食品原料目录的制定建议采用开放式管理模式，鼓励已经获得注册产品的企业对相应原料展开全面的研究，避免原料研究的资源浪费。

（二）建立原料风险分级分类管理制度

首先，建议保健食品原料的管理按照安全性和功效性两个维度开展，其中安全性方面根据原料的风险等级分级管理，安全系数较高的原料可实行备案管理，安全系数较低的原料则需要企业提供足够的证据并经过政府相关部门的严格审批方可使用。其次，保健食品原料管理部门可委托国内外高水平的科研机构对保健食品原料功效的评价方法进行科学的修订，健全常用原料的评价方法和有效成分的检测方法。对于新原料的评价方法可

借鉴国际或地区通用标准，无国际标准的情况下企业可自主评价，企业根据现有的实验条件和方法以及国外相同产品的审批材料提交原料分析实验报告，同时提交实验评价的主要依据，如权威的科学研究文献、动物实验结果以及人体试验数据，三种形式的材料互为补充，审评审批部门召集相关专家依据材料考虑是否纳入保健食品原料进行管理，必要时可委托科研机构对实验结果进行验证。

（三）统筹保健食品原料管理与声称管理

功效性是保健食品与其他类别食品的主要区别，建议统筹保健食品原料管理与声称管理。首先，从安全性角度出发，保健食品隶属于食品的大框架，保健食品原料的安全性是最基本的要求，因此应该做好保健食品原料与普通食品原料的毒理、卫生等标准的衔接工作，保证同属于食品类别的原料具有相同的评价标准和评价体系，避免管理混乱。其次，落脚到保健食品功能声称的管理，我国传统的中药评价体系是基于几千年实践经验发展起来的，具有自己的特点，很难用现代医学体系去验证，这对企业提交功效验证材料具有一定的难度，阻碍了行业的发展。建议功能声称的评价标准可以是现代传统医学声称，也可以是传统药学声称。

（四）压实企业主体责任

建议政府主导原料的安全工作，功效的评价工作更多地交给企业自主负责。企业根据产品功效风险的高低确定功效的评价、验证及研究方法，政府可以根据需要提供相应的指南。可借鉴美国膳食补充剂和日本标示性机能食品原料管理的办法，企业根据政府的要求提供相关证据，同时也可根据实际的情况自行提供可证明其功效的证据作为支撑材料。同时澳大利亚 TGA 建立的《成分指南》是一个可在备案补充药品中使用的物质的标准的集合。虽然说《成分指南》并不是强制性标准，但是指南覆盖的信息全面，基本上都能找到不同原料提交申请的相关要求，对企业的申请有直接的指导作用。同时《成分指南》中关于中草药的管理较为成熟。笔者认为这是 TGA 将行业的资源集中整理并与大众分享的举措，既给予大众一定的指导又避免了大家在研发过程中重复工作造成国家资源的浪费。

（五）建立专业的技术支撑机构和合理的保健食品原料再评价体系

建议借鉴美国的做法，由政府机构建立协同、互补的研究机构，不仅为各方对膳食原料的有效性、安全性检测提供科学的智力支持，同时做好政策解读工作并充当政府和其他专业科研机构的纽带，统筹政策与技术的衔接，让专业的人做专业的事情。目前我国缺乏政府主管的专业机构开展针对保健食品原料和功效的工作，建议设立专业的政府主管机构，建立长效机制支撑保健食品原料及功能的研究工作。

基于再评价工作对企业的生产带来直接的影响，建议原料及功能再评价工作由企业自主完成，并提交相应的完善措施。再评价工作应聚焦突出问题，通过再评价工作督促企业不断发现问题、改进问题。此外，政府部门要加强事中和事后监管，建立专业的检查员队伍，运用科学的评价体系和方法对上市后的产品进行“双随机，一公开”的检查，确保产品的每一个环节都接受监督和检查。

B.9

保健食品（企业）线上行为监管研究

孙 颖*

摘 要： 保健食品（企业）线上行为包括传统电商行为和社交电商行为，这些行为均存在反交往理性，即主观真诚性、客观真实性、规范正确性的缺失，十分有必要对其进行监管，实现监管的法治化。监管模式中存在政府监管、非政府监管和合作监管三种类型。但政府监管、非政府监管模式均有一些缺陷，需要改善。而合作监管以多层级、网格化、技术化监管为特征，强调主体监管与行为监管并重、政府监管和市场自我监督并重。

关键词： 保健食品 线上行为 传统电商行为 社交电商行为 监管

一 保健食品（企业）线上行为的界定

保健食品（企业）线上行为的形式主要有微商、社交电商、电商平台，以及企业自身或委托中介机构直播带货等。随着2016年淘宝直播间的首次上线，以及随后的直播带货在社交平台、短视频平台的兴起，电商行为模式整体发生了变化，致力于主体之间的交互，通过主体与主体之间的行为吸引消费者在互动中完成消费，这一现象在保健食品（企业）线上行为中表现的似乎更为突出。

---

* 孙颖，中国政法大学民商经济法学院教授。

（一）保健食品（企业）线上行为界定的理论基础

1. 传统电商行为与社交电商行为的差异

保健食品（企业）的线上行为即保健食品领域的电子商务活动，《电子商务法》将电子商务界定为通过互联网等信息网络销售商品或者提供服务的经营活动。社交电商行为与传统电商行为均是电商行为的下位概念。《社交电商经营规范（征求意见稿）》将社交电商界定为基于人际关系网络，利用互联网社交工具，从事商品交易或服务提供的经营活动，包括信息展示、支付结算、快递物流等电子商务全过程，是新型电子商务的重要表现形式之一。

而目前传统电商则是指社交电商之外的电子商务活动。根据亿邦动力研究院《2019 中国社交电商白皮书》，传统电商行为与社交电商行为在诸多方面存在显著差异（见表 1）。

表 1　传统电商行为与社交电商行为比较

方面	传统电商行为	社交电商行为
人	身份单一（买家）	身份多元（消费者、粉丝、会员、店主、商业伙伴等）
货	物以类聚（货架式陈列、搜索式购买、全类目/垂直品类）	人以群分（推荐式呈现、发现式购买、用户偏好）
场	千品千景	一品千景
网络效应	供给侧网络协同效应	需求侧网络协同效应
零售要素	以产品经营为核心	以用户经营为核心
流量特征	用户聚集形成固定流量	社交裂变成动态流量
决策链路	独立式决策	开放式决策

资料来源：亿邦动力研究院《2019 中国社交电商白皮书》。

2. 基于实践的交往理性：线上行为模式构造及风险

（1）线上行为模式的内部构造

社交电商交互行为包括以下几种：经营者与经营者之间的交互行为、经营者与消费者之间的交互行为，以及消费者与消费者之间的交互行为。实践中包括以拼多多为代表的拼购社交电商，以抖音等为代表的内容导购社交电商；以贝店为代表的零售社交电商。此外，还有活跃在微信、微博等社交媒体中的社交电商。

（2）反交往理性：线上行为风险解析

线上行为具有的反交往理性风险包括主观真诚性缺失风险、客观真实性缺失风险和规范正确性缺失风险。

其一，主观真诚性缺失风险主要表现为行为主体主观欺诈故意的心理状态。根据欺诈主体不同，线上行为的欺诈类型包括经营者欺诈和消费者欺诈。这种分类是对经营者欺诈和消费者欺诈的实际运用。[①]

其二，客观真实性缺失风险是线上行为指向的商品或服务不符合真实性要求。针对商品，客观真实性缺失风险包括商品本身不存在、商品无法溯源、商品存在质量问题三种类型。针对社交电商服务，客观真实性缺失风险包括社交电商服务本身不存在、服务不符合约定、服务损害消费者权益三种类型。

其三，规范正确性缺失风险是线上行为所依据的规范不符合正确性要求，包括规范不存在、规范未被遵守、规范适用结果非正义三种类型。这里的规范特指法律规范而非道德规范。[②] 规范适用结果非正义典型表现为《禁止传销条例》对社交电商中团队计酬的性质认定。《禁止传销条例》第二条规定了三种形式的传销活动，其核心属性是欺诈。

3. 保健食品（企业）线上行为的法律风险

（1）触及传销等刑事犯罪

近年来，因为涉嫌传销被处罚的社交电商已经不在少数，其中影响较大的是 2017 年的“云集微店”案和 2019 年的“花生日记”案。多家平台也

---

① 杨立新：《消费欺诈行为及侵权责任承担》，《清华法学》2016 年第 4 期。

② 规范通常是对秩序的维护，秩序可分为自发秩序和设计秩序。因此，规范也可分为自发规范和设计规范。其中，法律规范是典型的人为设计的规范，需要通过立法程序形成。道德规范则是属于自发规范，不需要特定程序即可生成。关于秩序分类，详见弗里德利希·冯·哈耶克《法律、立法与自由》（第一卷），邓正来、张守东、李静冰译，中国大百科全书出版社，2000。

因为涉嫌传销被处罚。保健食品线上经营者中除了真心实意地做电子商务外，也有一些实施不存在真实商品交易的欺诈行为，开展传销活动。

（2）瓦解并重塑信任机制

相比于传统电商，社交电商更加注重人与人之间的信赖关系，如果这层信赖关系崩塌，那么社交电商的经营主体将会很难再继续向自己的"粉丝"推介商品。目前有很多因素会导致信任机制瓦解。这些风险势必将会在经营主体与消费主体之间建立起一道隔阂，信任机制的瓦解将会使某个经营主体或某个平台的经营寸步难行。但是，因为如今的线上经营行为几乎无处不在，消费者与某个经营主体或某个平台的信任机制瓦解之后，可能会迅速建立起对另一个经营主体或平台的信任，虽然重塑了信任关系，但是主体却不同以往，这并不利于客户的留存，也不利于线上经营行为长远的发展。

二　保健食品（企业）线上行为监管模式类型

保健食品（企业）线上行为监管模式主要有政府监管模式、非政府监管模式和合作监管模式三种。其中，政府监管模式是历史最悠久的监管模式，它在未来很长一段时间内在我国保健食品市场监管中仍然占据主导地位。非政府监管模式是为了弥补政府监管失灵，监管主体主要是社会组织、企业等非官方市场主体，但也存在一些自生性不足。在以上两种监管模式的基础上产生的合作监管模式从组织和概念两个方面对监管分析产生影响，组织上形成了多元主体的监管模式，概念上重新定义了监管的本质，重构了国家和社会之间的关系。① 但合作监管模式本身的多元性和复杂性又揭示着仍然存在很长一段道路需要摸索。

（一）保健食品（企业）线上行为政府监管模式

1. 保健食品（企业）线上行为政府监管模式的逻辑

我国对保健食品规制逻辑是在对保健食品的定性基础上展开的，即保

① 朱宝丽：《合作监管法律问题研究》，法律出版社，2018，第 45 页。

健食品是特殊食品，风险性高于普通产品。我国《食品安全法》将保健食品划分到特殊食品这一类别中，规定了保健食品的备案和注册制度，这些制度和药品、医疗器械等监管制度非常类似，因此，从监管模式角度，保健食品（企业）线上行为政府监管模式也可以参考药品和医疗器械等监管模式。

传统保健食品领域的政府监管工作的重点主要是以下两点。第一，预防和遏止保健食品领域传销行为或者直销异化后的传销行为。直销异化后的传销行为是指部分取得主管部门颁发的直销经营许可证的保健食品生产企业以直销许可作为掩护，实施传销。第二，规范保健食品领域的宣传行为，严厉打击保健食品领域出现的虚假宣传行为，包括但不限于宣传并不存在于我国《保健食品功能目录》中的功能、将普通食品作为保健食品来宣传等行为。

2. 保健食品（企业）线上行为政府监管模式的缺陷

保健食品（企业）线上行为的发展，使部分传统的规制法规已经难以适应。首先，社交电商中直销经营许可证制度的部分制度的存在基础在一定程度上已经被互联网给瓦解。直销的核心在于通过营销人员（推销员或直销商）来建立一个销售渠道。而新生平台、新生平台的经营者面对各大电商平台企业用户和消费者基本饱和、很难从现有的各大电商平台手中抢夺销售市场的情况，通过平台会员或者消费者（直销商或者销售员）的社交网络，以口口相传和人拉人的方式为平台带来了大量的消费者和新的会员。

虽然社交电商和直销在销售的产品种类、销售人员门槛等方面不同，但是社交电商和直销“形不同质同”，这两种商业模式最终运营逻辑是一致的。这种本质是“直销”的社交电商市场经济的运营模式对《直销管理条例》的适用提出了以下挑战。第一，既然社交电商的本质是直销，那么为何企业线下直销需要满足非常严苛的条件。一些原本在线下应该取得直销经营许可证方能经营的企业，如果在线上从事经营竟然就可以规避对直销行为的规制。第二，企业取得直销经营许可证除了要履行极其复杂的申请手续之外，在其经营和招录直销员等各种直销活动中也遭受许多限制。但是互联网经济的优势就是打破空间对经济交往的桎梏，可以说，《直销管理条例》的部分规制规则已经落后于时代，如果不及时改变，会阻碍保健食品（企业）线上行为的发展。

其次，传统的信息工具和行政处罚工具难以适应互联网经济的发展进程。在互联网环境下对信息工具的运用主要的困难就是政府无法把握经营者的身份信息。保健食品领域线上行为打破了空间对主体商业活动的限制，对传统按照地域和级别划分的监管方式提出了挑战。一旦发生经营主体在销售过程中未提供相关地址信息，或者事涉多地的情况，就会产生不同部门之间相互推诿的现象。当然，我国监管部门采取了各种方式解决上述监管问题，比如，《行政处罚暂行办法》把管辖权转为行为发生地，以解决电商在本地财政贡献大、本地比较包容、不去监管等问题。但是以上监管措施囿于科技、政府监管能力、报送义务的不确定等影响，其有效性仍然有待验证。而另外，网络空间的取证也是一大难题。为此《网络交易监督管理办法》第二十条特别规定网络直播服务提供者对网络交易活动的直播视频保存时间自直播结束之日起不少于三年，第三十一条规定网络交易平台经营者对平台内经营者身份信息的保存时间自其退出平台之日起不少于三年；对商品或者服务信息，支付记录、物流快递、退换货以及售后等交易信息的保存时间自交易完成之日起不少于三年。而实践中也需要监督经营者是否按照法律规定保存了相关信息，防止证据的灭失。

（二）保健食品（企业）线上行为非政府监管模式

与政府监管模式的目的是规制具有强负外部性违法行为不同，非政府监管模式的侧重点是实现线上经营的合法合规化，监管主体涉及行业协会、消费者协会、电商平台、社会媒体等。这些主体进行监管的时候，行使的是自治权而非国家强制力。同时，这些监管权所监管的对象是具有弱负外部性的线上经营行为，而主要手段则一般会有集体抵制、内部处罚等。

对保健食品线上行为的非政府监管模式的探讨需要分为两大类，即自平台模式和他平台模式，在不同的模式中，非政府监管模式并不相同。

1. 不同模式中不同的非政府监管模式

保健食品领域线上行为的自平台模式有以下两种。第一种是保健食品经营者在微博、微信等社交平台，抖音、快手等短视频平台推荐相关商品和服务并发布相关信息，运用自媒体的交互性，实现与消费者之间的“亲密无间”的交流，从而激发消费者潜在的购买欲望，最终促使流量变现。

第二种是指经营者自己设立 App、网页或者微信小程序这样的平台，并在这些平台上销售自己的商品，招募会员并且吸收消费者。在第一种模式下，自我监管模式主要依赖平台对经营者的监管来运行。当保健食品经营者想要入驻其他综合性的电商平台，根据我国《电子商务法》《广告法》《反不正当竞争法》《消费者权益保护法》等相关法律的规定，平台经营者需要履行对平台内经营主体的资格认定、建立健全和执行平台规则、交易信息保护、失信惩戒等多项法定监管义务，否则平台可能会承担连带责任、补充责任和先行赔偿责任等。

当然，在自平台模式经营中，经营者在自己设立的 App、网页或者微信小程序等空间中销售自己的商品，在没有社交平台作为守门人的情况下，非政府监管模式更加难以发挥作用。

2. 保健食品（企业）线上行为非政府监管模式的缺陷

保健食品领域线上行为的非政府监管模式主要的缺陷有以下两点。①行业协会自治无政府强制力作为保障和行业协会天然的行业自利倾向。行业协会的权力机构是会员大会，而会员大会就是由入会企业组成的，行业协会需靠会员企业每年所缴纳的会费来维持日常经营，所以其中立性常受到质疑，自我监管效果就大打折扣。②平台经营者或保健食品经营者因利益驱动，无自我监管的动力。无论是在他平台模式下作为监管者的平台经营者（电商平台或社交平台）还是自平台模式中保健食品经营者本身，其本质都是以营利为最终目的的企业，所以追逐利益是其本能。除非经营行为的负外部性已经严重影响到企业自身形象或者阻碍企业赢利，否则企业缺乏对这些具有负外部性的行为进行自我规制的内在驱动力。

（三）保健食品（企业）线上行为合作监管模式

1. 保健食品（企业）线上行为合作监管的定义

从最普遍的意义上来说，合作监管就是为了实现公共管理的目标而进行的监管的合作形式，即由多方主体（公权力机关和私人主体）采用多种手段在监管领域相互作用的一种监管模式。[①] 具体来说，保健食品领域线上行为合作监管包含以下几个层次的内容。第一，保健食品领域线上行为合作监管本质上是国家与社会共同分享监管权力，承担监管责任。第二，保健食品领域线上行为合作监管的目的是实现公共管理的目标，共同维护社会公共利益。这种“公共利益”主要表现为消费者的权益、保健食品市场的秩序和保健食品市场的良好发展。第三，保健食品领域线上行为监管目标的实现和监管结果的获得取决于政府、保健食品企业、平台和行业协会等主体间的相互作用，每个行为者都可能影响监管的结果。第四，保健食品领域线上行为合作监管主要是运用平台、企业和政府的信息互动、市场机制和自我监管等多种手段进行监管。

2. 保健食品（企业）线上行为合作监管中监管主体与角色定位

保健食品领域线上行为合作监管职能应该由多个主体分担，包括政府、企业和第三部门等。

作为社会公共利益的代表，政府所提供的监管在整个多中心监管体系中起着不可替代的作用。政府引导不同主体之间展开合作，根据实际情况不断调整合作监管的具体内容和实施方案。政府的行为决定了合作监管的最终效果和质量。

企业（包括平台和保健食品经营者）是保健食品领域线上行为合作监管的关键，政府监管只能提供外部驱动力。作为产品的生产者和提供者，企业的行为本身体现了法律的执行和实现。采用自我监管不但能够更加有效地实现监管目的，降低政府的监管成本，而且企业本身具备专业技术知

① 朱宝丽：《合作监管法律问题研究》，法律出版社，2018，第 13 页。

识，掌握大量信息，能够更有针对性地提出监管问题的解决方案，能够在有效地降低监管成本的同时提高监管效率，实现“更好的监管”的监管目标。

第三部门的监管主体包括保健食品行业协会、食品检验机构、消费者协会等。第三部门拥有的信息更加充分，通常比相关政府部门更了解行业的现状及消费者的需求，有利于作出更科学的监管决策。同时第三部门本身具有专业性、独立性和民间性，有利于降低监管的成本（如交易成本、执行成本、制度创新成本及监管制度均衡成本）。

3. 保健食品（企业）线上行为合作监管的监督与问责

保健食品领域线上行为合作监管的监督与问责主要按照以下两条路径展开，第一条是监管机关—平台—保健食品经营者；第二条是监管机关—第三部门—保健食品经营者，这两条路径展开的关键在于政府监管机关将对保健食品经营者的直接监管权力逐渐让渡给平台或第三部门，以形成对保健食品经营者间接监管、对平台或第三部门进行直接监管的新型监管局面。

第一条路径展开的前提是法律或者法规存在有关平台自我监管义务的规定，比如，平台对平台内经营者的资格认定义务等，一旦平台未能建立法律规定的平台自我监管制度，那么行政机关就可以通过谈话的方式督促其履行义务，在平台自我监管义务履行不到位造成严重后果的情况下，政府监管部门则可以运用行政处罚这一工具。

第二条路径则主要依靠第三部门。国家会在全国范围内联合组织开展食品检验机构专项监督检查工作，一旦发现该检测机构存在不合理的情况，就会要求对方整改，处以罚款甚至建议注销。[①] 而对于行业协会来说，受制于其天然的缺陷，行业协会自我监管的效果最终还是取决于政府监督。如果缺乏政府的监管约束，纯粹的行业自我规制往往会滋生机会主义的行为，甚至会成为限制竞争者进入、规避政府监管、维护企业私利的手段。

---

① 《国家认证认可监督管理委员会关于 2021 年度国家级资质认定检验检测机构监督抽查情况的通告》，https：//www. cnca. gov. cn/zwxx/tz/2022/art/2022/art_ 773ebb30f33d48a2bf34030683e390c9. html。

三　保健食品（企业）线上行为监管模式选择

（一）保健食品（企业）线上行为监管法治化

1. 完善线上行为法律规范

当前我国保健食品领域线上行为在监管上出现诸多问题的原因之一就是基本立法的不完善。完善基本立法，不仅可以为监管部门行使相应的职权提供相关的依据，而且也可以为线上经营者提供指导其行动的规范。规范的完善应当关注以下几个方面。

第一，主体上，分类落实主体登记公示。首先，由于线上经营者所涉及的主体范围非常广，形式各异，需要根据主体的类型设置不同的市场准入方式。其次，在社交电商以人聚物的特点下，经营者分散，以自然人居多，因此，在工商登记方面，在平台监管的基础上，可以授权社交电商交易平台统一向政府相关部门依法办理工商注册登记。最后，对于非自然人线上经营者，在取得主体资格和经营资格时必须办理商事登记。如此准入式的监管模式，会有效化解线上经营近几年出现的山寨产品、灰色产品等问题。

第二，明确不同类型主体的法律地位。线上经营者的类型很多，包括网络系统运营者、会员、消费者等。如社交电商中网络分销系统运营企业的定位，是电子商务平台经营者还是自建网站经营者要根据情形考虑。当供应链企业是平台的一家子公司，消费者下单的时候是和供应链子公司的合同关系，供应链子公司又是平台完全控制的，这种情况认定为自建网站经营者更符合其本质。如果电子商务平台是开放式的，吸收众多商家入驻，则是平台经营者。

第三，对不同主体的不同行为进行分离，以行为的类型化进行规制，避免业态的类型化。为避免出现业态的类型化，不能针对某一种业态制定条例，业态之间的融合和业态的边界是不能进行清楚切割的，应当以行为的类型化进行规制。对于线上经营者，针对实践中出现的传销行为、欺诈交易行为、制假售假行为、侵犯个人信息行为等逐一进行规制。

其中对于社交电商平台，平台一旦进入商品交易或者服务交易领域，则不能以自己是单纯的社交平台来排除自身应尽的义务和责任。所以，平台要履行相应的审核义务、登记义务、个人信息保护义务、警示义务，随时对平台内商品宣传、营销进行机器+人工审核抽查，该义务的规定要与《电子商务法》相衔接。

2. 修订《禁止传销条例》和《直销管理条例》

《禁止传销条例》主要列举了“拉人头”“收取入门费”“团队计酬”三类违法传销的样态，其颁布之初主要是为了规制传统的线下传销行为，该规定如今不能适应我国电子商务的发展，亟须修订。建议修法工作应与时俱进，需要有一定的前瞻性，以有效促进与规范新业态的发展。

（二）保健食品（企业）线上行为监管模式改善

1. 保健食品（企业）线上行为政府监管模式改善

第一，整体上创新监管理念，坚持线上线下一体化监管。要建立健全适应保健食品领域线上行为发展特点的新型监管机制，需要注意把握以下三点。一是线上监管要到位。二是监管要关注线上商业模式的可持续性，要看清楚其本质。三是坚持底线思维和问题导向。底线思维是凡是涉及法律法规的红线，不能触碰。

第二，分类开展监管。以社交电商为例，其类型包括拼购型、分销型、内容型、社区团购型。其一，拼购型社交电商面临的主要是质量问题，不存在分销模式是否合法的问题，所以监管的重心应当从供应链入手开展源头监管，加强质量管控。其二，内容型社交电商监管的重心实际上是它的内容和它的主体真实性。其三，分销型社交电商关键法律问题就是合法性判断问题，其行为是否涉及传销。判断是否合法要坚持整体后果和具体行为相结合的标准。要根据《禁止传销条例》第二条的规定，从整体上判断某个社交电商模式是否合法。如果模式没问题，个案中消费者买了一个东西质量不合格，则不属于这种情形。其四，社区团购型属于组合型的社交电商，可能会涉及质量问题和合法性问题，监管应当坚持多元化。

第三，主动监管和投诉举报相结合。投诉举报对于监管部门而言是被动的，通过受理消费者投诉和举报去发现违法线索，凡是消费者投诉的内容要重点筛查，监管部门要对消费者投诉举报的内容进行处理解决。主动监管是政府部门要主动出击，开展监测工作，打击侵犯消费者权益和损害公平竞争的违法行为。但是主动监管面临技术问题，在虚拟的环境下，如果电商平台不开放后台数据，监管部门执法的成本比较高，所以平台企业和监管部门要进行技术合作。

2. 保健食品（企业）线上行为非政府监管模式改善

对于线上经营行为，除了政府监管之外，还需要其他社会力量的参与，具体而言，如下。

第一，政府可以联合行业协会尽快制定线上行为规制的标准，并进行定期的备案、审查、约谈，以尽到妥善提醒的责任，确保行业自我规制、正常经营。

第二，行业协会是否能够参与社会共治，除了自身的能力因素外，还取决于政府监督。行业自我规制并不意味着政府就不再承担监管的义务，政府从当前直接的前台式的监管转为间接的后台式的把关者。

第三，社会组织力量的参与，发挥消费者协会、新闻媒体的作用。消费者组织作为保护整体消费者利益的专业组织，可以在规范线上行为发展的过程中发挥作用，比如，大力推进消费教育和维权宣传。同时发挥新闻媒体的力量，通过调查公布投诉集中企业和多发易发的问题，对于从事非法活动的线上经营者及时进行社会曝光，让违法者、失信者曝在阳光之下。

（三）保健食品（企业）线上行为合作监管模式特征

1. 多层级监管

保健食品领域的线上行为单靠市场监管一己之力恐难实现全方位监管、适时监管，因而需要多方主体的参与，实现多层级的监管。

首先，在监管部门层面，必须加强市场监管、公安、网信、支付机构等多部门协作，形成监管合力。其次，充分发挥平台企业内生治理的作用。平台作为一个节点，既是交易的平台、数据的平台，也是信用的平台和消费者保护的平台。平台企业在发展中要逐步形成一些参与者共同认可的规则。最后，充分发挥行业协会等社会组织的自律和引导作用。

2. 网格化监管

网格化监管又称为全方位的体系化监管。按照“网定格、格定人、人定责”的原则，层层分解监管职责，明确责任主体，全面构建横向到边、纵向到底的网络，实现行为监管责任制和常态化。

首先，探索建立多部门联动协作机制和跨地域的联动整治机制。其次，引入征信系统，研究建立信用体系规范，曝光违法行为。最后打击假冒伪劣商品，追根溯源就是解决商家信用问题。

3. 技术化监管

首先，在实施监管的过程中，要充分利用大数据优势，监管可以从底层数据切入，通过数据信息的检索、爬出、比对、删选、轨迹的跟踪，及时查清传销案件参与者相关信息。

其次，探索建立与网络平台运营商的信息协作机制和技术合作机制，加强虚假信息防控和商品质量监测。网络平台运营商要积极建立有效的保健食品信息管控机制，强化信息发布控制，加强构建媒体的诚信体系；市场监管部门与电商平台共同制定监管标准，积极探索保健食品监管技术手段，一旦发现违规行为，协同电商平台立即停止商品销售或者对入驻的商家采取控制措施。

B.10
中医药类保健食品的功能声称及管理研究

赵红霞　陈香云*

摘　要： 中医药类保健食品在我国已有悠久历史，是我国保健食品中最具特色的一类产品。中医药包含着中华民族几千年的健康养生理念以及实践经验，结合中医理论能更好地指导保健食品的声称制定及管理。一方面，在产品研发过程中，遵循中医理论的指导原则，并在继承中医传统食疗的基础上，融入现代科学营养理念，扩大食品保健的受众面，把养生保健贯穿消费者的日常生活。另一方面，对于中医药类保健食品功能的声称，必须坚持传统中医理论，同时借鉴国外功能声称、民族医药和行业共识的精华部分，融入现代研究成果，从而丰富保健食品功能声称。对于中医药类保健食品声称的命名原则和功能表述，应在现代医学、营养学描述的基础上，融入体现中医思维的功能声称，这样消费者才能根据正确辩证论治选择到适合的保健食品，达到预期效果。对于中医药类保健食品功能声称的管理，要将现代医学理论与传统中医药保健养生理论有机结合在一起，从功能声称、评价方法、评价标准、审批监管体系等方面入手，建立符合中医药特点的保健食品功能体系。

关键词： 中医药　传统养生　继承　保健食品　功能声称

医家起源，食、治、养，起源相同，无明显区分，“神农尝百草，一日遇七十二毒，得荼而解之”。人类在寻找食物过程中，发现药物的作用及药

---

* 赵红霞，中国中医科学院中医基础理论研究所研究员；陈香云，北京中医药大学中医学院博士研究生。

物不良反应。中国古代医家认为，食物与药物有密不可分的亲缘关系，所谓食物与药物的同一性，即食药同源，食药同理，食药同用，食药同效。中医理论认为，食物和药物都是来源于自然界，它们不仅外部的形色气味相似，而且它们作用于人体的特性如“气”“味”“降”“补”“泻”等也是一致的，这就是“食药同源”和“食药同理”的概念。既然食药的特性一致，食物也具有降低健康风险的功效。其实，中医方剂中以食为药的现象很普遍，《内经》所载的13个方剂中，就有一半以上是食物成分，《五十二病方》中有1/4为食物成分方剂。

随着我国人民生活水平的不断提高，人们的健康观念不断发生转变，保健食品越来越受到消费者青睐。以中医药理论为基础的保健食品在我国已有悠久历史，也是保健食品中最具特色的产品并且占有很大的比重。

一　中医药类保健食品应是中医食养基础上的延续和创新

（一）食养是“治未病”的有机组成部分

中医学历来注重预防，《内经》就提出了“治未病”的预防思想。饮食疗法作为治病强身健体的一种调理方法，是不依附于药物治疗而独立存在但又对药物治疗起辅助作用的一种方法。中医食疗是把饮食作为降低健康风险的手段，对于疾病的防治和养生都具有积极作用。

对于食品“声称”的定义，国际组织和发达国家基本一致，国际食品法典委员会对“声称”的定义是：食品标签上声明、建议或暗示的任何与食品来源、营养物质、自然属性、生产过程、组成成分以及任何其他质量特性有关的表述。我国目前对于食品标签“声称”基本用语主要采用食品安全标准的形式进行规范，并且具体体现在一系列相关法规中。

我国古代医籍中“声称”作为词语使用并不多见，常单独使用，尤其是声的含义较多，包括声音、发声，专指脏之音等含义，“声称”多指的是名声、称呼及声明、宣称、自称的含义。虽然“声称”作为单独的词语出现不多见，但传统医学实践和典籍中包含很多与食品相关的治疗、调养和预防等方面的声称，包括我们熟知的“药食同源”“食药同理”等。中医食药同一性的意义不仅丰富了医学理念，而且也充实了中医养生和康复医学等方面的内容。保健食品具有保持、护养人体各种组织结构和生理功能处于正常状态的作用，尤其适用于亚健康人群，这与中医药“治未病”的观点不谋而合。因此，在机体处于亚健康状态时，积极采用养生保健的方法进行干预，对防止疾病进一步发展具有重要意义。

（二）中医药类保健食品应遵循中医辩证论治的原则

既然中医药类保健食品是中医食养基础上的延续和创新，因此，必须坚持中医药理论辩证论治作为中医诊治疾病的核心，在疾病诊治过程中同时注重病、症、证三者的关系。“药对症”是从细节上对具体症状的调控，而“方对证”则是对疾病的整体把握。同时注重病、症、证，辩证立方，以症用药，是古代医家灵活处理疾患的方法。中医治病之道，重在调整阴阳平衡，即“调整就是治疗，平衡就是健康”①，中医食疗也是遵循和贯彻这样的理念，因此，保健食品的组方需要在中医药基本原则的指导下进行。

中医药类保健食品功能声称（命名）应严格按照组成及功用特点进行命名。如金芪降糖胶囊的组方始见于《千金方》内的“千金黄连丸”，其药物组成为：黄芪、黄连、金银花，按照药物组成命名“金芪”；现代药理研究发现，金芪降糖胶囊能够调节糖耐量与肾脏血流循环，促使肝糖原生成而发挥降糖作用②，根据治疗作用在命名上又加上“降糖”来体现其功能。

（三）中医药类保健食品的声称应体现“病、症、证”关系特点

病、症、证三者从不同维度描述了人体的状态，在现行的保健品功能描

① 于智敏：《智说中医》，科学技术文献出版社，2007。

② 马晓杰、陈新谱：《金芪降糖胶囊对于 2 型糖尿病尿微量白蛋白排泄率的作用》，《糖尿病新世界》2019 年第 12 期。

述中可以满足诸多条件以此来实现三者统一，但是否能够结合，取决于治疗上的侧重。在保健食品的功能描述中有一点是“适宜于特定人群食用”，如辅助调节血糖、辅助调节血压，特定人群就很好界定，显然血糖、血压不正常就属于“特定人群”，而这特定人群体质上的缺陷就是证。

中医药类保健食品“声称”可兼有三者特征，一是防止对病的干扰；二是针对体质特征特点；三是具有消除症状的作用。因此，结合中医“病、症、证”关系特点也成为保健品的研究方向、特色称谓之一。从发展来看，现代保健品调养“声称”多采用2~3种功能的结合。如调节肠道菌群与减肥功能，调节肠道菌群与通便功能都属于泻与调的结合，增加骨密度与改善生长发育属于补与调的结合。我们认为，有关食品“声称”的确定，只有针对疾病内涵才能将具有内在联系的治疗与调养功能结合起来，这也体现了中医“病、症、证”的关系和“辩证论治”的理念。

现代保健食品的声称还包括一些特殊形式。一是几种功能叠加。如改善皮肤油分同时祛痤疮的功能，调节肠道菌群促消化的功能同时辅助降血压降血脂的功能等。二是实际“声称”采用不同功能组合出新的“声称”，一般包括2~3种功能，如辅助降“三高”功能，改善皮肤状态功能等。但是对于这类新的“声称”表述，应体现内在关系上的组合。如降血脂加上调整改善视力是明显缺乏内在联系的，这类组合是不合适的。

此外，从发展来看，现代预防类保健食品功能声称多结合上述几个方面的功能，如对辐射危害有辅助保护功能与增强免疫功能结合，调节肠道菌群与促进消化功能结合，都属于调养与预防结合。

二　现在法规条件下传统中医药保健食品功能声称的探索与管理

（一）传统中医药保健食品功能声称的探索

中医药在预防疾病、养生保健等方面具有不可替代的优势，中药保健食品也是大健康产业的重要组成部分。基于现有法规，如何制定有中医特点的功能声称，使其既体现中医思维，又区别于中药功效，仍需深入系统研究，主要应包括以下几点。

一是在现有基础上扩大制定功能声称原则。可参考国外功能声称，部分国家和地区（如加拿大）的功能声称包含传统医药体系的理念。如传统中医体系、传统印度治疗体系，在扩大制定功能声称时可作为参考。同时，民族医药作为我国传统医药的重要组成部分，可纳入其精华部分，开拓创新。

二是基于中医体质制定功能声称。结合中医体质学说设定相关功能声称是制定中医类保健食品功能声称的重要抓手。中医体质有多种理论学说，中华中医药学会在此基础上制定了《中医体质分类与判定》标准，具体包括平和质、气虚质、阳虚质、阴虚质、痰湿质、湿热质、血瘀质、气郁质、特禀质 9 个类型，因此可结合此标准制定相关功能声称。

三是基于行业共识，广泛征集功能声称意见。“食养”理念源远流长，有些食材本身就有经典论述，因此有共性认知功能的可直接使用。如民间有句俗话“白菜萝卜保平安”，早在古代医书《名医别录》中记载：“白菜能通利胃肠，除胸中烦，解酒毒。”《本草纲目拾遗》中也写道：“白菜汁，甘温无毒，利肠胃，除胸烦，解酒渴，利大小便，和中止嗽。”而萝卜在中医中称“莱菔”，本就具有消食、化痰定喘、清热顺气、消肿散瘀之功效。同时，集思广益，向行业专业人士与大众征集建议，丰富功能声称范围。

四是基于现代研究成果丰富功能声称。如西红柿（番茄）中含有的番茄红素，有预防心血管疾病、脑卒中及保护前列腺的作用①；葡萄含有的原花青素可以治疗抑郁，并有抗衰老的作用②；等等。除了以上的有成分论，“以脏补脏，以脏养脏”“以脑补脑”“以色补色”这类“以形补形”的不唯成分论也是中医食疗的一大特色，如吃红色食物补血，吃猪血、鸭血等能

① 《吃西红柿缓解前列腺肥大症状》，《中华中医药学刊》2014 年第 3 期。

② 方欢乐、于晋茹、陶炎炎等：《葡萄籽原花青素抗衰老作用的研究》，《食品与药品》2020 年第 6 期。

改善缺铁性贫血等[①]。但是，盲目笃信这种理论不可取，应当“因人制宜”，针对特殊人群特殊使用才能避免不良后果，如动物肝脏中富含维生素 A，对改善夜盲症有益，但是孕妇过服维生素 A 会中毒致胎儿发育畸形。

（二）结合传统中医药理论的声称探索

目前，中药类保健食品在保健食品中占有很高比重，但是现行的保健功能均是基于现代医学、营养学的描述，缺乏体现中医思维的功能声称，因此，探讨制定中医类保健功能是一个亟须研究的课题。另外，原国家卫生和计划生育委员会发布的《关于做好 2017 年国家基本公共卫生服务项目工作的通知》明确了要对 65 岁及以上人群进行中医体质辨识，但辨识后的调理目前多用普通食品，不能满足社会需求，若能设定相关功能声称，可实现与国家基本公共卫生服务项目的战略对接。

因此，制定功能声称可结合以下 3 个方面。

一是基于中医体质。结合中医体质学说设定相关功能声称是制定中医类功能声称的重要抓手。中医体质有多种理论学说，中华中医药学会在此基础上制定了《中医体质分类与判定》标准，其已经成为中医体质辨识的主要依据，因此可以结合此标准制定相关声称。

二是基于行业共识。可在调研国内外研究机构、行业专家的基础上，制定一批有一定共识、有较明确评价方法、能够与中药治病功效相区别、体现保健食品本身定位的中医类功能声称。

三是参考国外功能声称。部分国家和地区（如加拿大）的功能“声称”包含传统医药体系的理念，制定功能“声称”时可作为参考。

同时保健功能声称应与中药治疗功效有明确区别。

一是中医养生保健理论丰富，其中，治未病、预防、养生、保健等理念与保健食品自身定位吻合，又可与中药的治疗功效区别。

二是对于临床疾病，可从症状、心理、全身整体情况 3 个维度进行评

① 林殷、王一辰：《以形补形可行吗?》，《中医健康养生》2017 年第 12 期。

价，对于症状分级处于不影响生活、工作，不需要进行药物干预阶段的人群也可制定与中药治疗功效区别的功能声称。

三是不同体质的健康人群进行中医体质辨识后，由于处于健康状态，无须药物干预，可制定与中药治疗功效区别的功能声称。

（三）传统理论食品健康功能声称的管理原则与框架

1. 管理原则

（1）总体管理原则

根据《保健食品管理办法》规定保健食品必须符合下列要求：①经必要的动物和人群功能试验，证明其具有明确、稳定的保健作用；②各种原料及其产品必须符合食品卫生要求，对人体不产生任何急性、亚急性或慢性危害；③配方的组成及用量必须具有科学依据，具有明确的功效成分，如在现有技术条件下不能明确功效成分，应确定与保健功能有关的主要原料名称；④标签、说明书及广告不得宣传疗效作用。

（2）原料管理原则

关于原料管理，我国保健食品具有药食同源的理念与传统，原料主要为食品和可用于保健食品的中药材，而原料恰恰是保健食品管理的核心内容，因此，原料管理应依据《食品安全法》，按照原料目录规定的原料名称、用量、对应功效进行食品生产。对于具有食品属性、不强调保健功效的中药材物品，应列入既是食品又是中药材物品名单。同时，要严把注册审评关，制定统一规范的原料纳入原则、标准和程序。

（3）功能管理原则

关于保健功能管理，应依据监管部门的相关规定，其原则主要应明确保健功能目录纳入原则：包括保健功能的功效目的明确、保健功能具有充分的科学依据及科学合理的评价方法、功能目录纳入程序统一规范。关于纳入标准主要包括以下三个方面。①有明确的科学依据，包括人群食用评价资料、科学文献系统评价资料、安全风险评估资料等。要求科学依据具有较高的数量及质量，达到普遍或可信的科学共识。②有科学的评价方法，包括人体试

食试验、动物试验、体外研究等。要求试验设计合理、评价指标清晰、受试人员符合入选要求、项目齐全、操作规范、结果真实可信。③有明确的限制性条件信息，包括适宜人群、不适宜人群、注意事项等限制性条件信息及相关研究资料。

关于程序，应基于保健功能研究现状及已注册产品积累情况，由申请人或技术评审机构提出立项建议，经立项审查、技术审评、最终审核、公开征求意见后，按照规定由管理部门制定并发布①。

2. 管理的基本框架

我国在保健食品科学评价方面非常注重了解和跟踪国外的法规和科研进展情况。然而，我们在积极借鉴国外先进经验和成果的同时，却在一定程度上忽视了自身优势的发挥和宣扬。以现有的注册评价体系为例，产品无论是以现代医学理论还是传统中医理论为指导，在试验评价过程中都共用一套评价标准体系和方法。

由于现有的许多功能名称和评价方法的建立是以现代医学理论为基础的，因此，以传统中医药理论为指导的产品的评价只能处于被动“套用”状态，使我国传统中医药保健养生理论的优势很难得到全面发挥。传统养生保健理论评价体系的建立在我国有着得天独厚的优势和基础，是传承和发扬我国传统保健养生文化的一种有效方式。

结合中医传统理论，笔者认为，已经批准的保健食品功能总体分为三大类：治疗、调养和预防功能。增强免疫力功能、改善睡眠功能、缓解体力疲劳功能属于调养的范围，而促进排铅功能、促进消化功能、促进泌乳功能等属于预防的范围。

保健食品监管工作的核心内容就是努力在“有效保障人民群众的食用安全，满足人民群众的健康需求，促进保健食品行业健康发展”这一动态体系中寻找平衡点。简言之，立法是保健食品行业发展的生存之本，与时俱

---

① 赵洪静、宛超、张李伟等：《对我国保健食品管理若干问题的思考》，《中国现代中药》2017年第5期。

进的监管理念和手段则是维系行业持续发展的生存之道。

总之，笔者认为，不同的声称应有不同特点，但应遵循以下原则。

一是应有理论依据：传统中医理论体系并结合民族医药与国外功能声称包含的传统医药体系。

二是有历史文化贮藏，有应用历史：渊源于中医食疗，“药食同源”等。

三是大众的认知度较高，有现代医学研究成果支持：通过广泛征集建议集思广益，同时结合现代医学营养学的科研成果。

四是纳入不良反应监测机制，食品也应纳入监管监测机制中。

三　结语

中医药类保健食品作为我国保健食品中极具特色的一类产品，无论是研发者还是监管者都应当给予更多的关注。

一方面，在产品研发过程中，必须遵循中医理论的指导原则，注重辩证论治和整体观念，这样才能充分发挥中医药的独特优势。在继承中医传统食疗的基础上，融入现代科学营养理论，扩大食品保健的受众面，把养生保健贯穿广大消费者的日常生活，让养生成为生活的一部分。

另一方面，在功能声称的制定上，必须坚持传统中医理论，同时借鉴国外功能声称、民族医药和行业共识的精华部分，融入现代研究成果，这样才能丰富食品功能声称。对于声称的命名原则和功能主治表述，应在现代医学、营养学的描述的基础上，融入体现中医思维的功能声称，这样消费者才能根据正确辨证选择到合适的保健品，最终达到预期的效果。

对于功能声称的管理，把握好四大总体原则，将现代医学理论与传统中医药保健养生理论有机结合在一起，从功能声称、评价方法、评价标准、审批监管体系等方面入手，建立符合中医药特点的中医保健功能体系。同时，相关部门也应注重中医类人才队伍培养，制订计划，早日建立一支业务过硬的人才队伍，共同努力，最终达到有效保障人民群众的食用安全、满足人民群众的健康需求、促进保健食品行业健康发展的目的。

市 场 篇

B.11 保健食品市场健康发展的消费者因素研究

张永建*

摘　要： 在推动保健食品产业从“发展中规范”向“规范中发展”的过程中，消费者是不可忽视的重要因素，从某种意义上讲，甚至是决定性要素，因为没有保健食品的消费者，就没有保健食品市场，更没有保健食品产业。在这个过程中，通过持续的食育，不断提升消费者的健康素养和对保健食品的正确认知，使其科学理性地选择和购买保健食品，不仅是消费者的自我保护，更是消费者通过“用手投票”和“用脚投票”，使择优汰劣的市场机制作用更好地发挥出来，推动保健食品产业的健康发展。

关键词： 保健食品　消费者　食育　健康素养　理性消费

* 张永建，中国社会科学院食品药品产业发展与监管研究中心主任，“中国保健食品产业发展研究”课题组组长。

一　我国居民健康素养显著提升

健康素养是指个人获取和理解基本健康信息和服务，并运用这些信息和服务作出正确决策，以维护和促进自身健康的能力。健康素养是健康的重要决定因素，提高全民健康素养是提升全民健康水平最根本、最经济、最有效的措施之一，是实施健康中国战略以及推进健康中国行动的重要内容。

“居民健康素养水平”是反映经济社会发展水平和人民群众健康水平的一项综合性评价指标。目前，“居民健康素养水平”指标被纳入国家多项考核，成为衡量国家基本公共服务水平和人民群众健康水平的重要指标，2016年成为《“健康中国2030”规划纲要》13个主要指标之一，2018年成为健康城市的评价指标，2019年成为《健康中国行动（2019—2030年）》的主要指标。《中华人民共和国基本医疗卫生与健康促进法》将“提高公民的健康素养”作为明确要求。

从2012年起，国家卫生健康委持续组织开展全国居民健康素养水平动态监测工作。结果显示，城乡居民健康素养水平稳步提升，从2012年的8.80%上升到2021年的25.40%，提前实现了《健康中国行动（2019—2030年）》提出的“到2025年，达到25%”的目标。

2022年“中国居民健康素养监测”在全国共得到有效问卷71842份。中国居民健康素养水平为27.78%。2022年“中国居民健康素养监测”的范围是全国31个省（区、市）（不含港、澳、台地区）的336个监测点，其中城市监测点177个，农村监测点159个，覆盖全国336个县（区）1008个乡镇（街道）。监测的对象是15~69岁常住人口。监测指标包括三个方面。

一是健康素养水平。健康素养水平指具备基本健康素养的人在总人群中所占的比例。判定具备基本健康素养的标准：问卷得分达到总分80%及以上，被判定具备基本健康素养。

二是三个方面健康素养水平。依据《中国公民健康素养——基本知识与技能》，结合健康教育知—信—行理论，将健康素养划分为三个方面，即基本健康知识和理念素养、健康生活方式与行为素养、基本技能素养。某方面健康素养水平指具备某方面健康素养的人在总人群中所占的比例。判定具备某方面健康素养的标准：以考察某方面素养所有题目的分值之和为总分，实际得分达到该总分80%及以上者，被判定具备该方面的健康素养。

三是六类健康问题素养水平。依据《中国公民健康素养——基本知识与技能》，结合主要公共卫生问题，将健康素养划分为六类健康问题素养，即科学健康观素养、传染病防治素养、慢性病防治素养、安全与急救素养、基本医疗素养和健康信息素养。某类健康问题素养水平，指具备某类健康问题素养的人在总人群中所占的比例。判定具备某类健康问题素养的标准：以考察某类健康问题素养所有题目的分值之和为总分，实际得分达到该总分80%及以上者，被判定具备该类健康问题素养。

国家卫健委对2022年“中国居民健康素养监测”进行了详细介绍和分析。

（一）中国居民健康素养水平

2022年中国居民健康素养水平为27.78%，总体呈现以下特点：城市居民高于农村居民；东部地区高于中部地区，中部地区高于西部地区。具体如下。城市居民健康素养水平为31.94%，农村居民为23.78%。东部地区居民健康素养水平为31.88%，中部地区为26.70%，西部地区为22.56%。

（二）中国居民三个方面健康素养水平

2022年中国居民三个方面健康素养水平：基本健康知识和理念素养水平为41.26%，健康生活方式与行为素养水平为30.63%，基本技能素养水平为26.00%。

（三）中国居民六类健康问题素养水平

2022年中国居民六类健康问题素养水平由高到低依次为：安全与急救素养58.51%、科学健康观素养53.55%、健康信息素养39.81%、慢性病防治素养28.85%、传染病防治素养28.16%和基本医疗素养27.68%。

2022年“中国居民健康素养监测”的主要结论如下。

一是2022年中国居民健康素养水平为27.78%，继续稳步提升，较2021年的25.40%提升了2.38个百分点，继续呈现稳步提升的态势。

二是不同地区、不同人群健康素养水平均有提升，农村和中西部地区提升明显。2022年城市、农村较2021年分别提升1.24个和1.76个百分点。东、中、西部地区较2021年分别提升1.48个、2.87个和3.14个百分点。

三是三个方面健康素养水平持续提升，基本健康知识和理念素养提升幅度较大。2022年我国城乡居民基本健康知识和理念素养水平较2021年提升3.60个百分点；健康生活方式与行为素养水平较2021年提升2.58个百分点；基本技能素养水平较2021年提升1.72个百分点。三个方面健康素养水平较2021年均有提升，其中，基本健康知识和理念素养水平提升幅度最大。

四是六类健康问题中健康信息素养提升幅度较大。2022年六类健康问题中，各类健康问题素养水平均有不同程度提升，其中，健康信息素养水平增幅最大，较2021年提升了3.88个百分点。

要特别指出的是，居民健康素养水平的提升对保健食品产业的健康发展具有重要而特殊的意义。健康素养水平特别是健康信息素养水平的提升，有助于消费者更准确地了解和认识保健食品，有助于科学理性地消费保健食品，而科学理性地消费可以促进市场机制作用更好地发挥，通过消费者“用手投票”和“用脚投票”，实现市场的择优汰劣，减少“劣币驱逐良币”的现象。

二　消费者与保健食品

市场可以通过消费者的购买行为和购买选择，向上游厂商传递相应的信号，一方面，厂商会根据这些信号开发产品、组织生产和开展营销，以适应市场需求，甚至对厂商行为产生一定程度上的约束；另一方面，厂商也会创造市场和传播信号，诱导消费行为和消费选择。在这个过程中，消费者对保健食品的认知科学、理性，不仅有利于自我保护，也有利于对厂商行为的约束。

（一）公众对保健食品的认知趋于科学理性

相当一段时期，由于消费者对保健食品认知的科学理性程度不高，市场向厂商传递的信号中不确定性较多，这种状况使一些不良厂商故意甚至违法违规地制造一些夸大甚至虚假的信号传入市场，侵害消费者的合法权益。对于这种现象，主要需要通过政府的监管和有效治理予以惩罚和治理。正是基于这个现象，2019 年 5 月，监管部门出台了《关于开展保健食品“五进”专项科普宣传活动的通知》，希望不断提升公众的健康素养水平，培育消费者科学理性的保健食品消费能力。

我国公众对保健食品的认知正在趋于科学和理性。一是大多数被调查者对保健食品基本持肯定态度，对保健食品行业的进一步改进有所期许；二是仍然有一部分被调查者对保健食品的认识还存在误区，并且对产品质量、价格、品牌和经营行为等有所顾虑；三是近八成被调查者认为保健食品科普和教育不够，亟须加强，反映出消费者科学理性消费保健食品的强烈意愿。

（二）跨越代际正成为保健食品消费的新特点

长期以来，保健食品的主要消费者相对集中在中老年人，但是随着居民生活水平的提高和市场供给的丰富，健康消费逐渐成为新的消费热点。中国社会科学院食品药品产业发展与监管研究中心在 2021 年 5 月进行的一项调查显示，在 18~40 岁的人群中，75%的被调查者认为“我明显比以前更加关注健康了”。在调查的 18~24 岁的群体中，仅 57%的人对自身健康的满意度较高，在调查的 56~65 岁年龄段中，对自身健康的满意度仅有 35%。此外，对于“您认为养生是人生必修课吗，应该从什么时候开始养生呢?”（单选）的提问，66.99%的受访者认为是必修课，养生从娃娃抓起；20.41%的受访者认为是必修课，养生从青少年时期开始；6.06%的受访者认为是必修课，养生从中年开始就行；0.54%的受访者认为是必修课，养生从老年时期开始；5.7%的受访者认为不是必修课，顺其自然就好；0.3%的受访者认为不是必修课，没必要养生。在 2021 年 5 月的另外一项调查中，在所有受访者中，明确表示不会购买保健品的受访者仅有 5.6%，比 2020 年类似相关调查减少了 31.5 个百分点。在表示会购买的受访者中，27.1%会给自己买；21.7%会给父母或其他长辈买，45.6%既会给父母长辈买，也会给自己买。

与老年群体关注降低慢性疾病风险和延年益寿不同的是，中青年群体更关注自身的现实健康状态对工作和生活的现实影响以及对未来预期的影响，相应的，健康需求正在明显跨越代际。中青年群体正在成为保健食品新的增长较快的消费群体。根据《2020 中国生命小康指数调查》，在保健食品购买者中，“90 后”占比达 25.01%，21.9%的“90 后”一直在食用保健食品。而在关注保健食品的人群中，近一半都是“90 后”。

健康需求跨越代际，是保健食品市场年轻消费群体增长的原因之一，由于信息获取渠道的便利化和新兴媒介的快速发展，一方面，相较于老一辈来说，年轻人接触到的信息更为广泛、更加丰富，所以他们对于保健食品的认知也更加理性客观；另一方面，活跃在网络平台的也大多是年轻人。保健食品越来越被年轻消费者接受。

三　加强食品消费中的科普

（一）科学理性消费有利于市场机制作用的发挥

党的十九大报告提出了：实施食品安全战略，让人民吃得放心。针对食品安全，我国持续开展了高强度的、多方面的综合治理，特别是随着“四个最严”指导思想的确立和具体实施，政府监管趋严、企业自律提升、公共监督加强和公众科学素养不断提升等多方面因素的共同作用，促进了我国食品安全状况的改善，我国食品安全形势正在趋稳并出现向好势头。但是，面对社会公众对食品安全的渴望、国际市场竞争压力的加大和重大食品安全事件时有发生的现实状况，我国食品安全及其监管仍面临着非常大的压力和挑战。客观地看，我国食品安全治理仍处在负重爬坡的关键阶段，还需不断进行综合监管能力建设和监管资源的优化配置，解决各种问题和矛盾，治理的作用与效果的显现可能还需要时间，强化监管和风险多发仍将在一段时期内并存，食品安全的治理不仅是一项责任重大且十分紧迫的任务，还是一项需要长期努力、扎实推进的艰巨工作。

党的十八大提出市场要在资源配置中发挥决定性作用。市场机制有一个很重要的功能就是择优汰劣，要使市场机制择优汰劣功能更好地发挥，需要市场中各个主体都能比较充分地发挥出自己的作用。消费者是重要的市场主体之一，当消费者能够比较科学、理性地进行选择，并且“用手投票”和“用脚投票”时，市场机制择优汰劣的功能就会更充分地发挥出来，就会形成更加健康的市场环境。所以，要向消费者提供广泛、真实的信息，减少信息不对称，使消费者作出有利于自己的比较科学、理性的选择。此外，当市场机制作用能够更好地发挥时，还有利于降低行政成本和司法成本，能更好地节约社会资源。正是从这个视角考量，科学理性消费有利于市场机制作用的发挥。

（二）食育是科学理性消费的重要基础

从消费这个角度看，食育就是通过教育培养比较理性的消费者。实践经验证明，成熟的消费者能够有效抵御谣言，保护自身利益；成熟的消费者能够促进食品安全进一步提升；成熟的消费者能够促进我国食品产业健康发展。

（三）从多个方面做好食育工作

做好食育工作是提高全民科学素养的重要组成部分，是提高全民健康水平的重要抓手。做好食育工作不仅功在当代，更是利在千秋的大事，需要久久为功、善作善成，既要有长期的规划和投入，也要重视解决当下的问题。当前和今后一段时期，可以从以下多个方面开展和推动食育工作。

一是注重科学意识的培养。一方面，提高食品消费的理性；另一方面，提高对谣言的辨识能力，减少或杜绝可能的伤害。因此，消费者自身消费的主动意识和主动意愿非常重要，消费者需要掌握相应的科学知识。

二是具有针对性和时效性。食育工作要针对当前公众关注的突出问题和热点问题，特别是针对那些食品谣言，有的放矢、答疑解惑、正本清源，纠正偏差和错误认识，通过及时的行动，提高公众对谣言的抵抗力和免疫力。一方面要分析谣言的传播路径，另一方面要研究阻断这些路径的有效方法，还要研究食育自身如何更好、更有效地解答公众关注的问题。

三是有效传播。食育要具体落地，食育不仅要面向学生，更需要面向广大的社会公众，这就需要认真研究传播，第一，降低获得信息的成本。有效传播的一个特征就是易获得性，这是影响传播效率的重要因素。随着经济社会的发展，公众的健康需求快速上升，公众迫切需要了解和学习相关知识和信息，食育工作应主动适应这些需求，使公众能更便捷地获取所需的信息和知识。第二，发挥不同传播路径的优势。大众传播路径正在发生演变：广播—报纸—电视—网络—微信，针对这些变化，不同媒体需要找到更有效的传播路径和方式，针对不同的受众，充分运用科学技术手段，建立融媒体矩阵开展食育，在这当中，专业性媒体因为其权威性和专业性可以发挥更大的作用。

四是建立健全科学家更多更主动参与食育科普工作的机制。在食育工作中，科学家是不可或缺的，是重要主体之一。食品是一个既简单又复杂的领域，仅从生产许可的角度就分为 32 个大类 109 个子类，再加上餐饮食品和食用农产品就更丰富了。在这林林总总的食品中，无论是形态、成分，还是种植/养殖和生产加工技术往往有很大的不同，并不同程度地经历了从田间到餐桌的不同过程和环节，涉及很多学科领域。受种种条件的约束，很难全面深入地把握食品领域的所有产品、所有环节和所有技术，专家往往是在其中的一些细分领域中具有很高的造诣和权威性，在食育工作中可以起到一定的作用，在面对公众关注的热点问题时，往往发挥一定的作用。

需要建立和完善相关机制，使科学家们更踊跃地参与到食育科普工作中来，例如，将食育科普工作纳入考核体系和职称晋升体系等。由于食育的对象是社会公众，这就要求科学和教育工作者走出“象牙塔”，用大众化的语言和方法开展食育工作，这对科学和教育工作者也是一个挑战，在食育中要将知识性和趣味性有机结合起来。

食育是一项社会工程，需要全社会的共同参与，在这个过程中，政产学研媒需要努力达成广泛共识，充分发挥各自所长，互相支持、互相配合，构建相向而行的格局，为人民群众追求美好生活创造更好的环境。

B.12

经济因素对保健食品线下销售影响分析

张永建*

摘　要：　长期以来，保健食品传统的销售主要集中在线下，主要原因如下。一方面，直销是保健食品销售的重要形式，并且占有比较大的市场份额，此外，药店和超市等也是保健食品销售的重要场所。另一方面，中老年人在保健食品的消费群体中长期占有较高的比例，这部分消费群体更多的是在线下市场购买保健食品。影响保健食品线下市场规模和市场营销的因素有很多，本文主要分析5个经济因素对保健食品线下市场的影响。

关键词：　保健食品　线下市场　经济因素

根据保健食品的特点，课题组在对可能影响线下市场的因素分析中，从经济的视角选择了5个指标，分别是反映现实与潜在市场规模的“人口数量”，反映经济产出规模的“国内生产总值（GDP）”，反映消费规模的“社会消费品零售总额”，反映支付能力和支付状况的“居民人均可支配收入”“居民人均消费支出”，并尝试通过样本企业的市场状况来考察这些指标与样本企业线下市场的关联性，判断这些因素对线下市场的影响程度。虽然这样的样本研究可能难以准确全面地反映线下市场分布及影响因素关联性的全貌，但还是具有一定的参考价值。

---

* 张永建，中国社会科学院食品药品产业发展与监管研究中心主任，“中国保健食品产业发展研究”课题组组长。

课题组调研了一些经营30年左右的大型保健食品企业，将其中两个以线下市场为主、营业收入超过80亿元（人民币）的保健食品龙头企业作为样本企业（以下简称“M企业”“N企业”），对样本企业相关数据进行分析研究，通过模型测算该企业在各区①的市场份额。M企业和N企业的市场份额以及各自的排序如表1、表2所示。

表1　样本企业在各区市场份额

单位：%

序号	区域市场	M企业	N企业
1	东北区	17.20	7.16
2	华北区	12.41	8.07
3	华东区	27.46	25.59
4	华南区	12.83	20.61
5	华中区	12.36	10.66
6	西北区	9.69	4.02
7	西南区	8.05	9.23
8	其他		14.67

注：“其他”主要为线上市场所占市场份额。

表2　样本企业在各区市场份额排序

样本	东北区	华北区	华东区	华南区	华中区	西北区	西南区
M企业	2	4	1	3	5	6	7
N企业	6	5	1	2	3	7	4

从M企业和N企业的市场份额结构可以看出，华东区都排在第一位，是市场份额最大的区域，但之后的排序中，两个企业在各区的比重存在比较明

① 本文基本上采用企业的方式将全国分为7个区，分别是：东北区，包括辽宁、吉林、黑龙江；华北区，包括北京、天津、河北、内蒙古；华东区，包括上海、江苏、浙江、山东、江西、安徽；华南区，包括广东、广西、福建、海南；华中区，包括河南、湖南、湖北；西北区，包括山西、陕西、甘肃、宁夏、青海、新疆；西南区，包括重庆、四川、贵州、云南、西藏。

显的差异，华北区、华南区和西北区仅相差1位，华中区相差2位，相差最大的是西南区和东北区，分别相差3位和4位。造成这种不同的原因很多，例如，产品、目标消费群体、区域消费习惯、区域健康状况、收入与支付等多种差异。此外，虽然样本企业市场主要集中在线下，但随着互联网和数字经济的发展，企业与时俱进地加强了线上的市场建设与开拓，线上市场的份额正在提升。

在本节的分析中，因为缺乏N企业在31个省（区、市）占比的准确数据，因此只选择M企业。虽然仅选择M企业难以全面准确地反映保健食品线下市场的分布结构及影响因素关联性的全貌，但还是具有参考意义的。根据《中华人民共和国国民经济和社会发展统计公报》《中国卫生健康统计年鉴》、政府相关部门网站信息及课题组的调研，对相关数据进行了整理和计算，各相关影响因素数据见表3。

表3 线下市场影响因素基础数据

序号	省（区、市）	M企业全国销售占比（%）	人口数量（万人）	GDP（亿元）	社会消费品零售总额（亿元）	居民人均可支配收入（元）	居民人均消费支出（元）
1	北京	2.57	2184	41610.9	13794.2	77415	43640.4
2	天津	1.44	1363	16311.3	3572.0	48976	33188.4
3	河北	5.97	7420	42370.4	13720.1	30867	19953.7
4	山西	3.78	3481	25642.6	7562.7	29178	17191.2
5	内蒙古	2.43	2401	23158.6	4971.4	35921	22658.3
6	上海	2.06	2475	44652.8	16442.1	79610	48879.3
7	江苏	6.54	8515	122875.6	42752.1	49862	31451.4
8	浙江	6.06	6577	77715.4	30467.2	60302	36668.1
9	安徽	2.00	6127	45045.0	21518.4	32745	21910.9
10	福建	1.95	4188	53109.9	21050.1	43118	28440.1
11	江西	1.99	4528	32074.7	12853.5	32419	20289.9
12	山东	8.81	10163	87435.1	33236.2	37560	22820.9
13	陕西	1.52	3956	32772.7	10401.6	30116	19346.5
14	甘肃	0.92	2492	11201.6	3922.2	23273	17456.2
15	青海	0.35	595	3610.1	842.1	27000	19020.1
16	宁夏	0.42	728	5069.6	1338.4	29599	20023.8

续表

序号	省（区、市）	M企业全国销售占比（%）	人口数量（万人）	GDP（亿元）	社会消费品零售总额（亿元）	居民人均可支配收入（元）	居民人均消费支出（元）
17	新　疆	2.69	2587	17741.3	3240.5	27063	18960.6
18	重　庆	1.32	3213	29129.0	13926.1	35666	24597.8
19	四　川	4.73	8374	56749.8	24104.6	30679	21518.0
20	贵　州	0.89	3856	20164.6	8507.1	25508	17957.3
21	云　南	1.11	4693	28954.2	10838.8	26937	18851.0
22	西　藏	0	364	2132.6	726.5	26675	15342.5
23	河　南	4.30	9872	61345.1	24407.4	28222	18391.3
24	湖　北	2.80	5844	53734.9	22164.8	32914	23846.1
25	湖　南	5.26	6604	48670.4	19050.7	34036	22798.2
26	广　东	7.27	12657	129118.6	44882.9	47065	31589.3
27	广　西	2.71	5047	26300.9	8539.1	27981	18087.9
28	海　南	0.90	1027	6818.2	2268.4	30957	22241.9
29	辽　宁	9.13	4197	28975.1	9526.2	36089	35111.7
30	吉　林	2.97	2348	13070.2	3807.7	27975	27769.8
31	黑龙江	5.10	3099	15901.0	5210.0	28346	27159.0

变量间相关系数 r 定义如下。

$$r = \frac{\sum_{i=1}^{n}(x_i - \bar{x})(y_i - \bar{y})}{\sqrt{\sum_{i=1}^{n}(x_i - \bar{x})^2}\sqrt{\sum_{i=1}^{n}(y_i - \bar{y})^2}}$$

一般认为：$|r| \geq 0.8$ 时，两变量间强相关；$0.5 \leq |r| < 0.8$，两变量中度相关；$0.3 \leq |r| < 0.5$，两变量相关程度低；$|r| < 0.3$，两变量弱相关。

一　5个经济因素对全国线下市场影响程度分析

对全国线下市场影响因素相关系数的计算见表4。

表 4　相关系数

		M 企业全国销售占比	人口数量	GDP	社会消费品零售总额	居民人均可支配收入	居民人均消费支出
M 企业全国销售占比	Pearson 相关性	1	0.725	0.680	0.645	0.189	0.305
	显著性(双侧)		0.000	0.000	0.000	0.309	0.096
	N	31	31	31	31	31	31

注：若无特别说明，相关系数均为 $\alpha=0.01$ 水平下的。下同。

各影响因素与线下市场的相关程度见表 5。

表 5　各影响因素与线下市场的相关程度

	人口数量	GDP	社会消费品零售总额	居民人均可支配收入	居民人均消费支出
相关系数 *r*	0.725	0.680	0.645	0.189	0.305
影响程度	中	中	中	弱	低

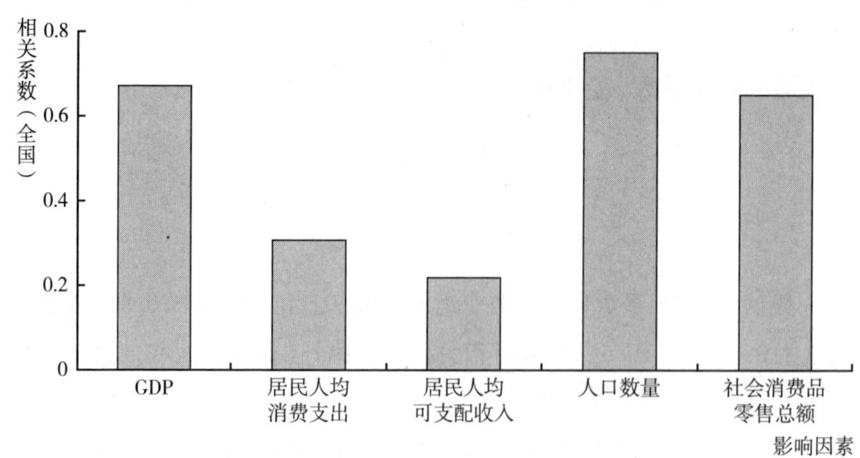

图 1　影响因素柱状示意

二　经济因素对各区域线下市场影响程度分析

课题组在调研中了解到，针对不同地区的差异化，企业为了更精细、更有效地对销售进行管理，设置了不同的销售区域，采取不同的方式方法开展销售和考核。另外，考虑到各大区市场更加直接地面对消费者，因此，课题组将“GDP”和“社会消费品零售总额”两个指标调整为相对数的人均指标，以更好地反映消费者的基本情况。

以下课题组对各区中经济因素对线下销售影响的关联性进行分析。此外，因篇幅所限，各区域的相关性柱状图不再显示。

1. 东北区经济因素对线下市场的影响程度分析

东北区线下市场中5个经济因素的影响程度的计算结果见表6。

表6　东北区相关系数

		M企业全国销售占比	人口数量	人均GDP	人均社会消费品零售额	居民人均可支配收入	居民人均消费支出
M企业全国销售占比	Pearson相关性	1	0.998*	0.814	0.977	0.953	0.915
	显著性（双侧）		0.043	0.395	0.137	0.195	0.265
	N	3	3	3	3	3	3

* 相关系数为α=0.05水平下的。

在东北区，5个影响因素与线下市场都具有强相关性。按相关强度依次为：人口数量、人均社会消费品零售额、居民人均可支配收入、居民人均消费支出和人均GDP（见表7）。

表 7　东北区线下市场中 5 个经济因素的影响程度

东北区	M 企业全国市场占比(%)	人口数量（万人）	人均 GDP（万元）	人均社会消费品零售额（万元）	居民人均可支配收入（元）	居民人均消费支出（元）
辽　宁	9.13	4197	6.9	2.3	36089	35111.7
吉　林	2.97	2348	5.6	1.6	27975	27769.8
黑龙江	5.10	3099	5.1	1.7	28346	27159.0
相关系数	1	0.998	0.814	0.977	0.953	0.915
影响程度		强	强	强	强	强

2. 华北区经济因素对线下市场的影响程度分析

华北区线下市场中 5 个经济因素的影响程度的计算结果见表 8。

表 8　华北区相关系数

		M 企业全国销售占比	人口数量	人均 GDP	人均社会消费品零售额	居民人均可支配收入	居民人均消费支出
M 企业全国销售占比	Pearson 相关性	1	0.994	-0.606	-0.316	-0.471	-0.568
	显著性(双侧)		0.006	0.394	0.684	0.529	0.432
	N	4	4	4	4	4	4

各影响因素关联性的计算结果如下：人口数量与线下市场强相关；人均 GDP 与线下市场负中度相关；人均社会消费品零售额与线下市场负低相关；居民人均可支配收入与线下市场负低相关；居民人均消费支出与线下市场负中度相关（见表 9）。

表 9　华北区线下市场中 5 个经济因素的影响程度

华北区	M 企业全国市场占比(%)	人口数量（万人）	人均 GDP（万元）	人均社会消费品零售额(万元)	居民人均可支配收入(元)	居民人均消费支出(元)
北　京	2.57	2184	19.1	6.3	77415	43640.4
天　津	1.44	1363	12.0	2.6	48976	33188.4

续表

华北区	M 企业全国市场占比(%)	人口数量(万人)	人均 GDP(万元)	人均社会消费品零售额(万元)	居民人均可支配收入(元)	居民人均消费支出(元)
河　北	5.97	7420	5.7	1.8	30867	19953.7
内蒙古	2.43	2401	9.6	2.1	35921	22658.3
相关系数	1	0.994	-0.606	-0.316	-0.471	-0.568
影响程度		强	负中	负低	负低	负中

3. 华东区经济因素对线下市场的影响程度分析

华东区线下市场中 5 个经济因素的影响程度的计算结果见表 10。

表 10　华东区相关系数

		M 企业全国销售占比	人口数量	人均 GDP	人均社会消费品零售额	居民人均可支配收入	居民人均消费支出
M 企业全国销售占比	Pearson 相关性	1	0.882*	-0.009	-0.110	-0.081	-0.117
	显著性(双侧)		0.020	0.987	0.836	0.879	0.825
	N	6	6	6	6	6	6

* 相关系数为 α=0.05 水平下的。

各影响因素关联性的计算结果如下：人口数量与线下市场强相关；人均 GDP 与线下市场负弱相关；人均社会消费品零售额与线下市场负弱相关；居民人均可支配收入与线下市场负弱相关；居民人均消费支出与线下市场负弱相关（见表 11）。

表 11　华东区线下市场中 5 个经济因素的影响程度

华东区	M 企业全国市场占比(%)	人口数量(万人)	人均 GDP(万元)	人均社会消费品零售额(万元)	居民人均可支配收入(元)	居民人均消费支出(元)
上　海	2.06	2475	18.0	6.6	79610	48879.3
江　苏	6.54	8515	14.4	5.0	49862	31451.4

续表

华东区	M企业全国市场占比(%)	人口数量(万人)	人均GDP(万元)	人均社会消费品零售额(万元)	居民人均可支配收入(元)	居民人均消费支出(元)
浙　江	6.06	6577	11.8	4.6	60302	36668.1
山　东	8.81	10163	8.6	3.3	37560	22820.9
江　西	1.99	4528	7.1	2.8	32419	20289.9
安　徽	2.00	6127	7.4	3.5	32745	21910.9
相关系数	1	0.882*	-0.009	-0.110	-0.081	-0.117
影响程度		强	负弱	负弱	负弱	负弱

4. 华南区经济因素对线下市场的影响程度分析

华南区线下市场中5个经济因素的影响程度的计算结果见表12。

表12　华南区相关系数

		M企业全国销售占比	人口数量	人均GDP	人均社会消费品零售额	居民人均可支配收入	居民人均消费支出
M企业全国销售占比	Pearson相关性	1	0.994	0.266	0.162	0.663	0.630
	显著性(双侧)		0.006	0.734	0.838	0.337	0.370
	N	4	4	4	4	4	4

各影响因素关联性的计算结果如下：人口数量与线下市场强相关；人均GDP与线下市场弱相关；人均社会消费品零售额与线下市场弱相关；居民人均可支配收入与线下市场中度相关；居民人均消费支出与线下市场中度相关（见表13）。

表13　华南区线下市场中5个经济因素的影响程度

华南区	M企业全国市场占比(%)	人口数量(万人)	人均GDP(万元)	人均社会消费品零售额(万元)	居民人均可支配收入(元)	居民人均消费支出(元)
广　东	7.27	12657	10.2	3.5	47065	31589.3

续表

华南区	M 企业全国市场占比(%)	人口数量(万人)	人均 GDP(万元)	人均社会消费品零售额(万元)	居民人均可支配收入(元)	居民人均消费支出(元)
广　西	2.71	5047	5.2	1.7	27981	18087.9
福　建	1.95	4188	12.7	5.0	43118	28440.1
海　南	0.90	1027	6.6	2.2	30957	22241.9
相关系数	1	0.994	0.266	0.162	0.663	0.630
影响程度		强	弱	弱	中	中

5. 华中区经济因素对线下市场的影响程度分析

华中区线下市场中 5 个经济因素的影响程度的计算结果见表 14。

表 14　华中区相关系数

		M 企业全国销售占比	人口数量	人均 GDP	人均社会消费品零售额	居民人均可支配收入	居民人均消费支出
M 企业全国销售占比	Pearson 相关性	1	0.300	-0.692	-0.763	0.057	-0.303
	显著性(双侧)		0.806	0.513	0.447	0.964	0.804
	N	3	3	3	3	3	3

各影响因素关联性的计算结果如下：人口数量与线下市场低相关；人均 GDP 与线下市场负中度相关；人均社会消费品零售额与线下市场负中度相关；居民人均可支配收入与线下市场弱相关；居民人均消费支出与线下市场负低相关（见表 15）。

表 15　华中区线下市场中 5 个经济因素的影响程度

华中区	M 企业全国市场占比(%)	人口数量(万人)	人均 GDP(万元)	人均社会消费品零售额(万元)	居民人均可支配收入(元)	居民人均消费支出(元)
河　南	4.30	9872	6.2	2.5	28222	18391.3
湖　南	5.26	6604	7.4	2.9	34036	22798.2

续表

华中区	M 企业全国市场占比(%)	人口数量(万人)	人均 GDP(万元)	人均社会消费品零售额(万元)	居民人均可支配收入(元)	居民人均消费支出(元)
湖　北	2. 80	5844	9. 2	3. 8	32914	23846. 1
相关系数	1	0. 300	-0. 692	-0. 763	0. 057	-0. 303
影响程度		低	负中	负中	弱	负低

6. 西北区经济因素对线下市场的影响程度分析

西北区线下市场中 5 个经济因素的影响程度的计算结果见表 16。

表 16　西北区相关系数

		M 企业全国销售占比	人口数量	人均 GDP	人均社会消费品零售额	居民人均可支配收入	居民人均消费支出
M 企业全国销售占比	Pearson 相关性	1	0. 695	0. 389	0. 254	0. 219	-0. 549
	显著性(双侧)		0. 125	0. 446	0. 627	0. 677	0. 259
	N	6	6	6	6	6	6

各影响因素关联性的计算结果如下：人口数量与线下市场中度相关；人均 GDP 与线下市场低相关；人均社会消费品零售额与线下市场弱相关；居民人均可支配收入与线下市场弱相关；居民人均消费支出与线下市场负中度相关（见表 17）。

表 17　西北区线下市场中 5 个经济因素的影响程度

西北区	M 企业全国市场占比(%)	人口数量(万人)	人均 GDP(万元)	人均社会消费品零售额(万元)	居民人均可支配收入(元)	居民人均消费支出(元)
山　西	3. 78	3481	7. 4	2. 2	29178	17191. 2

续表

西北区	M 企业全国市场占比(%)	人口数量(万人)	人均 GDP(万元)	人均社会消费品零售额(万元)	居民人均可支配收入(元)	居民人均消费支出(元)
陕　西	1.52	3956	8.3	2.6	30116	19346.5
甘　肃	0.92	2492	4.5	1.6	23273	17456.2
宁　夏	0.42	595	6.1	1.4	27000	20023.8
青　海	0.35	728	7.0	1.8	29599	19020.1
新　疆	2.69	2587	6.9	1.3	27063	18960.6
相关系数	1	0.695	0.389	0.254	0.219	-0.549
影响程度		中	低	弱	弱	负中

7. 西南区经济因素对线下市场的影响程度分析

西南区线下市场中 5 个经济因素的影响程度的计算结果见表 18。

表 18　西南区相关系数

		M 企业全国销售占比	人口数量	人均 GDP	人均社会消费品零售额	居民人均可支配收入	居民人均消费支出
M 企业全国销售占比	Pearson 相关性	1	0.928*	0.206	0.272	0.351	0.504
	显著性(双侧)		0.023	0.739	0.658	0.562	0.386
	N	5	5	5	5	5	5

* 相关系数为 $\alpha = 0.05$ 水平下的。

各影响因素关联性的计算结果如下：人口数量与线下市场强相关；人均 GDP 与线下市场弱相关；人均社会消费品零售额与线下市场弱相关；居民人均可支配收入与线下市场低相关；居民人均消费支出与线下市场中度相关（见表 19）。

表 19　西南区线下市场中 5 个经济因素的影响程度

西南区	M 企业全国市场占比(%)	人口数量(万人)	人均 GDP(万元)	人均社会消费品零售额(万元)	居民人均可支配收入(元)	居民人均消费支出(元)
重　庆	1.32	3213	9.1	4.3	35666	24597.8
四　川	4.73	8374	6.8	2.9	30679	21518.0
贵　州	0.89	3856	5.2	2.2	25508	17957.3
云　南	1.11	4693	6.2	2.3	26937	18851.0
西　藏	0	364	5.9	2.0	26675	15342.5
相关系数	1	0.928*	0.206	0.272	0.351	0.504
影响程度		强	弱	弱	低	中

三　同一影响因素在不同区域的影响程度

从对各区的分析可以看出，这些经济因素在各区的影响程度有明显差异，即使是同一影响因素，在不同区域内的影响程度也不尽相同。表 20 整理了相关系数在不同区域的分布。

表 20　相关系数在各区域的分布

	东北区	华北区	华东区	华南区	华中区	西北区	西南区
线下市场占比	17.20	12.41	26.76	10.88	12.36	9.68	8.05
人口数量	0.998	0.994	0.882	0.994	0.300	0.695	0.928
人均 GDP	0.814	-0.606	-0.009	0.266	-0.692	0.389	0.206
人均社会消费品零售额	0.977	-0.316	-0.110	0.162	-0.763	0.254	0.272
居民人均可支配收入	0.953	-0.471	-0.081	0.663	0.057	0.219	0.351
居民人均消费支出	0.915	-0.568	-0.117	0.630	-0.303	-0.549	0.504

表 20 显示，5 个经济因素的影响程度在不同区域具有不同的表现。

（1）人口数量：在东北区、华北区、华东区、华南区和西南区等 5 个区域具有强相关性；在西北区为中度相关；在华中区的相关程度低。

（2）人均 GDP：在东北区具有强相关性；在华北区和华中区呈现负中度相关；在西北区相关程度低；在其他区域均为弱相关。

（3）人均社会消费品零售额：在东北区具有强相关性；在华中区呈现负中度相关；在华北区呈现负低相关；在其他区域均为弱相关。

（4）居民人均可支配收入：在东北区具有强相关性；在华南区呈现为中度相关；在华北区呈现负低相关；在西南区呈现低相关；在其他区域均为弱相关。

（5）居民人均消费支出：在东北区具有强相关性；在华南区和西南区呈现中度相关；在华北区和西北区呈现负中度相关；在华中区表现为负低相关；在华东区为弱相关。

同一影响因素在不同区域的影响程度见表 21。

表 21　同一影响因素在不同区域的影响程度

	东北区	华北区	华东区	华南区	华中区	西北区	西南区
线下市场占比	17.20	12.41	26.76	10.88	12.36	9.68	8.05
人口数量	强	强	强	强	低	中	强
人均 GDP	强	负中	负弱	弱	负中	低	弱
人均社会消费品零售额	强	负低	负弱	弱	负中	弱	弱
居民人均可支配收入	强	负低	负弱	中	弱	弱	低
居民人均消费支出	强	负中	负弱	中	负低	负中	中

四　经济因素对线下市场影响的线性回归拟合优度分析

以下课题组对各区域经济因素对线下市场销售影响进行线性回归的拟合优度分析。

公式一：线性回归方程

$$y = bx + a$$

公式二：拟合系数

$$R^2 = 1 - \frac{\sum_{i=1}^{n}(y_i - \hat{y}_i)^2}{\sum_{i=1}^{n}(y_i - \bar{y})^2}$$

我们对线性回归的判断设定为：当 $R^2=1$ 时，拟合程度非常好；$1>R^2\geqslant 0.9$ 为拟合程度较高；$0.9>R^2\geqslant 0.8$ 为拟合程度比较好；$0.8>R^2\geqslant 0.7$ 为有一定的拟合程度；$0.7>R^2\geqslant 0.6$ 为拟合程度一般；$0.6>R^2\geqslant 0.5$ 为可能有一定的拟合程度；$0.5>R^2\geqslant 0.4$ 为拟合程度比较差；$R^2<0.4$ 为拟合程度很差。

1. 对全国的线下市场线性回归及拟合优度判断

在对全国保健食品线下市场分析中，对 5 个可能影响因素进行了线性回归分析，分析结果如下（见图 2 至图 6）。

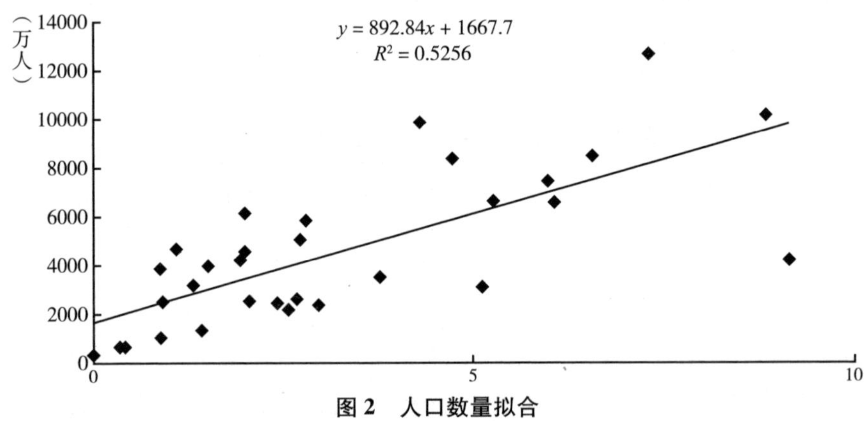

图 2　人口数量拟合

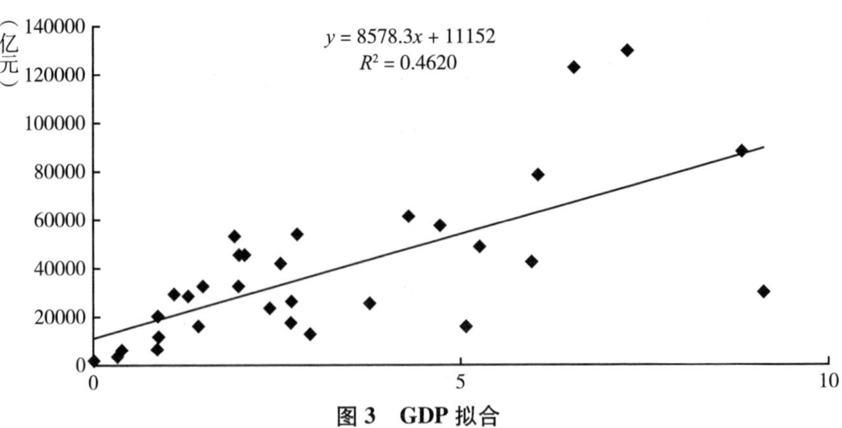

图 3　GDP 拟合

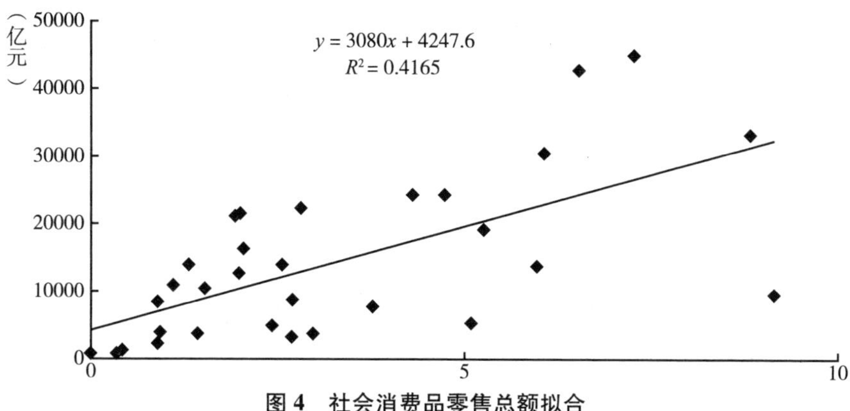

图 4　社会消费品零售总额拟合

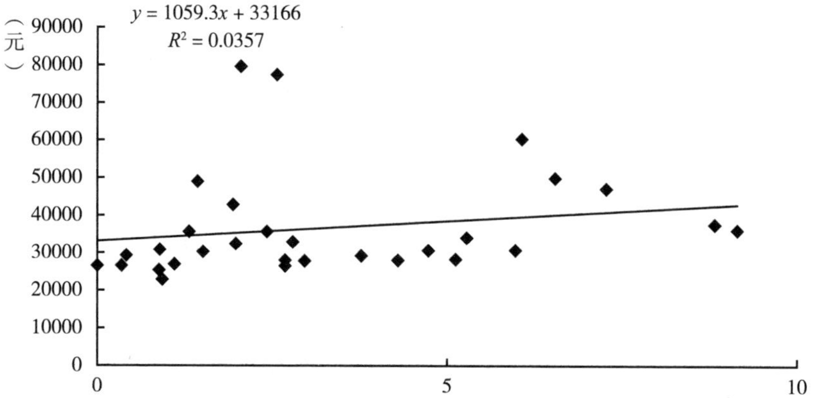

图 5　居民人均可支配收入拟合

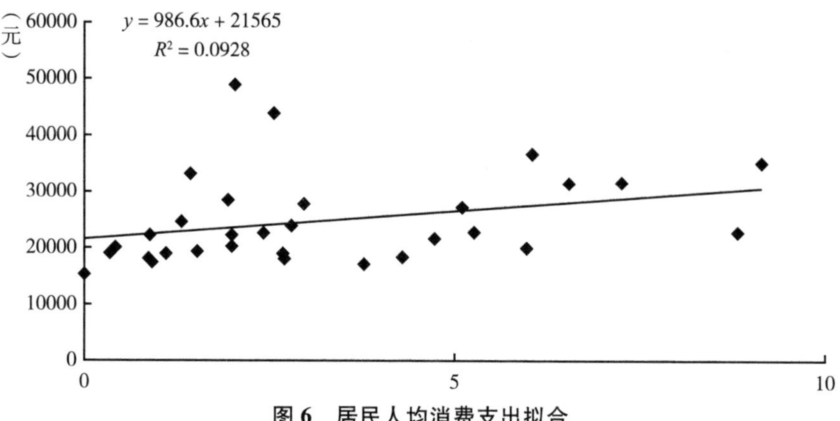

图 6　居民人均消费支出拟合

在全国线下市场，人口数量影响因素线性回归可能有一定的拟合程度；GDP 影响因素线性回归的拟合程度比较差；人均社会消费品零售额影响因素线性回归的拟合程度比较差；居民人均可支配收入影响因素线性回归的拟合程度很差；居民人均消费支出影响因素线性回归的拟合程度很差。上述线性回归分析显示，这 5 个可能影响因素在全国市场上都没有显著的线性关系。

2. 各大区域的线下市场线性回归及拟合优度判断

在对全国的线下市场进行线性回归及拟合优度判断后，进一步对各大区域的线下市场线性回归及拟合优度进行判断。由于篇幅所限，计算结果不再显示相应的图，仅用表格显示相应的计算结果。

（1）东北区

对东北区 5 个影响因素进行线性回归并用 R^2 进行拟合优度的检验判断，结果见表 22。

表 22　东北区影响因素的线性回归计算结果

影响因素	$y=bx+a$	R^2
人口数量	$296.55x+1514.4$	0.9953
人均 GDP	$0.2418x+4.4806$	0.6626
人均社会消费品零售额	$0.1182x+1.1888$	0.9545
居民人均可支配收入	$1396x+22800$	0.9088
居民人均消费支出	$1293.8x+22596$	0.8364

对东北区 5 个影响因素用 R^2 进行拟合优度的检验结果如下。

一是“人口数量”线性回归的拟合程度较高。

二是“人均 GDP”线性回归的拟合程度一般。

三是“人均社会消费品零售额”线性回归的拟合程度较高。

四是“居民人均可支配收入”线性回归的拟合程度较高。

五是“居民人均消费支出”线性回归的拟合程度比较好。

（2）华北区

对华北区 5 个影响因素进行线性回归并用 R^2 进行拟合优度的检验判断，结果见表 23。

表 23　华北区影响因素的线性回归计算结果

影响因素	$y=bx+a$	R^2
人口数量	1384. 8x−954. 4	0. 9871
人均 GDP	−1. 7259x+16. 955	0. 3667
人均社会消费品零售额	−1. 34x+9. 23	0. 6833
居民人均可支配收入	−14259x+112461	0. 7788
居民人均消费支出	−3108. 2x+39503	0. 3227

对华北区 5 个影响因素用 R^2 进行拟合优度的检验结果如下。

一是“人口数量”线性回归的拟合程度较高。

二是“人均 GDP”线性回归的拟合程度很差。

三是“人均社会消费品零售额”线性回归的拟合程度一般。

四是“居民人均可支配收入”线性回归具有一定的拟合程度。

五是“居民人均消费支出”线性回归的拟合程度很差。

（3）华东区

对华东区 5 个影响因素进行线性回归并用 R^2 进行拟合优度的检验判断，结果见表 24。

表 24　华东区影响因素的线性回归计算结果

影响因素	$y=bx+a$	R^2
人口数量	819. 63x+2646. 3	0. 7787
人均 GDP	−0. 0126x+11. 274	7×10^{-5}
人均社会消费品零售额	−0. 0518x+4. 5371	0. 0120
居民人均可支配收入	−509. 5x+51081	0. 0065
居民人均消费支出	−440. 06x+32351	0. 0138

对华东区 5 个影响因素用 R^2 进行拟合优度的检验结果如下。

一是“人口数量”线性回归具有一定的拟合程度。

二是“人均 GDP”线性回归的拟合程度很差。

三是“人均社会消费品零售额”线性回归的拟合程度很差。

四是“居民人均可支配收入”线性回归的拟合程度很差。

五是“居民人均消费支出”线性回归的拟合程度很差。

（4）华南区

对华南区 5 个影响因素进行线性回归并用 R^2 进行拟合优度的检验判断，结果见表 25。

表 25　华南区影响因素的线性回归计算结果

影响因素	$y=bx+a$	R^2
人口数量	1744. 6x+134. 02	0. 9871
人均 GDP	0. 3234x+7. 6377	0. 0709
人均社会消费品零售额	0. 0849x+2. 8276	0. 0261
居民人均可支配收入	2182. 3x+30281	0. 4396
居民人均消费支出	1363. 1x+20718.	0. 3974

对华南区 5 个影响因素用 R^2 进行拟合优度的检验结果如下。

一是“人口数量”线性回归的拟合程度较高。

二是“人均 GDP”线性回归的拟合程度很差。

三是“人均社会消费品零售额”线性回归的拟合程度很差。

四是“居民人均可支配收入”线性回归的拟合程度比较差。

五是“居民人均消费支出”线性回归的拟合程度很差。

（5）华中区

对华中区 5 个影响因素进行线性回归并用 R^2 进行拟合优度的检验判断，结果见表 26。

表 26　华中区影响因素的线性回归计算结果

影响因素	$y=bx+a$	R^2
人口数量	$517.64x+5307.3$	0.0899
人均 GDP	$-0.8341x+11.074$	0.4792
人均社会消费品零售额	$-0.4098x+4.7552$	0.5824
居民人均可支配收入	$141.33x+31142$	0.0032
居民人均消费支出	$-707.93x+24595$	0.9190

对华中区 5 个影响因素用 R^2 进行拟合优度的检验结果如下。

一是“人口数量”线性回归的拟合程度很差。

二是“人均 GDP”线性回归的拟合程度比较差。

三是“人均社会消费品零售额”线性回归可能具有一定的拟合程度。

四是“居民人均可支配收入”线性回归的拟合程度比较差。

五是“居民人均消费支出”线性回归的拟合程度较高。

（6）西北区

对西北区 5 个影响因素进行线性回归并用 R^2 进行拟合优度的检验判断，结果见表 27。

表 27　西北区影响因素的线性回归计算结果

影响因素	$y=bx+a$	R^2
人口数量	$704.97x+1169.1$	0.4830
人均 GDP	$0.3679x+6.1064$	0.1513
人均社会消费品零售额	$0.0929x+1.6668$	0.0647
居民人均可支配收入	$405.49x+27051$	0.0479
居民人均消费支出	$-445.43x+19385$	0.3017

对西北区 5 个影响因素用 R^2 进行拟合优度的检验结果如下。

一是“人口数量”线性回归的拟合程度比较差。

二是“人均 GDP”线性回归的拟合程度很差。

三是“人均社会消费品零售额”线性回归的拟合程度很差。

四是“居民人均可支配收入”线性回归的拟合程度很差。

五是“居民人均消费支出”线性回归的拟合程度很差。

（7）西南区

对西南区 5 个影响因素进行线性回归并用 R^2 进行拟合优度的检验判断，结果见表 28。

表 28　西南区影响因素的线性回归计算结果

影响因素	$y=bx+a$	R^2
人口数量	$1478.6x+1719.5$	0.8620
人均 GDP	$0.1695x+6.3671$	0.0426
人均社会消费品零售额	$-0.52x+5.34$	0.7743
居民人均可支配收入	$803.88x+27799$	0.1233
居民人均消费支出	$982.37x+18072$	0.2542

对西南区 5 个影响因素用 R^2 进行拟合优度的检验结果如下。

一是“人口数量”线性回归的拟合程度比较好。

二是“人均 GDP”线性回归的拟合程度很差。

三是“人均社会消费品零售额”线性回归具有一定的拟合程度。

四是“居民人均可支配收入”线性回归的拟合程度很差。

五是“居民人均消费支出”线性回归的拟合程度很差。

3. 同一影响因素在不同区域线性回归拟合的比较

将影响因素在不同区域拟合判断的 R^2 列表如下。

表 29　各区域的拟合系数 R^2

因素	东北区	华北区	华东区	华南区	华中区	西北区	西南区
人口数量	0.9953	0.9871	0.7787	0.9871	0.0899	0.4830	0.8620
人均 GDP	0.6626	0.3667	7×10^{-5}	0.0709	0.4792	0.1513	0.0426
人均社会消费品零售额	0.9545	0.6833	0.0120	0.0261	0.5824	0.0647	0.7743
居民人均可支配收入	0.9088	0.7788	0.0065	0.4396	0.0032	0.0479	0.1233
居民人均消费支出	0.8364	0.3227	0.0138	0.3974	0.9190	0.3017	0.2542

对表 29 的考察看出，同一影响因素的线性回归拟合程度在不同区域具有不同的表现，具体如下。

（1）人口数量影响因素在东北区、华北区和华南区的线性回归拟合程度较高；在西南区的线性回归拟合程度比较好；在华东区的线性回归具有一定的拟合程度；在西北区的拟合程度比较差；在华中区的拟合程度很差。

（2）人均 GDP 影响因素在东北区线性回归的拟合程度一般；在华中区的拟合程度比较差；在其他区域的拟合程度都很差。

（3）人均社会消费品零售额影响因素在东北区的线性回归拟合程度较高；在西南区线性回归具有一定的拟合程度；在华北区的拟合程度一般；在华中区可能具有一定的拟合程度；在其他区域的拟合程度都很差。

（4）居民人均可支配收入影响因素在东北区的线性回归拟合程度较高；在华北区具有一定的拟合程度；在华南区的拟合程度比较差；在其他区域的拟合程度都很差。

（5）居民人均消费支出影响因素在华中区的线性回归拟合程度较高；在东北区的线性回归拟合程度比较好；在其他区域的拟合程度都很差。

通过上述分析可以看出，即使是同一影响因素，在不同区域也会显示出明显的差异（见表 30），这些差异可能对在不同区域保健食品线下市场产生不同的影响。

表 30　各区域的线性回归拟合优度

	东北区	华北区	华东区	华南区	华中区	西北区	西南区
人口数量	较高	较高	有一定	较高	很差	比较差	比较好
人均 GDP	一般	很差	很差	很差	比较差	很差	很差
人均社会消费品零售额	较高	一般	很差	很差	有一定	很差	有一定
居民人均可支配收入	较高	有一定	很差	比较差	比较差	很差	很差
居民人均消费支出	比较好	很差	很差	很差	较高	很差	很差

B.13

健康因素对保健食品线下销售影响分析

张永建*

摘　要： 消费者购买保健食品主要的目的是降低健康风险因素的影响程度，维持或提高健康水平。影响保健食品市场规模和线下市场营销的因素有很多，其中，消费者基于健康的购买无疑是最重要的因素。通过对12个与健康相关的影响因素对全国线下市场以及7个区域线下市场的相关性和线性拟合程度进行量化分析研究，以区分和探讨这些影响因素的不同表现以及对保健食品线下销售的影响。

关键词： 保健食品　线下市场　健康风险

影响保健食品线下市场规模和线下市场营销的因素有很多，其中健康因素无疑具有十分重要的作用。根据保健食品的特点，课题组在对可能影响线下市场的因素分析中，从健康的视角设置了可能会产生影响的相关指标，分别是：涉及医疗与医疗保健支出状况的“人均卫生总费用”“卫生总费用中个人支出占比”“城镇居民人均医疗保健支出”“城镇居民医疗保健支出占消费性支出比重”等指标；涉及诊疗和治疗状况的“诊疗人次数”“居民年平均就诊次数”“居民年住院率”等指标；涉及预防状况的

* 张永建，中国社会科学院食品药品产业发展与监管研究中心主任，“中国保健食品产业发展研究课题组”组长。

“预防保健科门诊人次”“健康检查人次数”；涉及健康宣传教育的“开展公众健康教育活动次数”“手机健康宣传短信覆盖人次数”指标，以及“预期寿命”，共计 12 个指标（可能影响因素），探讨研究这些因素对线下市场的影响程度。

课题组调研了一个大型保健食品企业（以下简称“M 企业”），并将该企业作为本文分析的样本，该样本企业市场主要集中在线下。课题组将调研该企业的数据作为线下市场份额的分析基础，虽然可能难以准确全面地反映线下市场分布及影响因素关联性的全貌，但还是具有一定的参考意义。

根据《中华人民共和国国民经济和社会发展统计公报》《中国卫生健康统计年鉴》和政府相关部门网站信息，以及课题组的调研结果，课题组对相关数据进行了整理和计算。

一　12个健康因素对全国线下市场的影响程度分析

（一）影响程度计算

从全国和全行业的视角，研究分析 12 个可能影响因素对全国线下市场的影响程度。根据表 1，分别计算出 12 个因素的影响程度（见表 2）。

计算结果如下。

（1）人均卫生总费用影响因素与线下市场的相关系数 $r=-0.097$，p 值 $=0.602$，在 $\alpha=0.01$ 水平下负弱相关。

（2）卫生总费用中个人支出占比影响因素与线下市场的相关系数 $r=0.351$，p 值 $=0.053$，在 $\alpha=0.01$ 水平下相关程度低。

（3）城镇居民人均医疗保健支出影响因素与线下市场的相关系数 $r=0.149$，p 值 $=0.425$，在 $\alpha=0.01$ 水平下弱相关。

（4）城镇居民医疗保健支出占消费性支出比重影响因素与线下市场的相关系数 $r=-0.016$，p 值 $=0.932$，在 $\alpha=0.01$ 水平下负弱相关。

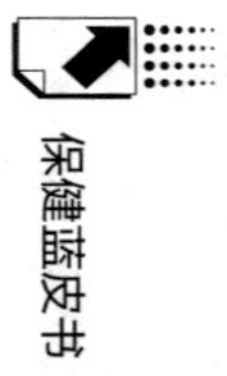

表 1　12 个可能影响因素的整理数据

省（区、市）	M 企业全国销售占比（%）	人均卫生总费用（元）	卫生总费用中个人支出占比（%）	城镇居民人均医疗保健支出（元）	城镇居民医疗保健支出占消费性支出比重（%）	诊疗人次数（人次）	居民年平均就诊次数（人次）	居民年住院率（%）	预防保健科门诊人次（万人次）	健康检查人次数（人次）	开展公众健康教育活动次数（次）	手机健康宣传短信覆盖人次数（万人次）	预期寿命（岁）
辽　宁	9. 13	4486. 87	30. 78	24849. 1	10. 4	167276200	3. 96	14. 5	21. 1	11301767	1263	106. 0	78. 68
吉　林	2. 97	4878. 73	29. 19	21623. 2	11. 1	104602780	4. 40	14. 7	9. 6	5983107	750	81. 7	78. 41
黑龙江	5. 10	5578. 38	29. 98	20397. 3	11. 5	96441142	3. 09	14. 1	15. 4	7271448	3299	2163. 5	78. 25
北　京	2. 57	13834. 01	13. 39	41726. 3	9. 0	227475674	10. 39	16. 8	17. 0	10219200	116	180. 0	82. 49
天　津	1. 44	6545. 33	29. 07	30894. 7	9. 1	108534930	7. 90	11. 8	9. 1	5030863	322	1499. 9	81. 30
河　北	5. 97	4111. 38	30. 93	23167. 4	8. 6	398747102	5. 36	13. 8	83. 6	22003129	5010	19027. 1	77. 75
内蒙古	2. 43	5271. 21	29. 83	23887. 7	8. 5	102913258	4. 29	13. 0	7. 5	6905868	10170	404. 0	77. 56
上　海	2. 06	10591. 59	19. 31	44839. 3	7. 1	266913711	10. 72	18. 0	63. 9	14998979	2407	227. 3	82. 55
江　苏	6. 54	5800. 56	23. 88	30882. 2	7. 0	569762373	6. 70	16. 6	62. 9	40240443	12467	1934. 1	79. 32
浙　江	6. 06	5909. 49	24. 66	36196. 9	6. 0	671149102	10. 26	16. 5	87. 5	37571896	3374	698. 2	80. 19
山　东	8. 81	4750. 85	29. 39	27291. 1	8. 4	671527084	6. 60	17. 9	109. 0	33858618	4163	19539. 2	79. 18
江　西	1. 99	3973. 35	27. 09	22134. 3	7. 8	228645970	5. 06	19. 1	14. 4	14427049	5812	1213. 5	77. 64
安　徽	2. 00	3995. 66	29. 16	22682. 7	7. 2	364060805	5. 96	15. 5	93. 6	21820375	10297	1369. 7	77. 96
广　东	7. 27	5602. 92	25. 86	33511. 3	5. 2	816694405	6. 44	13. 6	447. 7	74108343	16149	10727. 5	79. 31
广　西	2. 71	3739. 2	27. 19	20906. 5	9. 1	255696374	5. 08	21. 2	50. 6	19813442	1757	1373. 1	78. 06
福　建	1. 95	4631. 96	24. 68	30486. 5	5. 8	267099877	6. 38	13. 4	22. 3	15326640	1675	1578. 7	78. 49
海　南	0. 90	5233. 33	21. 75	23559. 9	7. 1	50550238	4. 96	12. 6	11. 0	3198657	389	43. 3	79. 05

续表

省（区、市）	M企业全国销售占比（%）	人均卫生总费用（元）	卫生总费用中个人支出占比（%）	城镇居民人均医疗保健支出（元）	城镇居民医疗保健支出占消费性支出比重（%）	诊疗人次数（人次）	居民年平均就诊次数（人次）	居民年住院率（%）	预防保健科门诊人次（万人次）	健康检查人次数（人次）	开展公众健康教育活动次数（次）	手机健康宣传短信覆盖人次数（万人次）	预期寿命（岁）
河　南	4.30	3954.93	29.97	20644.9	9.2	618732213	6.26	19.4	92.6	31460970	10521	11977.6	77.60
湖　南	5.26	4331.86	29.38	26796.4	8.8	301255142	4.55	22.8	61.2	22008778	6745	3925.0	77.88
湖　北	2.80	5973.48	26.14	22885.5	8.4	343983592	5.9	20.8	198.0	26049386	5183	17538.2	78.00
山　西	3.78	4239.83	30.78	20331.9	11.9	134407356	3.86	12.8	37.4	10941967	14678	320.6	77.91
陕　西	1.52	5127.85	29.37	22866.4	11.4	187049488	4.73	18.4	60.9	13317274	17156	1183.7	77.80
甘　肃	0.92	4059.58	28.74	24614.6	8.5	115204130	4.63	17.9	8.1	8507561	6589	587.2	75.64
宁　夏	0.42	5244.28	27.51	22379.1	10.1	41167189	5.68	14.9	12.7	2695111	4432	338.8	76.58
青　海	0.35	6450.25	24.05	24315.2	10.4	26510454	4.46	16.5	0.8	2096295	1764	269.6	73.96
新　疆	2.69	5841.48	24.35	22951.8	10.2	104784831	4.05	18.0	66.3	12877123	14654	729.4	75.65
重　庆	1.32	4860.2	28.25	26464.4	9.2	193632766	6.03	22.7	34.0	11678017	2460	4337.8	78.56
四　川	4.73	4830.52	27.68	25133.2	8.7	546473842	6.53	22.3	29.0	34202600	15077	4963.2	77.79
贵　州	0.89	3863.05	23.97	20587	8.3	180877974	4.07	21.9	11.3	11824879	4809	395.6	75.20
云　南	1.11	4044.74	27.07	24569.4	9.4	293658384	6.26	21.2	51.7	15037821	5715	122.7	74.02
西　藏	0.00	5765.42	7.16	24927.4	4.4	16205050	4.43	8.8	14.6	1952742	2018	569.8	72.19

表 2　相关系数

		企业全国销售占比	人均卫生总费用	卫生总费用中个人支出占比	城镇居民人均医疗保健支出	城镇居民医疗保健支出占消费性支出比重	诊疗人次数	居民年平均就诊次数
企业全国销售占比	Pearson 相关性	1	-0.097	0.351	0.149	-0.016	0.673	0.082
	显著性(双侧)		0.602	0.053	0.425	0.932	0.000	0.662
	N	31	31	31	31	31	31	31

		居民年住院率	预防保健科门诊人次	健康检查人次数	开展公众健康教育活动次数	手机健康宣传短信覆盖人次数	预期寿命
企业全国销售占比	Pearson 相关性	-0.002	0.433 *	0.645	0.206	0.493	0.383 *
	显著性(双侧)	0.992	0.015	0.000	0.265	0.005	0.034
	N	31	31	31	31	31	31

* 相关系数为 $\alpha=0.05$ 水平下的。若无特别说明，表中相关系数均为 $\alpha=0.01$ 水平下的。下同。

（5）诊疗人次数影响因素与线下市场的相关系数 $r=0.673$，p 值 $=0$，在 $\alpha=0.01$ 水平下中度相关。

（6）居民年平均就诊次数影响因素与线下市场的相关系数 $r=0.082$，p 值 $=0.662$，在 $\alpha=0.01$ 水平下弱相关。

（7）居民年住院率影响因素与线下市场的相关系数 $r=-0.002$，p 值 $=0.992$，在 $\alpha=0.01$ 水平下负弱相关。

（8）预防保健科门诊人次影响因素与线下市场的相关系数 $r=0.443$，p 值 $=0.015$，在 $\alpha=0.05$ 水平下相关程度低。

（9）健康检查人次数影响因素与线下市场的相关系数 $r=0.645$，p 值 $=0$，在 $\alpha=0.01$ 水平下中度相关。

（10）开展公众健康教育活动次数影响因素与线下市场的相关系数 $r=0.206$，p 值 $=0.265$，在 $\alpha=0.01$ 水平下弱相关。

（11）手机健康宣传短信覆盖人次数影响因素与线下市场的相关系数 $r=0.493$，p 值$=0.005$，在 $\alpha=0.01$ 水平下相关程度低。

（12）预期寿命影响因素与线下市场的相关系数 $r=0.383$，p 值$=0.034$，在 $\alpha=0.05$ 水平下相关程度低。

计算结果归纳图1。

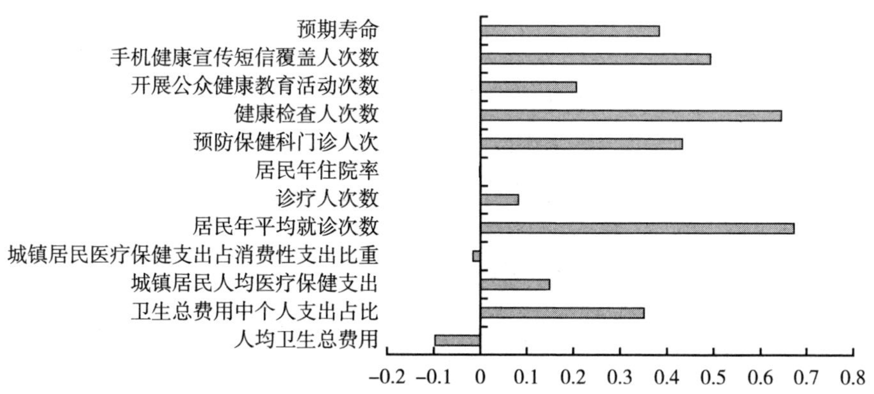

图1　全国市场影响因素相关系数

（二）影响程度简析

计算结果如下。

一是12个影响因素与线下市场没有强相关性。

二是“诊疗人次数”“健康检查人次数”与线下市场的相关性为中度相关。

三是“卫生总费用中个人支出占比”“预防保健科门诊人次”“手机健康宣传短信覆盖人次数”“预期寿命”等4个影响因素与线下市场的相关程度低。

四是其他影响因素与线下市场的相关程度均为弱相关。

五是在弱相关中，“人均卫生总费用”“城镇居民医疗保健支出占消费性支出比重”“居民年住院率”与线下市场为负弱相关。

二　健康因素对各区域线下市场的影响程度

我们基本上采用调研企业的方式将全国分为7个区域，分别是：东北区，包括辽宁、吉林、黑龙江；华北区，包括北京、天津、河北、内蒙古；华东区，包括上海、江苏、浙江、山东、江西、安徽；华南区，包括广东、广西、福建、海南；华中区，包括河南、湖南、湖北；西北区，包括山西、陕西、甘肃、宁夏、青海、新疆；西南区，包括重庆、四川、贵州、云南、西藏。以下我们对各区中健康因素对线下销售的影响程度进行分析。

因篇幅所限，各区域的计算过程不再显示，直接显示相关程度和图示。

（一）各区影响因素相关系数计算和简析

1. 东北区各影响因素的相关系数

在东北区中，健康检查人次数、卫生总费用中个人支出占比、预防保健科门诊人次、诊疗人次数和城镇居民人均医疗保健支出等5个影响因素与线下市场呈现强相关；预期寿命、城镇居民医疗保健支出占消费性支出比重和人均卫生总费用等3个影响因素与线下市场呈现中度相关，但城镇居民医疗保健支出占消费性支出比重和人均卫生总费用是负中度相关；其他影响因素为弱相关，如图2所示。

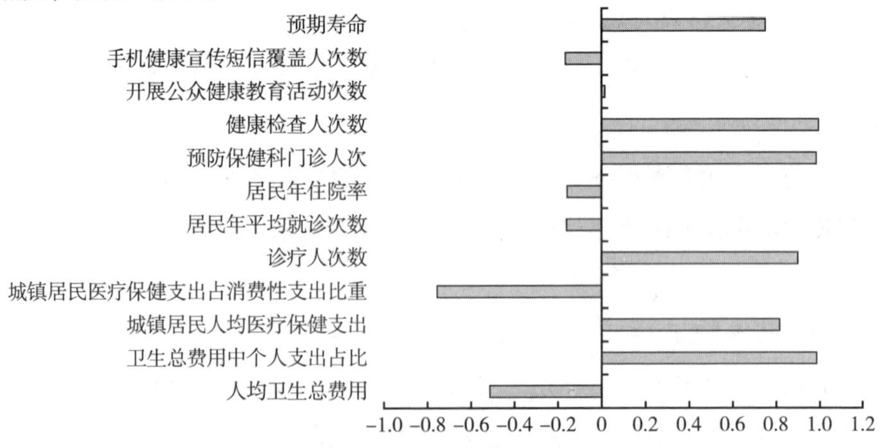

图2　东北区市场影响因素相关系数

2. 华北区各影响因素的相关系数

在华北区中，健康检查人次数、预防保健科门诊人次、手机健康宣传短信覆盖人次数和诊疗人次数等 4 个影响因素与线下市场呈现强相关；城镇居民医疗保健支出占消费性支出比重和预期寿命等 2 个影响因素与线下市场呈现负中度相关；人均卫生总费用、城镇居民人均医疗保健支出和居民年平均就诊次数等 3 个影响因素与线下市场呈现负低相关；其他影响因素为弱相关，如图 3 所示。

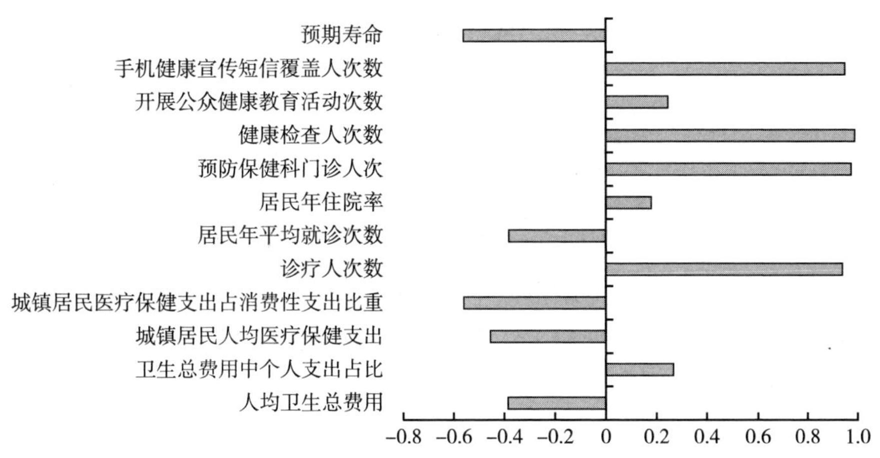

图 3　华北区市场影响因素相关系数

3. 华东区各影响因素的相关系数

在华东区中，诊疗人次数和健康检查人次数等 2 个影响因素与线下市场呈现强相关；预防保健科门诊人次和手机健康宣传短信覆盖人次数等 2 个影响因素与线下市场呈现中度相关；其他影响因素为弱相关，如图 4 所示。

4. 华南区各影响因素的相关系数

在华南区中，健康检查人次数、诊疗人次数、预防保健科门诊人次、开展公众健康教育活动次数和手机健康宣传短信覆盖人次数等 5 个影响因素与线下市场呈现强相关；城镇居民人均医疗保健支出、居民年平均就诊次数和卫生总费用中个人支出占比等 3 个影响因素与线下市场呈现中度相

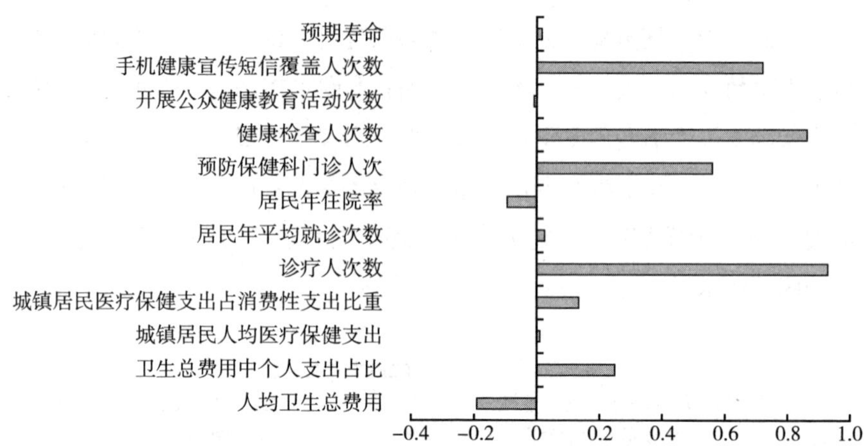

图 4　华东区市场影响因素相关系数

关；人均卫生总费用、预期寿命和城镇居民医疗保健支出占消费性支出比重等 3 个影响因素与线下市场相关程度低，其中，城镇居民医疗保健支出占消费性支出比重为负低相关；本区仅居民年住院率的影响程度为弱相关，如图 5 所示。

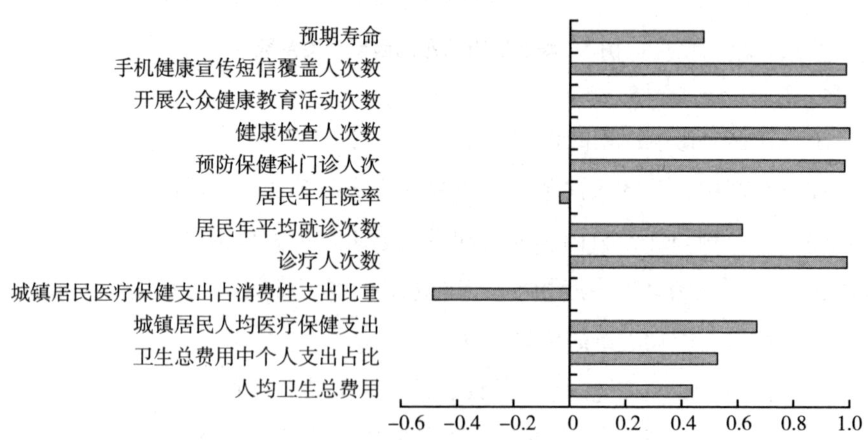

图 5　华南区市场影响因素相关系数

5. 华中区各影响因素的相关系数

在华中区中，卫生总费用中个人支出占比与线下市场具有强相关性；预防保健科门诊人次、手机健康宣传短信覆盖人次数和人均卫生总费用等 3 个影响因素与线下市场呈现负强相关；城镇居民人均医疗保健支出、城镇居民医疗保健支出占消费性支出比重和居民年平均就诊次数等 3 个影响因素与线下市场呈现中度相关，但居民年平均就诊次数是负中度相关；居民年住院率和开展公众健康教育活动次数 2 个影响因素与线下市场呈现低相关；预期寿命和健康检查人次数 2 个影响因素与线下市场负低相关；本区仅诊疗人次数的影响程度为弱相关，如图 6 所示。

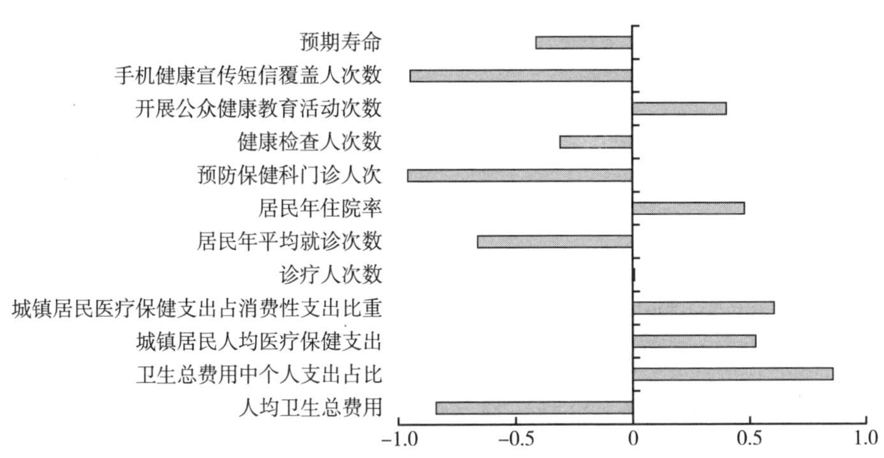

图 6　华中区市场影响因素相关系数

6. 西北区各影响因素的相关系数

在西北区中，12 个影响因素都没有表现出强相关性；开展公众健康教育活动次数、健康检查人次数、预防保健科门诊人次、预期寿命、城镇居民医疗保健支出占消费性支出比重、诊疗人次数、城镇居民人均医疗保健支出和居民年平均就诊次数等 8 个影响因素与线下市场呈现中度相关，其中的城镇居民人均医疗保健支出和居民年平均就诊次数等 2 个影响因素为负中度相关；卫生总费用中个人支出占比、居民年住院率和卫生总费用中个人支出占比等 3 个影响因素与线下市场呈现低相关，其中的居民年住院率和卫生总费用中个人支出占比等 2 个影响因素为负低相关；手机健康宣传短信覆盖人次数因素的影响程度为弱相关，如图 7 所示。

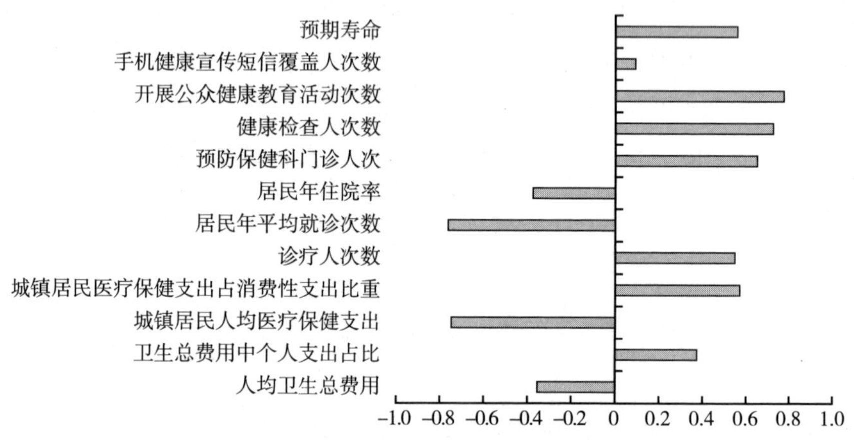

图 7　西北区市场影响因素相关系数

7. 西南区各影响因素的相关系数

在西南区中，健康检查人次数、开展公众健康教育活动次数和诊疗人次数等 3 个影响因素与线下市场呈现出强相关性；卫生总费用中个人支出占比、居民年平均就诊次数、居民年住院率、手机健康宣传短信覆盖人次数和预期寿命等 5 个影响因素与线下市场呈现中度相关；城镇居民医疗保健支出占消费性支出比重与线下市场呈现低相关；人均卫生总费用、城镇居民人均医疗保健支出和预防保健科门诊人次等 3 个影响因素为弱相关，其中的人均卫生总费用为负弱相关，如图 8 所示。

（二）同一影响因素在不同区域的表现差异

各区域影响因素相关系数详见表 3。

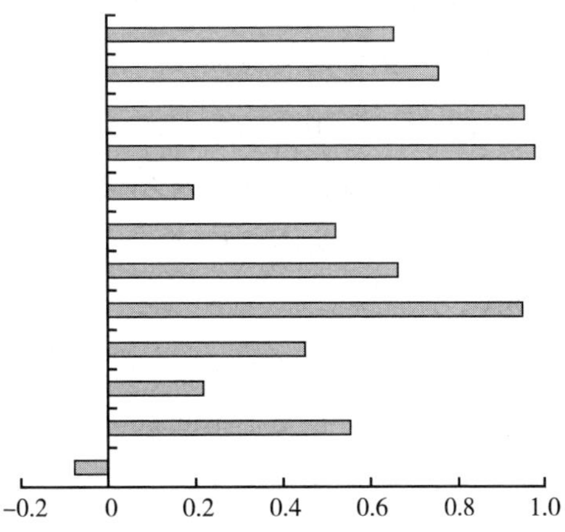

图 8　西南区市场影响因素相关系数

表 3　各区域影响因素相关系数

影响因素	东北区	华北区	华东区	华南区	华中区	西北区	西南区
人均卫生总费用	-0. 5128	-0. 3854	-0. 1904	0. 4378	-0. 8397	-0. 3550	-0. 0770
卫生总费用中个人支出占比	0. 9851	0. 2672	0. 2500	0. 5275	0. 8572	0. 3745	0. 5540
城镇居民人均医疗保健支出	0. 8155	-0. 4547	0. 0102	0. 6678	0. 5253	-0. 7474	0. 2177
城镇居民医疗保健支出占消费性支出比重	-0. 7552	-0. 5596	0. 1344	-0. 4868	0. 6049	0. 5707	0. 4495
诊疗人次数	0. 8992	0. 9395	0. 9296	0. 9902	0. 0017	0. 5479	0. 9497
居民年平均就诊次数	-0. 1594	-0. 3820	0. 0256	0. 6149	-0. 6595	-0. 7628	0. 6624
居民年住院率	-0. 1566	0. 1793	-0. 0938	-0. 0361	0. 4786	-0. 3760	0. 5207
预防保健科门诊人次	0. 9836	0. 9742	0. 5602	0. 9812	-0. 9844	0. 6495	0. 1960
健康检查人次数	0. 9936	0. 9883	0. 8630	0. 9983	-0. 3089	0. 7239	0. 9795
开展公众健康教育活动次数	0. 0152	0. 2461	-0. 0086	0. 9817	0. 4028	0. 7733	0. 9556
手机健康宣传短信覆盖人次数	-0. 1653	0. 9492	0. 7196	0. 9863	-0. 9734	0. 0911	0. 7552
预期寿命	0. 7489	-0. 5604	0. 0160	0. 4764	-0. 4102	0. 5583	0. 6549

（1）人均卫生总费用因素仅在华南区显示正低相关，在其他区域则均为负相关，在华中区为负强相关，在东北区为负中度相关，在华北区和西北区为负低相关，在华东区和西南区为负弱相关。

（2）卫生总费用中个人支出占比因素在东北区和华中区具有强相关性；在华南区和西南区为中度相关；在西北区相关程度低；在华北区和华东区则是弱相关。

（3）城镇居民人均医疗保健支出因素在东北区表现出强相关性；在华南区、华中区和西北区为中度相关，其中在西北区为负中度相关；在华北区为负低相关；而在华东区和西南区为弱相关。

（4）城镇居民医疗保健支出占消费性支出比重因素在华中区、西北区、东北区和华北区为中度相关，其中，在东北区和华北区为负中度相关；在西南区和华南区的相关程度低，且在华南区为负低相关；在华东区为弱相关。

（5）诊疗人次数因素在东北区、华北区、华东区、华南区和西南区均为强相关；在西北区为中度相关；仅在华中区为弱相关。

（6）居民年平均就诊次数因素在华南区和西南区表现为中度相关，在华中区和西北区表现为负中度相关；在华北区为负低相关；在东北区和华东区为弱相关。

（7）居民年住院率因素在西南区表现为中度相关；在华中区的相关程度低，在西北区则是负低相关；在东北区、华北区、华东区和华南区均为弱相关，其中，在东北区、华东区和华南区为负弱相关。

（8）预防保健科门诊人次因素在东北区、华北区、华南区和华中区表现为强相关，但在华中区为负强相关；在华东区和西北区显示为中度相关；在西南区为弱相关。

（9）健康检查人次数因素在东北区、华北区、华东区、华南区和西南区均表现出强相关；在西北区显示为中度相关；在华中区表现为负低相关。

（10）开展公众健康教育活动次数因素在华南区和西南区具有强相关；在西北区为中度相关；在华中区为低相关；在东北区、华北区和华东区均为弱相关，其中，在华东区为负弱相关。

（11）手机健康宣传短信覆盖人次数因素在华北区、华南区、华中区均表现出强相关性，但在华中区是负强相关；在华东区和西南区为中度相关；在西北区和东北区为弱相关，且在东北区为负弱相关。

（12）预期寿命因素在东北区、西南区、西北区和华北区表现出中度相关性，但在华北区为负中度相关；在华南区和华中区的相关程度低，且在华中区是负低相关；在华东区为弱相关。

同一影响因素在不同区域线下市场的表现在一定程度上反映出不同区域保健食品消费中的不同偏好和对购买的影响（见表4）。

表4　12个健康因素对各区域线下市场的影响程度

影响因素	东北区	华北区	华东区	华南区	华中区	西北区	西南区
人均卫生总费用	负中	负低	负弱	低	负强	负低	负弱
卫生总费用中个人支出占比	强	弱	弱	中	强	低	中
城镇居民人均医疗保健支出	强	负低	弱	中	中	负中	弱
城镇居民医疗保健支出占消费性支出比重	负中	负中	弱	负低	中	中	低
诊疗人次数	强	强	强	强	弱	中	强
居民年平均就诊次数	负弱	负低	弱	中	负中	负中	中
居民年住院率	负弱	弱	负弱	负弱	低	负低	中
预防保健科门诊人次	强	强	中	强	负强	中	弱
健康检查人次数	强	强	强	强	负低	中	强
开展公众健康教育活动次数	弱	弱	负弱	强	低	中	强
手机健康宣传短信覆盖人次数	负弱	强	中	强	负强	弱	中
预期寿命	中	负中	弱	低	负低	中	中

三　健康因素对线下市场影响的线性回归分析

（一）健康因素对全国线下市场影响的回归与拟合优度计算

对12个可能影响线下市场的健康因素进行了回归与拟合优度的计算，计算结果见表5。

表5　健康因素对全国线下市场影响的回归计算

影响因素	$y=bx+a$	R^2
人均卫生总费用	$y=-79.598x+5660.7$	0.0095
卫生总费用中个人支出占比	$y=0.7271x+23.802$	0.1229
城镇居民人均医疗保健支出	$y=361.77x+24914$	0.0221
城镇居民医疗保健支出占消费性支出比重	$y=-0.0118x+8.6769$	0.0003
诊疗人次数	$y=6\times10^{87}x+9\times10^{7}$	0.4524
居民年平均就诊次数	$y=0.0623x+5.573$	0.0067
居民年住院率	$y=-0.0029x+16.832$	4×10^{-6}
预防保健科门诊人次	$y=14.565x+11.241$	0.1874
健康检查人次数	$y=4\times10^{6}x+5\times10^{6}$	0.4164
开展公众健康教育活动次数	$y=435.79x+4762.8$	0.0426
手机健康宣传短信覆盖人次数	$y=1148.6x-175.02$	0.2431
预期寿命	$y=0.3457x+76.787$	0.1466

从全国来看，线性回归的拟合优度都很差，即使是“诊疗人次数”“健康检查人次数”拟合优度也是比较差的。也就是说，从全国市场看，这些影响因素与线下市场的线性关系不显著。

（二）健康因素对各区域线下市场影响的回归与拟合优度计算

对各区域中可能影响线下市场的12个健康因素进行线性回归与拟合优度的计算结果如下。

1. 东北区

表 6 东北区

影响因素	$y=bx+a$	R^2
人均卫生总费用	$y=-90.635x+5501$	0.2630
卫生总费用中个人支出占比	$y=0.2503x+28.548$	0.9705
城镇居民人均医疗保健支出	$y=599.44x+18853$	0.6651
城镇居民医疗保健支出占消费性支出比重	$y=-0.1344x+11.771$	0.5704
诊疗人次数	$y=1\times10^7x+6\times10^7$	0.8086
居民年平均就诊次数	$y=-0.034x+4.0114$	0.0254
居民年住院率	$y=-0.0153x+14.521$	0.0245
预防保健科门诊人次	$y=1.8079x+5.0015$	0.9675
健康检查人次数	$y=881238x+3\times10^6$	0.9873
开展公众健康教育活动次数	$y=6.5454x+1733.1$	0.0002
手机健康宣传短信覆盖人次数	$y=-63.14x+1145.7$	0.0273
预期寿命	$y=0.052x+78.148$	0.5609

对东北区中可能影响线下市场因素的线性回归的拟合检验显示，“卫生总费用中个人支出占比”“预防保健科门诊人次”“健康检查人次数”等3个影响因素的拟合程度较高；“诊疗人次数”影响因素的拟合程度比较好；“城镇居民人均医疗保健支出”影响因素的拟合程度一般；“城镇居民医疗保健支出占消费性支出比重”“预期寿命”影响因素可能有一定的拟合程度；其他影响因素的拟合程度很差。

2. 华北区

表 7 华北区

影响因素	$y=bx+a$	R^2
人均卫生总费用	$y=-853.39x+10088$	0.1486
卫生总费用中个人支出占比	$y=1.1237x+22.319$	0.0714
城镇居民人均医疗保健支出	$y=-1980.3x+36063$	0.2068
城镇居民医疗保健支出占消费性支出比重	$y=-0.0833x+9.0586$	0.3132
诊疗人次数	$y=7\times10^7x+5\times10^6$	0.8827
居民年平均就诊次数	$y=-0.5273x+8.6211$	0.1460

续表

影响因素	$y=bx+a$	R^2
居民年住院率	$y=0.1933x+13.25$	0.0321
预防保健科门诊人次	$y=17.957x-26.412$	0.9490
健康检查人次数	$y=4\times10^6x-776095$	0.9768
开展公众健康教育活动次数	$y=591.16x+2070.4$	0.0605
手机健康宣传短信覆盖人次数	$y=4410.3x-8405.3$	0.9010
预期寿命	$y=-0.7079x+81.971$	0.3141

对华北区中可能影响线下市场因素的线性回归的拟合检验显示，“预防保健科门诊人次”“健康检查人次数”“手机健康宣传短信覆盖人次数”等3个影响因素的拟合程度较高；“诊疗人次数”影响因素的拟合程度比较好；其他影响因素的拟合程度很差。

3. 华东区

表8　华东区

影响因素	$y=bx+a$	R^2
人均卫生总费用	$y=-159.55x+6567.1$	0.0362
卫生总费用中个人支出占比	$y=0.3225x+24.105$	0.0625
城镇居民人均医疗保健支出	$y=30.043x+30534$	0.0001
城镇居民医疗保健支出占消费性支出比重	$y=0.0368x+7.0815$	0.0181
诊疗人次数	$y=6\times10^7x+2\times10^8$	0.8642
居民年平均就诊次数	$y=0.0204x+7.4567$	0.0007
居民年住院率	$y=-0.0413x+17.456$	0.0088
预防保健科门诊人次	$y=6.3126x+42.993$	0.3138
健康检查人次数	$y=3\times10^6x+1\times10^7$	0.7448
开展公众健康教育活动次数	$y=-11.876x+6474.4$	7×10^{-5}
手机健康宣传短信覆盖人次数	$y=1840.3x-4258.6$	0.5178
预期寿命	$y=0.0096x+79.429$	0.0003

对华东区中可能影响线下市场因素的线性回归的拟合检验显示，“诊疗人次数”影响因素的拟合程度比较好；“健康检查人次数”影响因素有一定

的拟合程度；“手机健康宣传短信覆盖人次数”影响因素可能有一定的拟合程度；其他影响因素的拟合程度很差。

4. 华南区

表 9　华南区

影响因素	$y=bx+a$	R^2
人均卫生总费用	$y=126.85x+4395$	0.1917
卫生总费用中个人支出占比	$y=0.4356x+23.473$	0.2783
城镇居民人均医疗保健支出	$y=1396.5x+22637$	0.4459
城镇居民医疗保健支出占消费性支出比重	$y=-0.2992x+7.7598$	0.2369
诊疗人次数	$y=1\times10^8x-2\times10^7$	0.9805
居民年平均就诊次数	$y=0.1761x+5.15$	0.3782
居民年住院率	$y=-0.0517x+15.366$	0.0013
预防保健科门诊人次	$y=73.558x-103.04$	0.9627
健康检查人次数	$y=1\times10^7x-8\times10^6$	0.9966
开展公众健康教育活动次数	$y=2609.2x-3376.6$	0.9637
手机健康宣传短信覆盖人次数	$y=1725.1x-2102.8$	0.9727
预期寿命	$y=0.0952x+78.422$	0.2270

对华南区中可能影响线下市场因素的线性回归的拟合检验显示，“诊疗人次数”“预防保健科门诊人次”“健康检查人次数”“开展公众健康教育活动次数”等 4 个影响因素的拟合程度较高；“城镇居民人均医疗保健支出”影响因素的拟合程度比较差；其他影响因素的拟合程度很差。

5. 华中区

表 10　华中区

影响因素	$y=bx+a$	R^2
人均卫生总费用	$y=-726.9x+7748.3$	0.7051
卫生总费用中个人支出占比	$y=1.4256x+22.623$	0.7347
城镇居民人均医疗保健支出	$y=1319x+18008$	0.2759
城镇居民医疗保健支出占消费性支出比重	$y=0.1952x+7.9959$	0.3659
诊疗人次数	$y=242102x+4\times10^8$	3×10^{-6}
居民年平均就诊次数	$y=-0.4795x+7.5456$	0.4349

续表

影响因素	$y=bx+a$	R^2
居民年住院率	$y=0.6596x+18.282$	0.2291
预防保健科门诊人次	$y=-56.897x+351.68$	0.9691
健康检查人次数	$y=-1\times10^6x+3\times10^7$	0.0954
开展公众健康教育活动次数	$y=891.73x+3809.1$	0.1623
手机健康宣传短信覆盖人次数	$y=-5373.4x+33285$	0.9474
预期寿命	$y=-0.0679x+78.106$	0.1683

对华中区中可能影响线下市场因素的线性回归的拟合检验显示，“预防保健科门诊人次”“手机健康宣传短信覆盖人次数”影响因素的拟合程度较高；“人均卫生总费用”“卫生总费用中个人支出占比”影响因素具有一定的拟合程度；“居民年平均就诊次数”影响因素的拟合程度比较差；其他影响因素的拟合程度很差。

6. 西北区

表 11　西北区

影响因素	$y=bx+a$	R^2
人均卫生总费用	$y=-237.59x+5543.9$	0.1260
卫生总费用中个人支出占比	$y=0.7505x+26.256$	0.1402
城镇居民人均医疗保健支出	$y=-839.5x+24264$	0.5586
城镇居民医疗保健支出占消费性支出比重	$y=0.4931x+9.6212$	0.3257
诊疗人次数	$y=2\times10^7x+6\times10^7$	0.3002
居民年平均就诊次数	$y=-0.3568x+5.1439$	0.5819
居民年住院率	$y=-0.6024x+17.389$	0.1414
预防保健科门诊人次	$y=13.345x+9.5035$	0.4219
健康检查人次数	$y=3\times10^6x+4\times10^6$	0.5241
开展公众健康教育活动次数	$y=3619.8x+4038.9$	0.5981
手机健康宣传短信覆盖人次数	$y=23.224x+534.08$	0.0083
预期寿命	$y=0.6118x+75.27$	0.3117

对西北区中可能影响线下市场因素的线性回归的拟合检验显示，“城镇居民人均医疗保健支出”“居民年平均就诊次数”“健康检查人次数”

“开展公众健康教育活动次数”等 4 个影响因素可能有一定的拟合程度；“预防保健科门诊人次”影响因素的拟合程度比较差；其他影响因素的拟合程度很差。

7. 西南区

表 12　西南区

影响因素	$y=bx+a$	R^2
人均卫生总费用	$y=-32.197x+4724.6$	0.0059
卫生总费用中个人支出占比	$y=2.7201x+18.447$	0.3069
城镇居民人均医疗保健支出	$y=265.61x+23909$	0.0474
城镇居民医疗保健支出占消费性支出比重	$y=0.5096x+7.1795$	0.2020
诊疗人次数	$y=1\times10^8x+8\times10^7$	0.9020
居民年平均就诊次数	$y=0.4122x+4.8004$	0.4388
居民年住院率	$y=1.704x+16.637$	0.2711
预防保健科门诊人次	$y=1.7549x+25.295$	0.0384
健康检查人次数	$y=6\times10^6x+5\times10^6$	0.9593
开展公众健康教育活动次数	$y=2789.1x+1525.3$	0.9131
手机健康宣传短信覆盖人次数	$y=983.66x+494.13$	0.5703
预期寿命	$y=0.9517x+74.02$	0.4289

对西南区中可能影响线下市场因素的线性回归的拟合检验显示，“诊疗人次数”“健康检查人次数”“开展公众健康教育活动次数”等 3 个影响因素的拟合程度较高；“手机健康宣传短信覆盖人次数”影响因素可能有一定的拟合程度；“居民年平均就诊次数”“预期寿命”影响因素的拟合程度比较差；其他影响因素的拟合程度很差。

（三）同一影响因素在不同区域线性回归表现的比较

在对各区域内影响因素回归的拟合优度分析后，对同一影响因素在不同区域线性回归的拟合优度进行横向的比较分析。各区域线性回归的拟合优度 R^2 及拟合优度判断见表 13。

表 13　各区线性回归的拟合优度 R^2

影响因素	东北区	华北区	华东区	华南区	华中区	西北区	西南区
人均卫生总费用	0.2630	0.1486	0.0362	0.1917	0.7051	0.1260	0.0059
卫生总费用中个人支出占比	0.9705	0.0714	0.0625	0.2783	0.7347	0.1402	0.3069
城镇居民人均医疗保健支出	0.6651	0.2068	0.0001	0.4459	0.2759	0.5586	0.0474
城镇居民医疗保健支出占消费性支出比重	0.5704	0.3132	0.0181	0.2369	0.3659	0.3257	0.2020
诊疗人次数	0.8086	0.8827	0.8642	0.9805	3×10^{-6}	0.3002	0.9020
居民年平均就诊次数	0.0254	0.1460	0.0007	0.3782	0.4349	0.5819	0.4388
居民年住院率	0.0245	0.0321	0.0088	0.0013	0.2291	0.1414	0.2711
预防保健科门诊人次	0.9675	0.9490	0.3138	0.9627	0.9691	0.4219	0.0384
健康检查人次数	0.9873	0.9768	0.7448	0.9966	0.0954	0.5241	0.9593
开展公众健康教育活动次数	0.0002	0.0605	7×10^{-5}	0.9637	0.1623	0.5981	0.9131
手机健康宣传短信覆盖人次数	0.0273	0.9010	0.5178	0.9727	0.9474	0.0083	0.5703
预期寿命	0.5609	0.3141	0.0003	0.2270	0.1683	0.3117	0.4289

表 13 显示结果如下。

（1）人均卫生总费用影响因素的拟合优度除在华中区可能有一定的拟合程度外，在其他区域的拟合程度都很差。

（2）卫生总费用中个人支出占比影响因素的拟合优度显示，在东北区的拟合程度较高；在华中区可能有一定的拟合程度；在其他区域的拟合程度都很差。

（3）城镇居民人均医疗保健支出影响因素的拟合优度显示，在东北区的拟合程度一般；在西北区可能有一定的拟合程度；在其他区域的拟合程度都很差。

（4）城镇居民医疗保健支出占消费性支出比重影响因素的拟合优度显

示，在东北区可能有一定的拟合程度；在其他区域的拟合程度都很差。

（5）诊疗人次数影响因素的拟合优度显示，在华南区和西南区的拟合程度较高；在东北区、华北区和华东区的拟合程度比较好；在华中区和西北区的拟合程度都很差。

（6）居民年平均就诊次数影响因素的拟合优度显示，在西北区可能有一定的拟合程度；在华中区和西南区的拟合程度比较差；在其他区域的拟合程度都很差。

（7）居民年住院率影响因素的拟合优度显示，在 7 个区域的拟合程度都很差。

（8）预防保健科门诊人次影响因素的拟合优度显示，在东北区、华北区、华南区和华中区的拟合程度较高；在西北区的拟合程度比较差；在华东区和西南区的拟合程度很差。

（9）健康检查人次数影响因素的拟合优度显示，在东北区、华北区、华南区和西南区的拟合程度较高；在华东区有一定的拟合程度；在西北区可能有一定的拟合程度；在华中区的拟合程度很差。

（10）开展公众健康教育活动次数影响因素的拟合优度显示，在华南区和西南区的拟合程度较高；在西北区可能有一定的拟合程度；在其他区域的拟合程度都很差。

（11）手机健康宣传短信覆盖人次数影响因素的拟合优度显示，在华北区、华南区和华中区的拟合程度较高；在华东区和西南区可能有一定的拟合程度；在东北区和西北区的拟合程度都很差。

（12）预期寿命影响因素的拟合优度显示，在东北区可能有一定的拟合程度；在西南区的拟合程度比较差；在其他区域的拟合程度都很差。

从上述分析发现如下结论。

“人均卫生总费用”“城镇居民人均医疗保健支出”“城镇居民医疗保健支出占消费性支出比重”“居民年平均就诊人次”“居民年住院率”“预期寿命”等 6 个因素对 7 个区域经过拟合程度检验，对市场的影响都比较弱。而“卫生总费用中个人支出占比”影响因素对 6 个区域市场的影响也比较弱。

“诊疗人次数”影响因素在5个区域市场的影响比较强，并且具有显著的线性。

“预防保健科门诊人次”和“健康检查人次数”影响因素在4个区域市场的影响比较强，并且具有显著的线性。

“手机健康宣传短信覆盖人次数”影响因素在3个区域市场的影响比较强，并且具有显著的线性。

“开展公众健康教育活动次数”影响因素在2个区域市场的影响比较强，并且具有显著的线性。

由此可见，这些影响因素在不同区域也具有不同的表现，详见表14。

表14 各区线性回归的拟合优度判断

影响因素	东北区	华北区	华东区	华南区	华中区	西北区	西南区
人均卫生总费用	很差	很差	很差	很差	有一定	很差	很差
卫生总费用中个人支出占比	较高	很差	很差	很差	有一定	很差	很差
城镇居民人均医疗保健支出	一般	很差	很差	很差	很差	可能有	很差
城镇居民医疗保健支出占消费性支出比重	可能有	很差	很差	很差	很差	很差	很差
诊疗人次数	比较好	比较好	比较好	较高	很差	很差	较高
居民年平均就诊次数	很差	很差	很差	很差	比较差	可能有	比较差
居民年住院率	很差	很差	很差	很差	很差	很差	很差
预防保健科门诊人次	较高	较高	很差	较高	较高	比较差	很差
健康检查人次数	较高	较高	有一定	较高	很差	可能有	较高
开展公众健康教育活动次数	很差	很差	很差	较高	很差	可能有	较高
手机健康宣传短信覆盖人次数	很差	较高	可能有	较高	较高	很差	可能有
预期寿命	可能有	很差	很差	很差	很差	很差	比较差

B.14

经济因素对保健食品线上销售影响分析

张永建*

摘　要： 互联网对社会发展产生了深刻的影响，改变着人们的思维方式、生产方式、交易方式、生活方式。科学技术的贡献显著增加是食品产业新发展的重要特征，新科技不断应用到食品研发、生产、市场等多领域和多环节，其中，互联网的影响可能是最大的。越来越多的保健食品企业正在融入互联网和数字经济，纷纷加大对线上市场的投入，积极探索保健食品线上销售的新方法、新模式和新路径，相应的，线上市场的收入也成为保健食品企业收入中重要的组成部分。

关键词： 保健食品　经济因素　线上市场

科学技术的发展及应用，不仅改变了食品产业发展的外部环境，而且改变了食品产业的发展模式和食品企业的管理模式。多维创新是推动保健食品产业新发展的核心要素，新发展中的创新不是修修补补，不是短期的和应急的，而是基于新环境、新理念、新思维、新逻辑、新方法的理念创新、制度创新、管理创新、科技创新和产品创新的集成，是保健食品企业核心竞争力的重构和再造，是保健食品企业转型升级、实现从传统企业向现代企业蜕变化蝶的最重要的推动力。课题组在调研中看到，“十三五”期间，一些比较传统的以线下销售为主的保健食品企业明显加大了线上投入，其线上销售份额显著增长，有些已经达到其业务量的二三成，而且这个趋势还在继续。

* 张永建，中国社会科学院食品药品产业发展与监管研究中心主任，“中国保健食品产业发展研究课题组”组长。

一　全国线上市场中经济因素影响的关联性分析

影响保健食品线上市场规模和保健食品线上市场营销的因素有很多，经济因素无疑具有十分重要的作用。根据保健食品的特点，课题组在对可能影响线上市场的因素分析中，从经济视角主要考虑并选择了以下几个指标，分别是反映现实与潜在市场规模的“人口数量”；反映经济产出规模的“国内生产总值（GDP）”；反映消费规模的“社会消费品零售总额”；反映支付能力和支付状况的“居民人均可支配收入”“居民人均消费支出”等5个指标，考察这些指标与样本企业线上市场的关联性，判断这些因素对企业线上市场的影响程度。

课题组调研了一个大型保健食品销售电商平台和一个互联网形态的保健食品公司，该公司的销售都是在线上实现的，二者在31个省（区、市）中保健食品销售的占比详见表1。

表1　样本企业在31个省（区、市）销售占比

单位：%

	辽宁	吉林	黑龙江	北京	天津	河北	内蒙古	上海
某电商平台	3	1	2	3	1	3	1	6
某线上企业	3.4	1.7	2.3	5.2	1.7	4.3	1.8	3.9
	江苏	浙江	山东	江西	安徽	广东	广西	福建
某电商平台	9	12	6	3	4	13	2	4
某线上企业	8.6	7.6	5.9	1.8	3.5	10.1	1.8	2.8
	海南	河南	湖南	湖北	山西	陕西	甘肃	宁夏
某电商平台	1	4	4	3	2	2	1	0
某线上企业	0.7	4.5	2.5	3.2	2.0	2.9	1.4	0.6
	青海	新疆	重庆	四川	贵州	云南	西藏	
某电商平台	0	1	2	4	1	2	0	
某线上企业	0.4	2.4	2.3	5.5	2.1	2.5	0.4	

综合考虑后，课题组选择某电商平台作为指标分析的样本企业。虽然选择的样本企业可能是最大的保健食品销售平台，但也不可能代表保健食品整体线上销售的情况，因此，研究中的结论仅反映样本企业的情况，仅对了解和判断相关经济因素对保健食品线上销售的影响情况提供一个参考。

根据《中华人民共和国国民经济和社会发展统计公报》《中国卫生健康统计年鉴》和政府相关部门网站信息，以及课题组的调研，经过对相关数据进行整理和计算，各相关影响因素数据见表2。

表2　线上市场影响因素基础数据

省（区、市）	某电商平台本区销售全国占比（%）	人口数量（万人）	GDP（亿元）	社会消费品零售总额（亿元）	居民人均可支配收入（元）	居民人均消费支出（元）
北　京	3	2184	41610.9	13794.2	77415	43640.4
天　津	1	1363	16311.3	3572.0	48976	33188.4
河　北	3	7420	42370.4	13720.1	30867	19953.7
山　西	2	3481	25642.6	7562.7	29178	17191.2
内蒙古	1	2401	23158.6	4971.4	35921	22658.3
上　海	6	2475	44652.8	16442.1	79610	48879.3
江　苏	9	8515	122875.6	42752.1	49862	31451.4
浙　江	12	6577	77715.4	30467.2	60302	36668.1
安　徽	4	6127	45045.0	21518.4	32745	21910.9
福　建	4	4188	53109.9	21050.1	43118	28440.1
江　西	3	4528	32074.7	12853.5	32419	20289.9
山　东	6	10163	87435.1	33236.2	37560	22820.9
陕　西	2	3956	32772.7	10401.6	30116	19346.5
甘　肃	1	2492	11201.6	3922.2	23273	17456.2
青　海	0	595	3610.1	842.1	27000	19020.1
宁　夏	0	728	5069.6	1338.4	29599	20023.8
新　疆	1	2587	17741.3	3240.5	27063	18960.6
重　庆	2	3213	29129.0	13926.1	35666	24597.8
四　川	4	8374	56749.8	24104.6	30679	21518.0
贵　州	1	3856	20164.6	8507.1	25508	17957.3
云　南	2	4693	28954.2	10838.8	26937	18851.0
西　藏	0	364	2132.6	726.5	26675	15342.5

续表

省（区、市）	某电商平台本区销售全国占比（%）	人口数量（万人）	GDP（亿元）	社会消费品零售总额（亿元）	居民人均可支配收入（元）	居民人均消费支出（元）
河　南	4	9872	61345.1	24407.4	28222	18391.3
湖　北	3	5844	53734.9	22164.8	32914	23846.1
湖　南	4	6604	48670.4	19050.7	34036	22798.2
广　东	13	12657	129118.6	44882.9	47065	31589.3
广　西	2	5047	26300.9	8539.1	27981	18087.9
海　南	1	1027	6818.2	2268.4	30957	22241.9
辽　宁	3	4197	28975.1	9526.2	36089	35111.7
吉　林	1	2348	13070.2	3807.7	27975	27769.8
黑龙江	2	3099	15901.0	5210.0	28346	27159.0

二　经济因素对全国线上市场影响程度分析

对全国线上市场影响因素影响程度的计算结果见表3。

表3　经济因素与全国线上市场相关程度

		某电商平台本区销售全国占比	人口数量	GDP	社会消费品零售总额	居民人均可支配收入	居民人均消费支出
某电商平台本区销售全国占比	Pearson 相关性	1	0.750	0.912	0.902	0.537	0.499
	显著性（双侧）		0.000	0.010	0.001	0.002	0.004
	N	31	31	31	31	31	31

注：若无特别说明，表中相关系数均为 $\alpha=0.01$ 水平下的。下同。

根据相关性计算，结果如下。

（1）人口数量与线上市场的相关系数 $r=0.750$，p 值 $=0.00$，在 $\alpha=0.01$ 水平下中度相关。

（2）GDP 与线上市场的相关系数 $r=0.912$，p 值 $=0.01$，在 $\alpha=0.01$ 水

平下强相关。

（3）社会消费品零售总额与线上市场的相关系数 $r=0.902$，p 值 $=0.001$，在 $\alpha=0.01$ 水平下强相关。

（4）人均可支配收入与线上市场的相关系数 $r=0.537$，$p=0.002$，在 $\alpha=0.01$ 水平下中度相关。

（5）居民人均消费支出与线上市场的相关系数 $r=0.499$，p 值 $=0.004$，在 $\alpha=0.01$ 水平下相关程度低。

经济因素对全国线上市场影响程度详见表 4。

表 4　经济因素对全国线上市场影响程度

	人口数量	GDP	社会消费品零售总额	居民人均可支配收入	居民人均消费支出
相关系数 r	0.750	0.912	0.902	0.537	0.499
影响程度	中	强	强	中	低

从表 4 中看出，根据相关系数 r，线上市场中 5 个影响因素的相关性依次为：GDP 和社会消费品零售总额这两个影响因素具有强相关性；人口数量和居民人均可支配收入这两个影响因素具有中等程度的相关性；居民人均消费支出的相关程度低。也就是说，从全国看，对保健食品线上市场的影响因素中，经济规模和市场规模具有很强的影响力，人口数量和居民人均可支配收入也具有不可忽视的影响，而居民人均消费支出的影响程度则具有不确定性，影响这种不确定性的原因可能很多，例如，消费者对保健食品的认知、对保健食品的评价；保健食品消费中的感受；消费者线上购买能力；等等。

三　七大区域线上市场中5个经济因素的影响程度分析

课题组在调研中了解到，针对不同地区的差异性，企业为了更精细和更有效地对销售进行管理，设置了不同的销售区域，采取不同的方式方法开展销售和考核。因此，课题组也基本上采用企业的方式将全国分为 7 个区域，分别是：东北区，包括辽宁、吉林、黑龙江；华北区，包括北京、天津、河北、内蒙古；华东区，包括上海、江苏、浙江、山东、江西、安徽；华南区，包括广东、广西、福建、海南；华中区，包括河南、湖南、湖北；西北区，包括山西、陕西、甘肃、宁夏、青海、新疆；西南区，包括重庆、四川、贵州、云南、西藏。另外，考虑到各大区域市场更加直接地面对消费者，因此课题组将“GDP”和“社会消费品零售总额”两个指标调整为相对数的人均指标，更好地反映消费者的基本情况。

以下课题组对各区域中经济因素对线上销售影响的关联性进行分析。此外，因篇幅所限，各区域的相关性柱状图不再显示。

1. 东北区中经济因素对线上市场的影响程度分析

东北区线上市场 5 个经济因素的影响程度的计算结果见表 5。

表 5　东北区相关系数

		某电商平台本区销售全国占比	人口数量	人均 GDP	人均社会消费品零售额	居民人均可支配收入	居民人均消费支出
某电商平台本区销售全国占比	Pearson 相关性	1	0.994	0.700	0.924	0.886	0.829
	显著性(双侧)		0.069	0.507	0.249	0.308	0.377
	N	3	3	3	3	3	3

在东北区中，依据相关系数，线上市场中 5 个经济因素的关联性依次为：人口数量（0.994）、人均社会消费品零售额（0.924）、居民人均可支配收入（0.886）、居民人均消费支出（0.829）和人均 GDP（0.700），在 5 个经济因素中，人口数量、人均社会消费品零售额、居民人均可支配收入和居民人均消费支出这四个影响因素具有强相关性，人均 GDP 具有中度相关性。也就是说，在东北区的保健食品线上市场中，这 5 个经济因素都具有比较大的影响。东北区线上市场 5 个经济因素及影响程度详见表 6。

表 6　东北区线上市场 5 个经济因素的影响程度

东北区	某电商平台本区销售全国占比（%）	人口数量（万人）	人均 GDP（万元）	人均社会消费品零售额（万元）	居民人均可支配收入（元）	居民人均消费支出（元）
辽　宁	3	4197	6.9	2.3	36089	35111.7
吉　林	1	2348	5.6	1.6	27975	27769.8
黑龙江	2	3099	5.1	1.7	28346	27159.0
相关系数	1	0.994	0.700	0.924	0.886	0.829
影响程度		强	中	强	强	强

2. 华北区中经济因素对线上市场的影响程度分析

华北区线上市场 5 个经济因素的影响程度的计算结果见表 7。

表 7　华北区相关系数

		某电商平台本区销售全国占比	人口数量	人均 GDP	人均社会消费品零售额	居民人均可支配收入	居民人均消费支出
某电商平台本区销售全国占比	Pearson 相关性	1	0.612	0.164	0.469	0.324	0.207
	显著性（双侧）		0.388	0.836	0.531	0.676	0.793
	N	4	4	4	4	4	4

在华北区中，依据相关系数，线上市场 5 个经济因素的关联性依次为：人口数量（0.612）、人均社会消费品零售额（0.469）、居民人均可支配收入（0.324）、居民人均消费支出（0.207）、人均 GDP（0.164），在 5 个经济因素中，仅人口数量中度相关，人均社会消费品零售额和居民人均可支配收入这两个因素相关程度低，居民人均消费支出和人均 GDP 这两个因素弱相关。也就是说，在华北区的保健食品线上市场中，除人口数量因素外，其他影响因素影响都不大。华北区线上市场 5 个经济因素及影响程度详见表 8。

表 8　华北区线上市场 5 个经济因素的影响程度

华北区	某电商平台本区销售全国占比（%）	人口数量（万人）	人均 GDP（万元）	人均社会消费品零售额（万元）	居民人均可支配收入（元）	居民人均消费支出（元）
北　京	3	2184	19.1	6.3	77415	43640.4
天　津	1	1363	12.0	2.6	48976	33188.4
河　北	3	7420	5.7	1.8	30867	19953.7
内蒙古	1	2401	9.6	2.1	35921	22658.3
相关系数	1	0.612	0.164	0.469	0.324	0.207
影响程度		中	弱	低	低	弱

3. 华东区中经济因素对线上市场的影响程度分析

华东区线上市场 5 个经济因素的影响程度的计算结果见表 9。

表 9　华东区相关系数

		某电商平台本区销售全国占比	人口数量	人均 GDP	人均社会消费品零售额	居民人均可支配收入	居民人均消费支出
某电商平台本区销售全国占比	Pearson 相关性	1	0.298	0.456	0.430	0.496	0.479
	显著性(双侧)		0.567	0.363	0.394	0.317	0.336
	N	6	6	6	6	6	6

在华东区中，依据相关系数，线上市场 5 个经济因素的关联性依次为：居民人均可支配收入（0.496）、居民人均消费支出（0.479）、人均 GDP（0.456）、人均社会消费品零售额（0.430）和人口数量（0.298）。在 5 个经济因素中，居民人均可支配收入、居民人均消费支出、人均 GDP 和人均社会消费品零售额这四个影响因素呈现低相关，而人口数量因素则呈弱相关。华东区除江西和安徽外是我国经济最发达的地区之一，人均收入水平比较高，教育水平也比较高，反映到保健食品线上市场，对收入和消费水平以及经济规模等影响因素的敏感程度要高于人口数量影响因素。特别需要指出

的是，在所有七个大区中，人口数量影响因素对华东区的影响是最小的，但从销售占比来看这是最高的，说明该区的每客单的销售收入很高或者重复购买的频率很高。华东区线上市场5个经济因素及影响程度详见表10。

表10 华东区线上市场5个经济因素的影响程度

华东区	某电商平台本区销售全国占比（%）	人口数量（万人）	人均GDP（万元）	人均社会消费品零售额（万元）	居民人均可支配收入（元）	居民人均消费支出（元）
上　海	6	2475	18.0	6.6	79610	48879.3
江　苏	9	8515	14.4	5.0	49862	31451.4
浙　江	12	6577	11.8	4.6	60302	36668.1
山　东	6	10163	8.6	3.3	37560	22820.9
江　西	3	4528	7.1	2.8	32419	20289.9
安　徽	4	6127	7.4	3.5	32745	21910.9
相关系数	1	0.298	0.456	0.430	0.496	0.479
影响程度		弱	低	低	低	低

4. 华南区中经济因素对线上市场的影响程度分析

华南区线上市场5个经济因素的影响程度的计算结果见表11。

表11 华南区相关系数

		某电商平台本区销售全国占比	人口数量	人均GDP	人均社会消费品零售额	居民人均可支配收入	居民人均消费支出
某电商平台本区销售全国占比	Pearson 相关性	1	0.960*	0.480	0.375	0.827	0.812
	显著性（双侧）		0.040	0.520	0.625	0.173	0.188
	N	4	4	4	4	4	4

*为 $\alpha=0.05$ 水平下的。

在华南区中，依据相关系数，线上市场5个经济因素的关联性依次为：人口数量（0.960）、居民人均可支配收入（0.827）、居民人均消费支出（0.812）、人均GDP（0.480）和人均社会消费品零售额（0.375）。在5个经济因素中，人口数量、居民人均可支配收入、居民人均消费支出等3个影响因素具有强相关性，人均GDP和人均社会消费品零售额这两个影响因素的相关程度低，也就是说，在华南区的保健食品线上市场中，居民人均可支配收入和居民人均消费支出的水平对线上市场影响比较大。华南区线上市场5个经济因素及影响程度详见表12。

表12　华南区线上市场5个经济因素的影响程度

华南区	某电商平台本区销售全国占比（%）	人口数量（万人）	人均GDP（万元）	人均社会消费品零售额（万元）	居民人均可支配收入（元）	居民人均消费支出（元）
广　东	13	12657	10.2	3.5	47065	31589.3
广　西	2	5047	5.2	1.7	27981	18087.9
福　建	4	4188	12.7	5.0	43118	28440.1
海　南	1	1027	6.6	2.2	30957	22241.9
相关系数	1	0.960	0.480	0.375	0.827	0.812
影响程度		强	低	低	强	强

5. 华中区中经济因素对线上市场的影响程度分析

华中区线上市场5个经济因素的影响程度的计算结果见表13。

表13　华中区相关系数

		某电商平台本区销售全国占比	人口数量	人均GDP	人均社会消费品零售额	居民人均可支配收入	居民人均消费支出
某电商平台本区销售全国占比	Pearson 相关性	1	0.646	-0.918	-0.954	-0.334	-0.648
	显著性（双侧）		0.553	0.260	0.194	0.783	0.551
	N	3	3	3	3	3	3

在华中区中，依据相关系数，线上市场中5个经济因素的关联性依次为：人均社会消费品零售额（-0.954）、人均GDP（-0.918）、居民人均消费支出（-0.648）、人口数量（0.646）和居民人均可支配收入（-0.334），在5个经

济因素中，除人口数量为正相关以外（相关程度为中度相关），其他 4 个影响因素都是负相关，而且居民人均社会消费品零售额和人均 GDP 这两个影响因素还是负强相关，居民人均消费支出为负中度相关，居民人均可支配收入为负低度相关。模型计算结果在这个区域出现了 4 个影响因素是负相关，与其他 6 个区的表现有很明显的差异，可能的原因比较复杂，如，受影响因素的选择的影响，受样本数量约束产生的拟合偏差，针对这种情况下模型的选择，等等，有待今后的研究进一步调整和探讨。华中区线上市场 5 个经济因素及影响程度详见表 14。

表 14　华中区线上市场 5 个经济因素的影响程度

华中区	某电商平台本区销售全国占比（%）	人口数量（万人）	人均 GDP（万元）	人均社会消费品零售额（万元）	居民人均可支配收入（元）	居民人均消费支出（元）
河　南	4	9872	6. 2	2. 5	28222	18391. 3
湖　南	4	6604	7. 4	2. 9	34036	22798. 2
湖　北	3	5844	9. 2	3. 8	32914	23846. 1
相关系数	1	0. 646	−0. 918	−0. 954	−0. 334	−0. 648
影响程度		中	负强	负强	负低	负中

6. 西北区中经济因素对线上市场的影响程度分析

西北区线上市场 5 个经济因素的影响程度的计算结果见表 15。

表 15　西北区相关系数

		某电商平台本区销售全国占比	人口数量	人均 GDP	人均社会消费品零售额	居民人均可支配收入	居民人均消费支出
某电商平台本区销售全国占比	Pearson 相关性	1	0. 985	0. 449	0. 716	0. 238	−0. 505
	显著性（双侧）		0. 000	0. 372	0. 110	0. 650	0. 307
	N	6	6	6	6	6	6

在西北区中，依据相关系数，线上市场5个经济因素的关联性依次为：人口数量（0.985）、人均社会消费品零售额（0.716）、居民人均消费支出（-0.505）、人均GDP（0.449）和居民人均可支配收入（0.238）。在5个经济因素中，人口数量强相关；人均社会消费品零售额和居民人均消费支出两个影响因素虽然都是中度相关，但居民人均消费支出影响因素是负相关；居民人均可支配收入因素的影响程度为弱相关。西北区线上市场5个经济因素及影响程度详见表16。

表16　西北区线上市场5个经济因素的影响程度

西北区	某电商平台本区销售全国占比（%）	人口数量（万人）	人均GDP（万元）	人均社会消费品零售额（万元）	居民人均可支配收入（元）	居民人均消费支出（元）
山　西	2	3481	7.4	2.2	29178	17191.2
陕　西	2	3956	8.3	2.6	30116	19346.5
甘　肃	1	2492	4.5	1.6	23273	17456.2
宁　夏	0	595	6.1	1.4	27000	20023.8
青　海	0	728	7.0	1.8	29599	19020.1
新　疆	1	2587	6.9	1.3	27063	18960.6
相关系数	1	0.985	0.449	0.716	0.238	-0.505
影响程度		强	低	中	弱	负中

7. 西南区中经济因素对线上市场的影响程度分析

西南区线上市场5个经济因素的影响程度的计算结果见表17。

表17　西南区相关系数

		某电商平台本区销售全国占比	人口数量	人均GDP	人均社会消费品零售额	居民人均可支配收入	居民人均消费支出
某电商平台本区销售全国占比	Pearson 相关性	1	0.948*	0.366	0.422	0.470	0.669
	显著性（双侧）		0.014	0.544	0.479	0.424	0.216
	N	5	5	5	5	5	5

*为α=0.05水平下的。

在西南区中，依据相关系数，线上市场5个经济因素的关联性依次为：人口数量（0.948）、居民人均消费支出（0.669）、居民人均可支配收入（0.470）、人均社会消费品零售额（0.422）和人均GDP（0.366）。在5个经济因素中，人口数量影响因素为强相关；居民人均消费支出影响因素中度相关；居民人均可支配收入、人均社会消费品零售额和人均GDP等3个影响因素的相关程度低。西南区保健食品线上市场更多地依赖人口数量和居民人均消费支出水平。西南区线上市场5个经济因素及影响程度详见表18。

表18　西南区线上市场5个经济因素的影响程度

西南区	某电商平台本区销售全国占比（%）	人口数量（万人）	人均GDP（万元）	人均社会消费品零售额（万元）	居民人均可支配收入（元）	居民人均消费支出（元）
重　庆	2	3213	9.1	4.3	35666	24597.8
四　川	4	8374	6.8	2.9	30679	21518.0
贵　州	1	3856	5.2	2.2	25508	17957.3
云　南	2	4693	6.2	2.3	26937	18851.0
西　藏	0	364	5.9	2.0	26675	15342.5
相关系数	1	0.948	0.366	0.422	0.470	0.669
影响程度		强	低	低	低	中

四　同一影响因素在各区域表现差异的分析

从对七大区域线上市场5个经济因素的影响程度分析看出，各因素的影响程度不同，同样的，即使是同一因素，在不同区域的影响程度也存在差异，见表19。

表 19　七大区域线上市场 5 个经济因素的相关系数

影响因素	东北区	华北区	华东区	华南区	华中区	西北区	西南区
人口数量	0.994	0.612	0.298	0.960	0.646	0.985	0.948
人均 GDP	0.700	0.164	0.456	0.480	-0.918	0.449	0.366
人均社会消费品零售额	0.924	0.469	0.430	0.375	-0.954	0.716	0.422
居民人均可支配收入	0.886	0.324	0.496	0.827	-0.334	0.238	0.470
居民人均消费支出	0.829	0.207	0.479	0.812	-0.648	-0.505	0.669

根据相关系数可以看出 5 个经济因素在七大区域线上市场的不同影响程度。

（1）人口数量对各区的影响程度。人口数量对各大区的影响程度排序依次为：东北区、西北区、华南区、西南区、华中区、华北区和华东区。人口数量影响因素在东北区、西北区、华南区和西南区等四个区域具有强相关性；在华中区和华北区两个区域为中度相关；在华东区则是弱相关。

（2）人均 GDP 对各区的影响程度。人均 GDP 对各大区的影响程度排序依次为：华中区、东北区、华南区、华东区、西北区、西南区和华北区。人均 GDP 对各大区的影响程度分别为：在华中区为负强相关；在东北区为中度相关；在华南区、华东区、西北区、西南区均为低相关；在华北区为弱相关。

（3）人均社会消费品零售额对各区的影响程度。人均社会消费品零售额对各大区的影响程度排序依次为：华中区、东北区、西北区、华北区、华东区、西南区和华南区。人均社会消费品零售额对各大区的影响程度为：在东北区为强相关；在华中区为负强相关；在西北区为中度相关；在华北区、华东区、西南区和华南区均为低相关。

（4）居民人均可支配收入对各区的影响程度。居民人均可支配收入对各大区的影响程度排序依次为：东北区、华南区、华东区、西南区、华中区、华北区和西北区。居民人均可支配收入因素对各大区的影响程度为：在东北区和华南区具有强相关；在华东区、西南区、华中区和华北区为低相关，其中在华中区是负低相关；在西北区为弱相关。

（5）居民人均消费支出对各区的影响程度。居民人均消费支出对各大区的影响程度排序依次为：东北区、华南区、西南区、华中区、西北区、华东区和华北区。居民人均消费支出因素对各大区的影响程度为：在东北区和华南区具有强相关性；在西南区、华中区和西北区等具有中度相关，其中，在华中区和西北区两个区为负相关；在华东区为低相关；在华北区为弱相关。

5个经济因素在七大区域线上市场的不同影响程度（相关性）可见表20。

表20　5个经济因素在七大区域线上市场的相关性

影响因素	东北区	华北区	华东区	华南区	华中区	西北区	西南区
人口数量	强	中度	弱	强	中度	强	强
人均 GDP	中度	弱	低	低	负强	低	低
人均社会消费品零售额	强	低	低	低	负强	中度	低
居民人均可支配收入	强	低	低	强	负低	弱	低
居民人均消费支出	强	弱	低	强	负中度	负中度	中度

五　对线性回归分析的拟合优度判断

1. 对全国的线上市场线性回归及拟合优度判断

在对全国保健食品线上市场分析中，对5个可能影响因素进行了线性回归分析，分析结果如下。

在对5个可能影响因素进行线性回归后，用 R^2 进行拟合优度的检验判断，结果如下（见图1至图5）。

（1）“人口数量”线性回归具有一定的拟合程度。

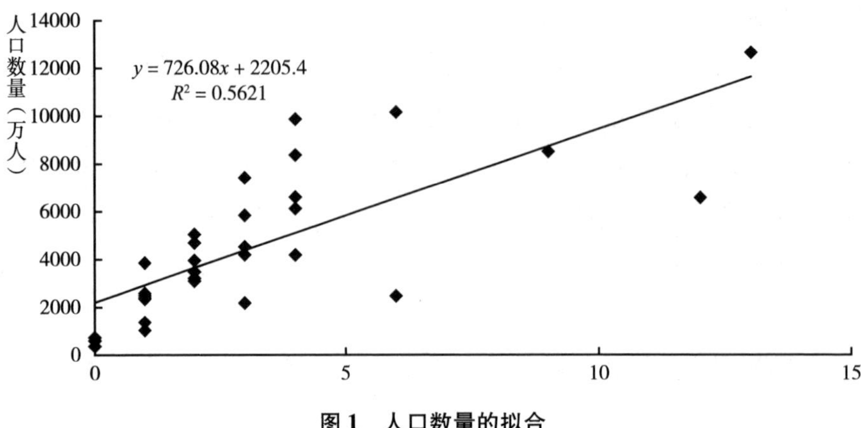

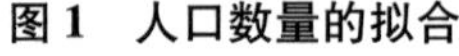
图 1　人口数量的拟合

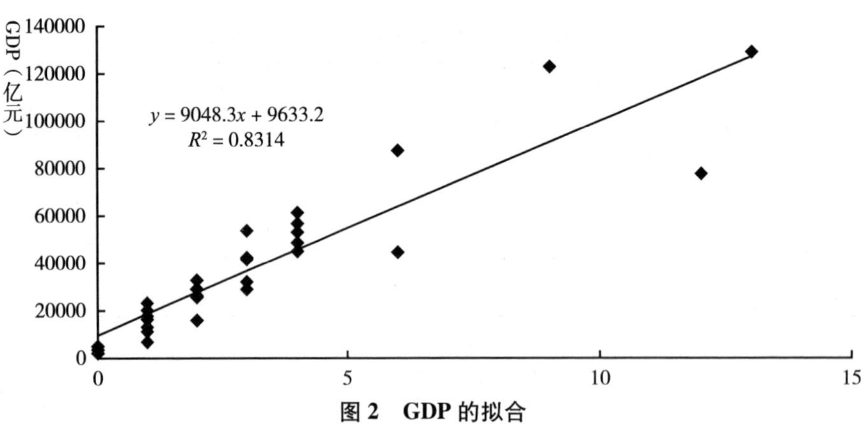

图 2　GDP 的拟合

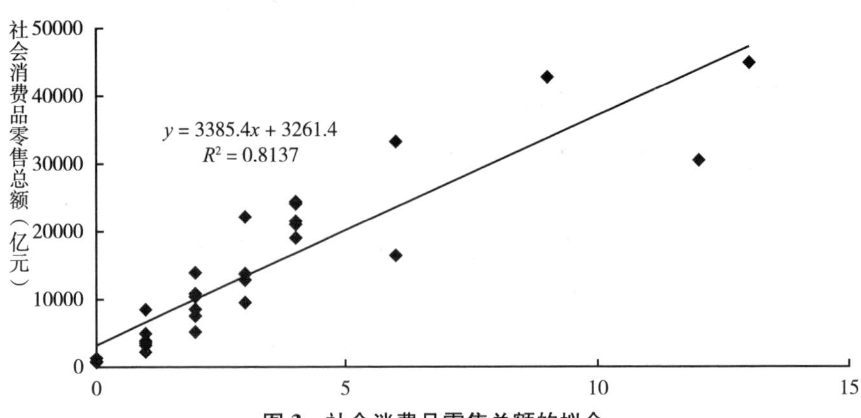

图 3　社会消费品零售总额的拟合

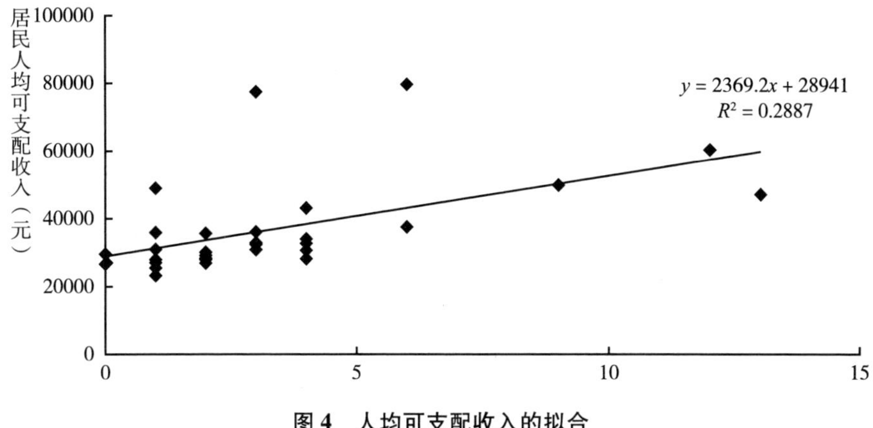

图 4　人均可支配收入的拟合

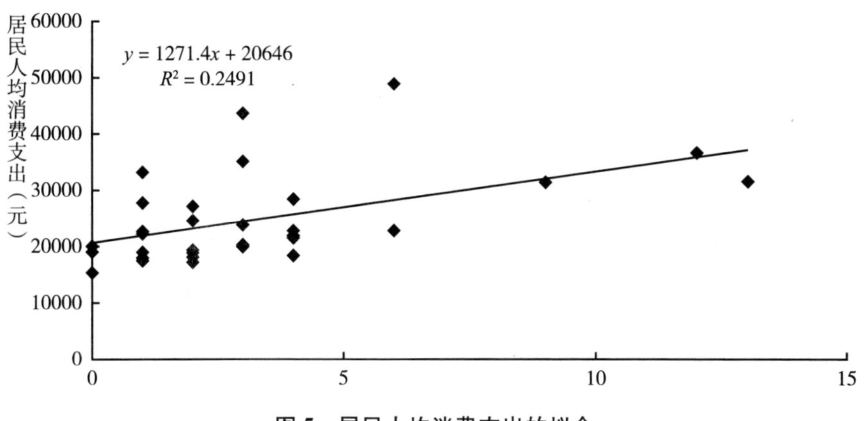

图 5　居民人均消费支出的拟合

（2）“GDP”线性回归具有比较好的拟合程度。

（3）“社会消费品零售总额”线性回归具有比较好的拟合程度。

（4）“居民人均可支配收入”线性回归的拟合程度很差。

（5）“居民人均消费支出”线性回归的拟合程度很差。

2. 各大区域的线上市场线性回归及拟合优度判断

在对全国的线上市场进行线性回归及拟合优度判断后，进一步对各大区域的线上市场线性回归及拟合优度进行判断。由于篇幅所限，计算结果不再显示相应的图，仅用表格显示相应的计算结果。

（1）东北区

对东北区 5 个影响因素进行线性回归并用 R^2 进行拟合优度的检验判断，结果见表 21。

表 21　东北区影响因素的线性回归计算结果

影响因素	$y=bx+a$	R^2
人口数量	$y=924.55x+1365.7$	0.9884
人均 GDP	$y=0.65x+4.5667$	0.4894
人均社会消费品零售额	$y=0.35x+1.1667$	0.8547
居民人均可支配收入	$y=4057x+22689$	0.7842
居民人均消费支出	$y=3670.9x+22672$	0.6880

一是“人口数量”线性回归的拟合程度较高。

二是“人均 GDP”线性回归的拟合程度比较差。

三是“人均社会消费品零售额”线性回归具有比较好的拟合程度。

四是“居民人均可支配收入”线性回归具有一定的拟合程度。

五是“居民人均消费支出”线性回归的拟合程度一般。

（2）华北区

对华北区 5 个影响因素进行线性回归并用 R^2 进行拟合优度的检验判断，结果见表 22。

表 22　华北区影响因素的线性回归计算结果

影响因素	$y=bx+a$	R^2
人口数量	$y=1460x+422$	0.3744
人均 GDP	$y=0.8x+10$	0.0269
人均社会消费品零售额	$y=0.85x+1.5$	0.2199
居民人均可支配收入	$y=5846.3x+36602$	0.1047
居民人均消费支出	$y=1936.9x+25987$	0.0428

从对华北区 5 个影响因素用 R^2 进行拟合优度的检验显示：该区中的 5 个影响因素的线性拟合程度都很差。

（3）华东区

对华东区 5 个影响因素进行线性回归并用 R^2 进行拟合优度的检验判断，结果见表 23。

表 23　华东区影响因素的线性回归计算结果

影响因素	$y=bx+a$	R^2
人口数量	$y=245.4x+4761.5$	0.0885
人均 GDP	$y=0.597x+7.2367$	0.2079
人均社会消费品零售额	$y=0.1807x+3.0952$	0.1852
居民人均可支配收入	$y=2776.8x+30237$	0.2459
居民人均消费支出	$y=1596.2x+19695$	0.2298

从对华东区 5 个影响因素用 R^2 进行拟合优度的检验显示：该区中的 5 个影响因素的线性拟合程度都很差。

（4）华南区

对华南区 5 个影响因素进行线性回归并用 R^2 进行拟合优度的检验判断，结果见表 24。

表 24　华南区影响因素的线性回归计算结果

影响因素	$y=bx+a$	R^2
人口数量	$y=864.66x+1406.5$	0.9224
人均 GDP	$y=0.2989x+7.1806$	0.2303
人均社会消费品零售额	$y=0.1011x+2.5944$	0.1407
居民人均可支配收入	$y=1395.9x+30301$	0.6843
居民人均消费支出	$y=900.48x+20587$	0.6598

一是“人口数量”线性回归的拟合程度较高。

二是“人均 GDP”线性回归的拟合程度很差。

三是“人均社会消费品零售额”线性回归的拟合程度很差。

四是“居民人均可支配收入”线性回归的拟合程度一般。

五是“居民人均消费支出”线性回归的拟合程度一般。

（5）华中区

对华中区 5 个影响因素进行线性回归并用 R^2 进行拟合优度的检验判断，结果见表 25。

表 25　华中区影响因素的线性回归计算结果

影响因素	$y=bx+a$	R^2
人口数量	$y=2394x-1338$	0.4171
人均 GDP	$y=-2.4x+16.4$	0.8421
人均社会消费品零售额	$y=-1.1x+7.1$	0.9098
居民人均可支配收入	$y=-1785x+38269$	0.1116
居民人均消费支出	$y=-3251.4x+33600$	0.4205

一是“人口数量”线性回归的拟合程度比较差。

二是“人均 GDP”线性回归的拟合程度比较好。

三是“人均社会消费品零售额”线性回归的拟合程度较高。

四是“居民人均可支配收入”线性回归的拟合程度很差。

五是“居民人均消费支出”线性回归的拟合程度比较差。

但是，除“人口数量”因素为正相关外，其他均为负相关。

（6）西北区

对西北区 5 个影响因素进行线性回归并用 R^2 进行拟合优度的检验判断，结果见表 26。

表 26　西北区影响因素的线性回归计算结果

影响因素	$y=bx+a$	R^2
人口数量	$y=1528.5x+778$	0.9700
人均 GDP	$y=0.65x+6.05$	0.2017
人均社会消费品零售额	$y=0.4x+1.4167$	0.5127
居民人均可支配收入	$y=673.75x+27031$	0.0565
居民人均消费支出	$y=-626.55x+19293$	0.2550

一是“人口数量”线性回归的拟合程度较高。

二是“人均 GDP”线性回归的拟合程度很差。

三是“人均社会消费品零售额”线性回归可能具有一定的拟合程度。

四是“居民人均可支配收入”线性回归的拟合程度很差。

五是“居民人均消费支出”线性回归的拟合程度很差且负相关。

（7）西南区

对西南区 5 个影响因素进行线性回归并用 R^2 进行拟合优度的检验判断，结果见表 27。

一是“人口数量”线性回归的拟合程度比较好。

二是“人均 GDP”线性回归的拟合程度很差。

三是“人均社会消费品零售额”线性回归的拟合程度很差。

表 27　西南区影响因素的线性回归计算结果

影响因素	$y=bx+a$	R^2
人口数量	$y=1848.2x+773.27$	0.8994
人均 GDP	$y=0.3682x+5.9773$	0.1341
人均社会消费品零售额	$y=0.2659x+2.2614$	0.1782
居民人均可支配收入	$y=1317.4x+26722$	0.2211
居民人均消费支出	$y=1596.3x+16780$	0.4482

四是“居民人均可支配收入”线性回归的拟合程度很差。

五是“居民人均消费支出”线性回归的拟合程度比较差。

3. 同一影响因素在不同区域的拟合优度差异

以上对各区域中 5 个因素对保健食品线上市场影响的线性拟合程度进行了分析，对于同一因素在各区域的拟合系数 R^2 参见表 28。

表 28　各区域的拟合系数 R^2

影响因素	东北区	华北区	华东区	华南区	华中区	西北区	西南区
人口数量	0.9884	0.3744	0.0885	0.9224	0.4171	0.9700	0.8994
人均 GDP	0.4894	0.0269	0.2079	0.2303	0.8421	0.2017	0.1341
人均社会消费品零售额	0.8547	0.2199	0.1852	0.1407	0.9098	0.5127	0.1782
居民人均可支配收入	0.7842	0.1047	0.2459	0.6843	0.1116	0.0565	0.2211
居民人均消费支出	0.6880	0.0428	0.2298	0.6598	0.4205	0.2550	0.4482

（1）“人口数量”因素在东北区、华南区和西北区线性回归的拟合程度较高；在西南区线性回归的拟合程度比较好；在华中区线性回归的拟合程度比较差；在华北区和华东区线性回归的拟合程度很差。

（2）“人均 GDP”因素在华中区线性回归的拟合程度比较好；在东北区线性回归的拟合程度比较差；在其他区线性回归的拟合程度很差。

（3）“人均社会消费品零售额”因素在华中区线性回归的拟合程度较高；在东北区线性回归的拟合程度比较好；在西北区线性回归可能有一定的拟合程度；在其他区线性回归的拟合程度很差。

（4）“居民人均可支配收入”因素在东北区线性回归有一定的拟合程度；在华南区线性回归的拟合程度一般；在其他区线性回归的拟合程度很差。

（5）“居民人均消费支出”因素在东北区和华南区线性回归的拟合程度一般；在华中区和西南区线性回归的拟合程度比较差；在其他区线性回归的拟合程度很差。

从拟合系数 R^2 看，“人口数量”因素对线上市场的影响最大，在 4 个区线性回归的拟合程度都较高或比较好；“人均 GDP”和“居民人均可支配收入”因素对线上市场的影响最小，在 5 个区线性回归的拟合程度很差。

5 个影响因素在各区域线性回归拟合优度可参见表 29。

表 29　各区域线性回归拟合优度

影响因素	东北区	华北区	华东区	华南区	华中区	西北区	西南区
人口数量	较高	很差	很差	较高	比较差	较高	比较好
人均 GDP	比较差	很差	很差	很差	比较好	很差	很差
人均社会消费品零售额	比较好	很差	很差	很差	较高	可能有	很差
居民人均可支配收入	有一定	很差	很差	一般	很差	很差	很差
居民人均消费支出	一般	很差	很差	一般	比较差	很差	比较差

B.15
健康因素对保健食品线上销售影响分析

张永建*

摘　要：　伴随着互联网的快速发展和移动终端大规模的普及，线上购买行为越来越广泛，大量的信息显示，有很多消费者在线上购买保健食品，特别是在中青年消费群体中，线上购物的范围和所占比重越来越大。消费者购买保健食品主要的目的是降低健康风险因素的影响程度，维持或提高健康水平。影响保健食品市场规模和线上市场营销的因素有很多，其中健康因素无疑具有十分重要的作用。为此，我们对12个与健康相关的影响因素对全国线上市场以及7个区域线上市场的相关性和线性拟合程度进行分析研究，区分和探讨这些影响因素的不同表现。

关键词：　保健食品　线上市场　健康因素

影响保健食品线上市场规模和线上市场营销的因素有很多，其中健康因素无疑具有十分重要的作用。根据保健食品的特点，课题组在对可能影响线上市场的因素分析中，从健康的视角设置了与线下可能影响因素的相同指标，以利于比较分析，这些影响因素分别是：涉及医疗与医疗保健的支出状况的“人均卫生总费用”“卫生总费用中个人支出占比”“城镇居民人均医疗保健支出”“城镇居民医疗保健支出占消费性支出比重”等指标；涉及诊疗和治疗状况的“诊疗人次数”“居民年平均就诊次数”“居民年住院率”等指标；涉及预防状况的“预防保健科门诊人次”“健康检查人次数”；涉

* 张永建，中国社会科学院食品药品产业发展与监管研究中心主任，“中国保健食品产业发展研究”课题组组长。

及健康宣传教育的“开展公众健康教育活动次数”“手机健康宣传短信覆盖人次数”指标，以及“预期寿命”，共计 12 个指标（可能影响因素），探讨研究这些因素对线上市场的影响程度。

根据《中华人民共和国国民经济和社会发展统计公报》《中国卫生健康统计年鉴》和政府相关部门网站信息，以及课题组对某大型电商平台调研的结果，课题组对相关数据进行了整理和计算。各相关影响因素数据参见表 1。

一般认为：当 $|r| \geq 0.8$ 时，两变量间强相关；$0.5 \leq |r| < 0.8$ 时，两变量中度相关；$0.3 \leq |r| < 0.5$ 时，两变量相关程度低；而 $|r| < 0.3$ 时，两变量弱相关。

一　12个健康因素对全国线上市场的影响程度分析

（一）影响程度计算

从全国和全行业的视角，研究分析 12 个可能影响因素对全国线上市场的影响程度（见表 2）。

计算显示如下。

（1）人均卫生总费用影响因素与线上市场的相关系数 $r=0.118$，p 值 $=0.529$，在 $\alpha=0.01$ 水平下弱相关。

（2）卫生总费用中个人支出占比影响因素与线上市场的相关系数 $r=0.011$，p 值 $=0.955$，在 $\alpha=0.01$ 水平下弱相关。

（3）城镇居民人均医疗保健支出影响因素与线上市场的相关系数 $r=0.557$，p 值 $=0.001$，在 $\alpha=0.01$ 水平下中度相关。

（4）城镇居民医疗保健支出占消费性支出比重影响因素与线上市场的相关系数 $r=-0.514$，p 值 $=0.003$，在 $\alpha=0.01$ 水平下负中度相关。

（5）诊疗人次数影响因素与线上市场的相关系数 $r=0.869$，p 值 $=0$，在 $\alpha=0.01$ 水平下强相关。

（6）居民年平均就诊次数影响因素与线上市场的相关系数 $r=0.540$，p 值 $=0.002$，在 $\alpha=0.01$ 水平下中度相关。

表 1　12 个可能影响因素的整理数据

省（区、市）	某电商平台各省（区、市）销售占比（%）	人均卫生总费用（元）	卫生总费用中个人支出占比（%）	城镇居民人均医疗保健支出（元）	城镇居民医疗保健支出占消费性支出比重（%）	诊疗人次数（人次）	居民年平均就诊次数（人次）	居民年住院率（%）	预防保健科门诊人次（万人次）	健康检查人次数（人次）	开展公众健康教育活动次数（次）	手机健康宣传短信覆盖人次数（万人次）	预期寿命（岁）
辽宁	3	4486.87	30.78	24849.1	10.4	167276200	3.96	14.5	21.1	11301767	1263	106.0	78.68
吉林	1	4878.73	29.19	21623.2	11.1	104602780	4.4	14.7	9.6	5983107	750	81.7	78.41
黑龙江	2	5578.38	29.98	20397.3	11.5	96441142	3.09	14.1	15.4	7271448	3299	2163.5	78.25
北京	3	13834.01	13.39	41726.3	9	227475674	10.39	16.8	17	10219200	116	180.0	82.49
天津	1	6545.33	29.07	30894.7	9.1	108534930	7.9	11.8	9.1	5030863	322	1499.9	81.3
河北	3	4111.38	30.93	23167.4	8.6	398747102	5.36	13.8	83.6	22003129	5010	19027.1	77.75
内蒙古	1	5271.21	29.83	23887.7	8.5	102913258	4.29	13	7.5	6905868	10170	404.0	77.56
上海	6	10591.59	19.31	44839.3	7.1	266913711	10.72	18	63.9	14998979	2407	227.3	82.55
江苏	9	5800.56	23.88	30882.2	7	569762373	6.7	16.6	62.9	40240443	12467	1934.1	79.32
浙江	12	5909.49	24.66	36196.9	6	671149102	10.26	16.5	87.5	37571896	3374	698.2	80.19
山东	6	4750.85	29.39	27291.1	8.4	671527084	6.6	17.9	109	33858618	4163	19539.2	79.18
江西	3	3973.35	27.09	22134.3	7.8	228645970	5.06	19.1	14.4	14427049	5812	1213.5	77.64
安徽	4	3995.66	29.16	22682.7	7.2	364060805	5.96	15.5	93.6	21820375	10297	1369.7	77.96
广东	13	5602.92	25.86	33511.3	5.2	816694405	6.44	13.6	447.7	74108343	16149	10727.5	79.31
广西	2	3739.2	27.19	20906.5	9.1	255696374	5.08	21.2	50.6	19813442	1757	1373.1	78.06
福建	4	4631.96	24.68	30486.5	5.8	267099877	6.38	13.4	22.3	15326640	1675	1578.7	78.49
海南	1	5233.33	21.75	23559.9	7.1	50550238	4.96	12.6	11	3198657	389	43.3	79.05
河南	4	3954.93	29.97	20644.9	9.2	618732213	6.26	19.4	92.6	31460970	10521	11977.6	77.6
湖南	4	4331.86	29.38	26796.4	8.8	301255142	4.55	22.8	61.2	22008778	6745	3925.0	77.88
湖北	3	5973.48	26.14	22885.5	8.4	343983592	5.9	20.8	198	26049386	5183	17538.2	78
山西	2	4239.83	30.78	20331.9	11.9	134407356	3.86	12.8	37.4	10941967	14678	320.6	77.91

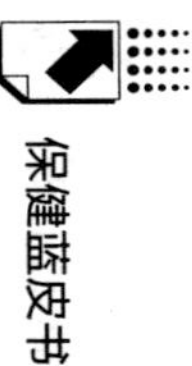

续表

省（区、市）	某电商平台各省（区、市）销售占比（%）	人均卫生总费用（元）	卫生总费用中个人支出占比（%）	城镇居民人均医疗保健支出（元）	城镇居民医疗保健支出占消费性支出比重（%）	诊疗人次数（人次）	居民年平均就诊次数（人次）	居民年住院率（%）	预防保健科门诊人次（万人次）	健康检查人次数（人次）	开展公众健康教育活动次数（次）	手机健康宣传短信覆盖人次数（万人次）	预期寿命（岁）
陕西	2	5127.85	29.37	22866.4	11.4	187049488	4.73	18.4	60.9	13317274	17156	1183.7	77.8
甘肃	1	4059.58	28.74	24614.6	8.5	115204130	4.63	17.9	8.1	8507561	6589	587.2	75.64
宁夏	0	5244.28	27.51	22379.1	10.1	41167189	5.68	14.9	12.7	2695111	4432	338.8	76.58
青海	0	6450.25	24.05	24315.2	10.4	26510454	4.46	16.5	0.8	2096295	1764	269.6	73.96
新疆	1	5841.48	24.35	22951.8	10.2	104784831	4.05	18	66.3	12877123	14654	729.4	75.65
重庆	2	4860.2	28.25	26464.4	9.2	193632766	6.03	22.7	34	11678017	2460	4337.8	78.56
四川	4	4830.52	27.68	25133.2	8.7	546473842	6.53	22.3	29	34202600	15077	4963.2	77.79
贵州	1	3863.05	23.97	20587	8.3	180877974	4.07	21.9	11.3	11824879	4809	395.6	75.2
云南	2	4044.74	27.07	24569.4	9.4	293658384	6.26	21.2	51,7	15037821	5715	122.7	74.02
西藏	0	5765.42	7.16	24927.4	4.4	16205050	4.43	8.8	14.6	1952742	2018	569.8	72.19

表 2 相关系数

		企业全国销售占比	人均卫生总费用	卫生总费用中个人支出占比	城镇居民人均医疗保健支出	城镇居民医疗保健支出占消费性支出比重	诊疗人次数	居民年平均就诊次数	居民年住院率	预防保健科门诊人次	健康检查人次数	开展公众健康教育活动次数	手机健康宣传短信覆盖人次数	预期寿命
企业全国销售占比	Pearson 相关性	1	0. 118	0. 011	0. 557	−0. 514	0. 869	0. 540	0. 049	0. 691	0. 887	0. 286	0. 297	0. 479
	显著性（双侧）		0. 529	0. 955	0. 001	0. 003	0. 000	0. 002	0. 795	0. 000	0. 000	0. 118	0. 104	0. 006
	N	31	31	31	31	31	31	31	31	31	31×10	31	31	31

注：若无特别说明，相关系数均为 $\alpha = 0.01$ 水平下的。下同。

（7）居民年住院率影响因素与线上市场的相关系数 $r=0.049$，p 值 = 0.795，在 $\alpha=0.01$ 水平下弱相关。

（8）预防保健科门诊人次影响因素与线上市场的相关系数 $r=0.691$，p 值 = 0，在 $\alpha=0.01$ 水平下中度相关。

（9）健康检查人次数影响因素与线上市场的相关系数 $r=0.887$，p 值 = 0，在 $\alpha=0.01$ 水平下强相关。

（10）开展公众健康教育活动次数影响因素与线上市场的相关系数 $r=0.286$，p 值 = 0.118，在 $\alpha=0.01$ 水平下弱相关。

（11）手机健康宣传短信覆盖人次数影响因素与线上市场的相关系数 $r=0.297$，p 值 = 0.104，在 $\alpha=0.01$ 水平下弱相关。

（12）预期寿命影响因素与线上市场的相关系数 $r=0.479$，p 值 = 0.006，在 $\alpha=0.01$ 水平下相关程度低。

计算结果归纳见图 1。

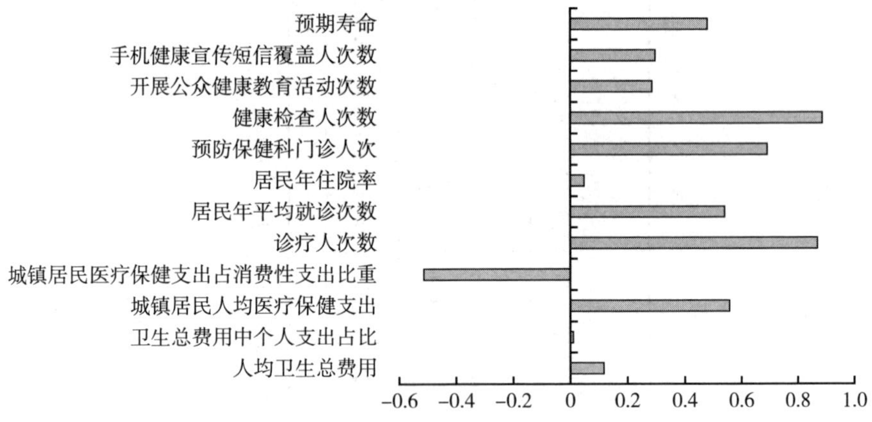

图 1　全国市场影响因素相关系数

（二）影响程度简析

计算结果显示，从全国市场看，如下。

一是健康检查人次数和诊疗人次数这两个因素对线上市场具有强相

关性。

二是预防保健科门诊人次、城镇居民人均医疗保健支出、居民年平均就诊次数和城镇居民医疗保健支出占消费性支出比重等 4 个因素呈现中度相关性，但城镇居民医疗保健支出占消费性支出比重因素为负中度相关。

三是预期寿命因素的相关程度低。

四是人均卫生总费用、卫生总费用中个人支出占比、居民年住院率、开展公众健康教育活动次数和手机健康宣传短信覆盖人次数等 5 个因素对线上市场的影响程度均为弱相关。

二　健康因素对各区域线上市场的影响程度

课题组基本上采用调研企业的方式将全国分为 7 个区域，分别是：东北区，包括辽宁、吉林、黑龙江；华北区，包括北京、天津、河北、内蒙古；华东区，包括上海、江苏、浙江、山东、江西、安徽；华南区，包括广东、广西、福建、海南；华中区，包括河南、湖南、湖北；西北区，包括山西、陕西、甘肃、宁夏、青海、新疆；西南区，包括重庆、四川、贵州、云南、西藏。以下课题组对各区中健康因素对线上销售的影响程度进行分析。

因篇幅所限，各区域的计算过程不再显示，直接显示相关程度和图示。

1. 东北区

在东北区中，卫生总费用中个人支出占比、预防保健科门诊人次、健康检查人次数和诊疗人次数等 4 个因素对线上市场具有强相关性；城镇居民人均医疗保健支出、预期寿命和城镇居民医疗保健支出占消费性支出比重等 3 个因素对线上市场具有中度相关性，但城镇居民医疗保健支出占消费性支出比重因素为负相关；人均卫生总费用、居民年平均就诊次数和居民年住院率等 3 个因素对线上市场呈现负低相关；开展公众健康教育活动次数和手机健康宣传短信覆盖人次数对线上市场表现为弱相关，如图 2 所示。

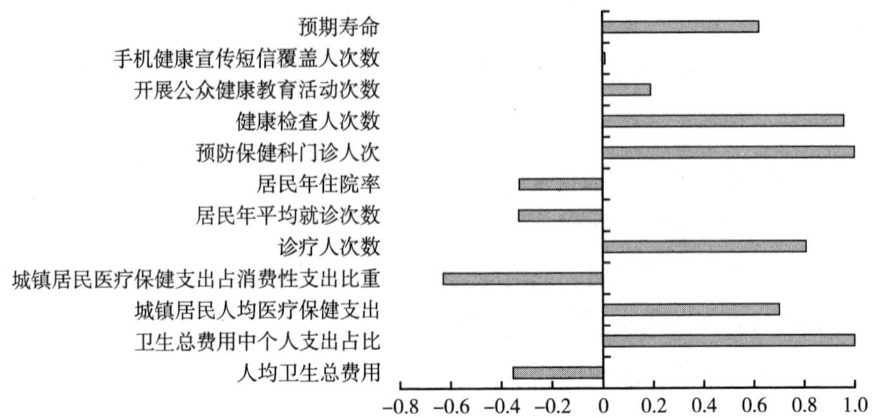

图 2　东北区线上市场影响因素相关系数

2. 华北区

在华北区中，仅诊疗人次数这 1 个因素对线上市场具有强相关性；居民年住院率、健康检查人次数、预防保健科门诊人次、手机健康宣传短信覆盖人次数和卫生总费用中个人支出占比等 5 个因素对线上市场具有中度相关性，但卫生总费用中个人支出占比影响因素为负中度相关；对线上市场相关程度低的影响因素有人均卫生总费用、居民年平均就诊次数、城镇居民人均医疗保健支出和开展公众健康教育活动次数等 4 个，其中的开展公众健康教育活动次数因素为负低相关；城镇居民医疗保健支出占消费性支出比重和预期寿命这 2 个因素对线上市场呈现弱相关，如图 3 所示。

3. 华东区

在华东区中，健康检查人次数、城镇居民人均医疗保健支出、诊疗人次数、居民年平均就诊次数和城镇居民医疗保健支出占消费性支出比重等 5 个因素对线上市场具有中度相关性，其中的城镇居民医疗保健支出占消费性支出比重因素为负中度相关；对线上市场影响相关程度低的有 4 个因素，分别是预期寿命、预防保健科门诊人次、卫生总费用中个人支出占比和居民年住院率，其中卫生总费用中个人支出占比和居民年住院率为负低相关；人均卫生总费用、开展公众健康教育活动次数和手机健康宣传短信覆盖人次数等 3

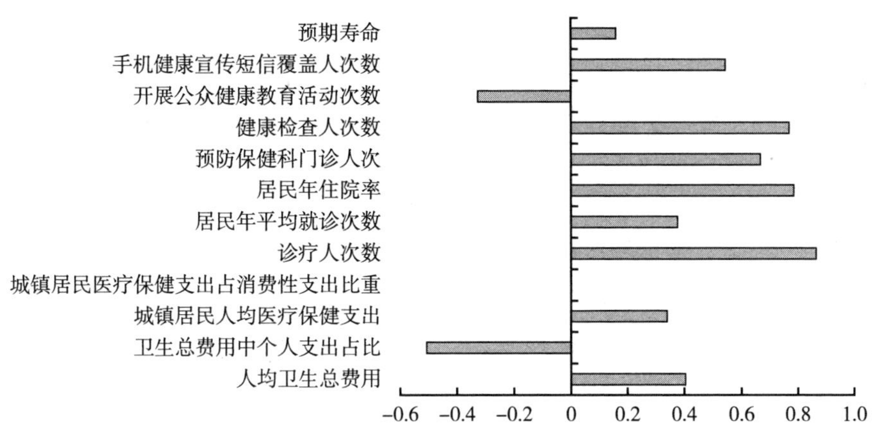

图 3　华北区线上市场影响因素相关系数

个因素呈现弱相关，且开展公众健康教育活动次数和手机健康宣传短信覆盖人次数均为负弱相关，如图 4 所示。

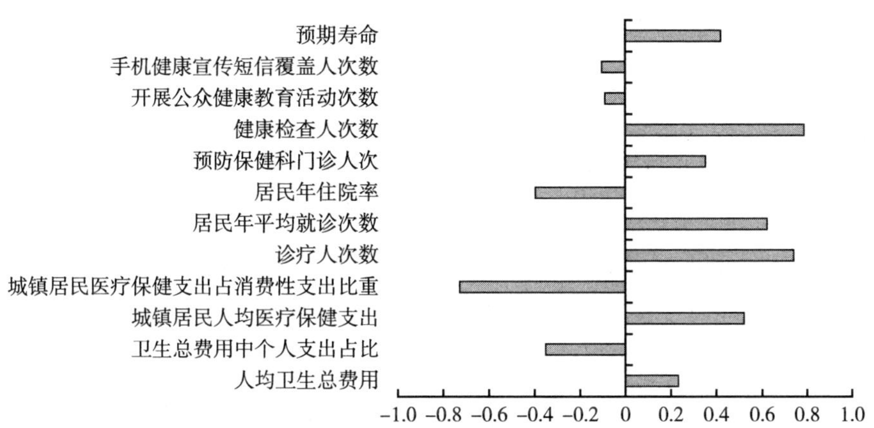

图 4　华东区线上市场影响因素相关系数

4. 华南区

在华南区中，手机健康宣传短信覆盖人次数、开展公众健康教育活动次数、健康检查人次数、预防保健科门诊人次、诊疗人次数和城镇居民人均医疗保健支出等 6 个因素对线上市场具有强相关性；人均卫生总费用、居民年平均就诊次数、预期寿命和城镇居民医疗保健支出占消费性支出比重等 4 个因素对线上市场具有中度相关性，其中的城镇居民医疗保健支出占消费性支出比重因素为负中度相关；卫生总费用中个人支出占比因素的相关程度低；居民年住院率因素为负弱相关，如图 5 所示。

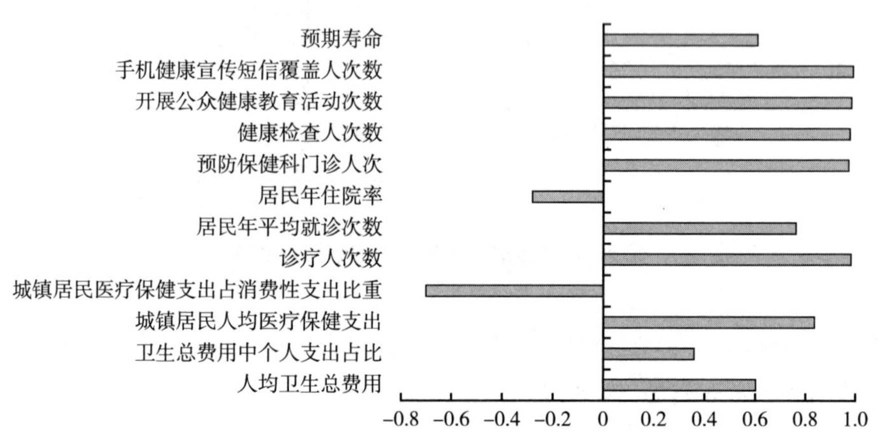

图 5　华南区线上市场影响因素相关系数

5. 华中区

在华中区中，对线上市场具有强相关性的影响因素有 5 个，分别是卫生总费用中个人支出占比、城镇居民医疗保健支出占消费性支出比重、人均卫生总费用、预防保健科门诊人次和手机健康宣传短信覆盖人次数，但其中的人均卫生总费用、预防保健科门诊人次和手机健康宣传短信覆盖人次数等 3 个因素为负强相关；开展公众健康教育活动次数和预期寿命 2 个因素对线上市场具有中度相关性，但预期寿命因素为负中度相关；诊疗人次数和居民年平均就诊次数这 2 个因素表现为低相关，且居民年平均就诊次数因素为负低相关；城镇居民人均医疗保健支出、居民年住院率和健康检查人次数等 3 个影响因素均为弱相关，如图 6 所示。

6. 西北区

在西北区中，诊疗人次数、健康检查人次数和开展公众健康教育活动次数等 3 个影响因素对线上市场具有强相关性；卫生总费用中个人支出占比、

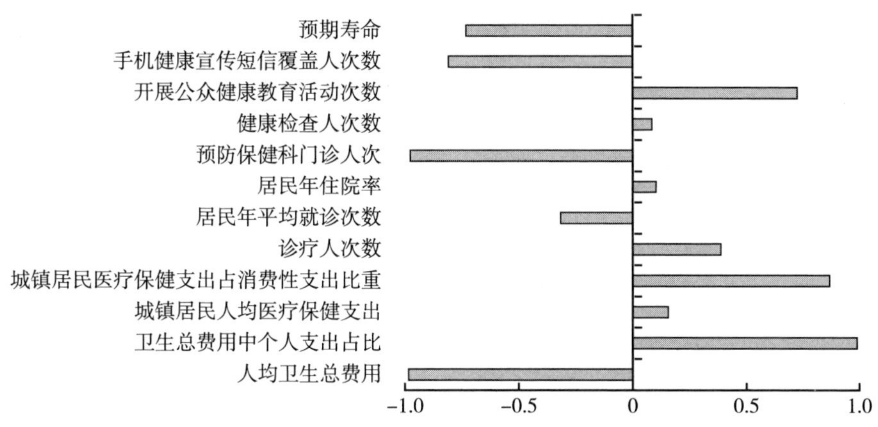

图 6　华中区线上市场影响因素相关系数

城镇居民医疗保健支出占消费性支出比重、预防保健科门诊人次、手机健康宣传短信覆盖人次数、预期寿命、人均卫生总费用、城镇居民人均医疗保健支出和居民年平均就诊次数等 8 个影响因素对线上市场具有中度相关性，但人均卫生总费用、城镇居民人均医疗保健支出和居民年平均就诊次数等 3 个影响因素为负中度相关；居民年住院率影响因素为负弱相关，如图 7 所示。

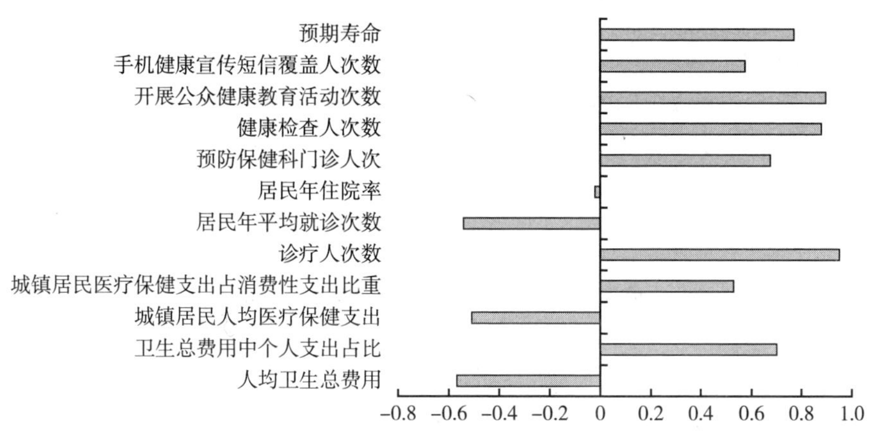

图 7　西北区线上市场影响因素相关系数

7. 西南区

在西南区中，诊疗人次数、健康检查人次数、开展公众健康教育活动次数和居民年平均就诊次数等4个影响因素对线上市场具有强相关性；卫生总费用中个人支出占比、城镇居民医疗保健支出占消费性支出比重、居民年住院率、手机健康宣传短信覆盖人次数和预期寿命等5个影响因素与线上市场中度相关；城镇居民人均医疗保健支出和预防保健科门诊人次等2个因素与线上市场低相关；人均卫生总费用因素呈现负弱相关，如图8所示。

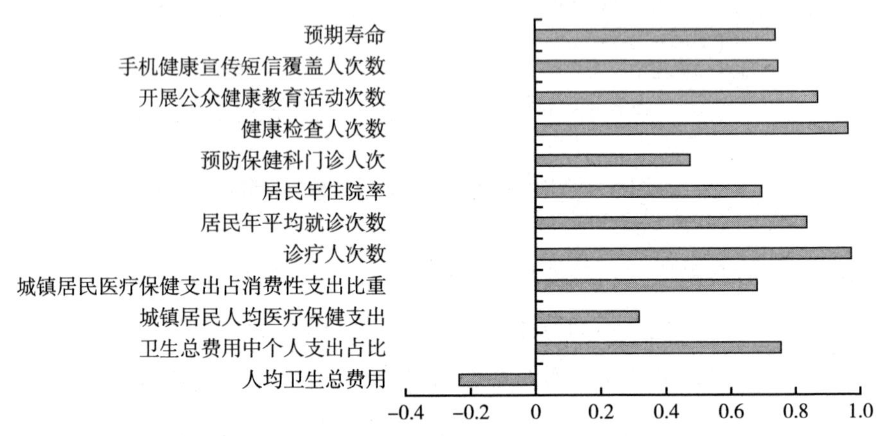

图8　西南区线上市场影响因素相关系数

8. 同一影响因素在不同区域的表现差异

在分析各区域中影响因素的表现后，课题组再进一步考察和分析同一影响因素在不同区域线上市场的表现及其差异。各区域线上市场影响因素相关系数详见表3。

表3　各区域线上市场影响因素相关系数

影响因素	东北区	华北区	华东区	华南区	华中区	西北区	西南区
人均卫生总费用	-0.3543	0.4042	0.2331	0.6014	-0.9845	-0.5680	-0.2354
卫生总费用中个人支出占比	0.9999	-0.5064	-0.3520	0.3577	0.9897	0.7003	0.7545
城镇居民人均医疗保健支出	0.7014	0.3391	0.5202	0.8357	0.1549	-0.5086	0.3166
城镇居民医疗保健支出占消费性支出比重	-0.6286	0	-0.7280	-0.7016	0.8660	0.5296	0.6798
诊疗人次数	0.8086	0.8634	0.7412	0.9821	0.3888	0.9494	0.9723

续表

影响因素	东北区	华北区	华东区	华南区	华中区	西北区	西南区
居民年平均就诊次数	-0.3300	0.3766	0.6217	0.7611	-0.3170	-0.5416	0.8348
居民年住院率	-0.3273	0.7855	-0.3961	-0.2814	0.1014	-0.0204	0.6946
预防保健科门诊人次	0.9999	0.6655	0.3535	0.9723	-0.9757	0.6744	0.4730
健康检查人次数	0.9584	0.7688	0.7864	0.9776	0.0834	0.8778	0.9631
开展公众健康教育活动次数	0.1903	-0.3262	-0.0898	0.9841	0.7258	0.8950	0.8693
手机健康宣传短信覆盖人次数	0.0102	0.5439	-0.1038	0.9906	-0.8087	0.5744	0.7463
预期寿命	0.6212	0.1595	0.4190	0.6082	-0.7313	0.7709	0.7382

（1）人均卫生总费用因素在华南区呈现中度相关；在华北区的相关程度低；在华东区为弱相关；在其他4个区域均为负相关，其中，在华中区为负强相关；在西北区为负中相关，在东北区为负低相关，在西南区为负弱相关。

（2）卫生总费用中个人支出占比因素在东北区和华中区呈现强相关性；在西北区、西南区和华北区表现为中度相关，但在华北区为负中度相关；在华南区和华东区表现为低相关，但在华东区为负低相关。

（3）城镇居民人均医疗保健支出因素在华南区呈现强相关性；在东北区、华东区和西北区呈现中度相关，但在西北区为负中度相关；在华北区和西南区的相关程度低；在华中区为弱相关。

（4）城镇居民医疗保健支出占消费性支出比重因素在华中区呈现强相关性；在西北区和西南区呈中度相关；在东北区、华东区和华南区表现为负中度相关；在华北区为弱相关。

（5）诊疗人次数因素在东北区、华北区、华南区、西北区和西南区均呈现强相关性；在华东区表现为中度相关；在华中区的相关程度低。

（6）居民年平均就诊次数因素在西南区呈现强相关性；在华东区和华南区表现为中度相关；在华北区的相关程度低；在西北区呈负中度相关；在东北区和华中区表现为负低相关。

（7）居民年住院率因素在华北区和西南区呈中度相关；在东北区和华东区表现为负低相关；在华中区表现为弱相关；在华南区和西北区表现为负弱相关。

（8）预防保健科门诊人次因素在东北区、华南区和华中区呈强相关，但在华中区为负强相关；在华北区和西北区呈中度相关；在华东区和西南区的相关程度低。

（9）健康检查人次数因素在东北区、华南区、西北区和西南区等 4 个区均呈强相关；在华北区和华东区表现为中度相关；在华中区为弱相关。

（10）开展公众健康教育活动次数因素在华南区、西北区和西南区呈现强相关性；在华中区表现为中度相关；在华北区为负低相关；在东北区表现为弱相关，在华东区为负弱相关。

（11）手机健康宣传短信覆盖人次数因素在华南区呈强相关，在华中区呈负强相关；在华北区、西北区和西南区表现为中度相关；在东北区为弱相关，在华东区为负弱相关。

（12）预期寿命因素在东北区、华南区、西北区和西南区表现为中度相关；在华中区表现为负中度相关；在华东区的相关程度低；在华北区表现为弱相关。

从上述分析看出，即使是同一影响因素，在不同区域间的影响程度也有显著的差异，参见表 4。

表 4　12 个健康因素对各区域线上市场的影响程度

	东北区	华北区	华东区	华南区	华中区	西北区	西南区
人均卫生总费用	负低	低	弱	中	负强	负中	负弱
卫生总费用中个人支出占比	强	负中	负低	低	强	中	中
城镇居民人均医疗保健支出	中	低	中	强	弱	负中	低
城镇居民医疗保健支出占消费性支出比重	负中	弱	负中	负中	强	中	中
诊疗人次	强	强	中	强	低	强	强
居民年平均就诊次数	负低	低	中	中	负低	负中	强
居民年住院率	负低	中	负低	负弱	弱	负弱	中
预防保健科门诊人次	强	中	低	强	负强	中	低
健康检查人次数	强	中	中	强	弱	强	强
开展公众健康教育活动次数	弱	负低	负弱	强	中	强	强
手机健康宣传短信覆盖人次数	弱	中	负弱	强	负强	中	中
预期寿命	中	弱	低	中	负中	中	中

三 健康因素对线上市场影响的线性回归分析

以下课题组将对各区域中健康因素对线上市场影响进行线性回归分析，基础数据为表 1 数据。

（一）健康因素对全国线上市场影响的回归与拟合优度计算

对 12 个可能影响线上市场的健康因素进行了回归与拟合优度的计算，计算结果见表 5。

表 5　全国线上市场影响因素的线性回归与拟合系数 R^2 计算

影响因素	$y=bx+a$	R^2
人均卫生总费用	$75.503x+5160.4$	0.0138
卫生总费用中个人支出占比	$0.0172x+26.092$	0.0001
城镇居民人均医疗保健支出	$1065.8x+22643$	0.3104
城镇居民医疗保健支出占消费性支出比重	$-0.2975x+9.5983$	0.2640
诊疗人次数	$6\times10^7x+8\times10^7$	0.7556
居民年平均就诊次数	$0.3233x+4.731$	0.2916
居民年住院率	$0.0556x+16.643$	0.0024
预防保健科门诊人次	$18.274x-0.7298$	0.4772
健康检查人次数	$4\times10^6x+4\times10^6$	0.7862
开展公众健康教育活动次数	$475.69x+4633.9$	0.0821
手机健康宣传短信覆盖人次数	$544.55x+1773.2$	0.0884
预期寿命	$0.3404x+76.804$	0.2298

从全国线上市场看，一是拟合程度最高的为健康检查人次数和诊疗人次数这两个影响因素，但拟合优度仅为有一定的拟合程度；二是预防保健科门诊人次影响因素的拟合程度比较差；三是其他影响因素的拟合程度很差。

（二）健康因素对各区域线上市场影响的回归与拟合优度计算

对各区域中12个可能影响线上市场的健康因素进行线性回归与拟合优度的计算，结果见以下诸表。

1. 东北区

表6　东北区影响因素线性回归与拟合系数 R^2 计算

影响因素	$y=bx+a$	R^2
人均卫生总费用	$-195.93x+5373.2$	0.1256
卫生总费用中个人支出占比	$0.795x+28.393$	1.0000
城镇居民人均医疗保健支出	$1613x+19064$	0.4920
城镇居民医疗保健支出占消费性支出比重	$-0.35x+11.7$	0.3952
诊疗人次数	$3\times10^7x+6\times10^7$	0.6538
居民年平均就诊次数	$-0.22x+4.2567$	0.1089
居民年住院率	$-0.1x+14.633$	0.1071
预防保健科门诊人次	$5.75x+3.8667$	1.0000
健康检查人次数	$3\times10^6x+3\times10^6$	0.9186
开展公众健康教育活动次数	$256.5x+1257.7$	0.0362
手机健康宣传短信覆盖人次数	$12.15x+759.43$	0.0001
预期寿命	$0.135x+78.177$	0.3859

在东北区中，卫生总费用中个人支出占比和预防保健科门诊人次这2个影响因素的拟合程度非常好；健康检查人次数影响因素的拟合程度较高；诊疗人次数影响因素的拟合程度一般；城镇居民人均医疗保健支出影响因素的拟合程度比较差；其他影响因素的拟合程度很差。

2. 华北区

表7　华北区影响因素线性回归与拟合系数 R^2 计算

影响因素	$y=bx+a$	R^2
人均卫生总费用	$1532.2x+4376.1$	0.1634
卫生总费用中个人支出占比	$-3.645x+33.095$	0.2564
城镇居民人均医疗保健支出	$2527.8x+24863$	0.1150

续表

影响因素	$y=bx+a$	R^2
城镇居民医疗保健支出占消费性支出比重	8.8	-3×10^{-13}
诊疗人次数	$1\times10^8+2\times10^6$	0.7455
居民年平均就诊次数	$0.89x+5.205$	0.1419
居民年住院率	$1.45x+10.95$	0.6170
预防保健科门诊人次	$21x-12.7$	0.4429
健康检查人次数	$5\times10^6x+896966$	0.5910
开展公众健康教育活动次数	$-1341.5x+6587.5$	0.1064
手机健康宣传短信覆盖人次数	$4325.8x-3373.9$	0.2958
预期寿命	$0.345x+79.085$	0.0255

在华北区中，诊疗人次数影响因素具有一定的拟合程度；居民年住院率影响因素的拟合程度一般；健康检查人次数影响因素可能具有一定的拟合程度；预防保健科门诊人次影响因素的拟合程度比较差；其他影响因素的拟合程度很差。

3. 华东区

表 8　华东区影响因素线性回归与拟合系数 R^2 计算

影响因素	$y=bx+a$	R^2
人均卫生总费用	$173.49x+4680.3$	0.0543
卫生总费用中个人支出占比	$-0.4033x+28.27$	0.1239
城镇居民人均医疗保健支出	$1362.2x+21590$	0.2706
城镇居民医疗保健支出占消费性支出比重	$-0.1771x+8.4307$	0.5300
诊疗人次数	$4\times10^7x+2\times10^8$	0.5494
居民年平均就诊次数	$0.4402x+4.6151$	0.3865
居民年住院率	$-0.1548x+18.299$	0.1569
预防保健科门诊人次	$3.538x+48.297$	0.1250
健康检查人次数	$3\times10^6x+9\times10^6$	0.6185
开展公众健康教育活动次数	$-109.61x+7150.7$	0.0081
手机健康宣传短信覆盖人次数	$-235.72x+5735.1$	0.0108
预期寿命	$0.2235x+77.983$	0.1756

在华东区中，拟合程度最高的影响因素为健康检查人次数，但拟合程度一般；其次为诊疗人次数和城镇居民医疗保健支出占消费性支出比重，这 2 个影响因素可能具有一定的拟合程度；其他影响因素的拟合程度很差。

4. 华南区

表 9　华南区影响因素线性回归与拟合系数 R^2 计算

影响因素	$y=bx+a$	R^2
人均卫生总费用	89. 339+4355. 2	0. 3617
卫生总费用中个人支出占比	0. 1514x+24. 113	0. 1279
城镇居民人均医疗保健支出	896. 05x+22636	0. 6984
城镇居民医疗保健支出占消费性支出比重	−0. 2211x+7. 9056	0. 4922
诊疗人次数	$6\times10^7x+5\times10^7$	0. 9646
居民年平均就诊次数	0. 1118x+5. 1561	0. 5793
居民年住院率	−0. 2067x+16. 233	0. 0792
预防保健科门诊人次	37. 372x−53. 961	0. 9454
健康检查人次数	$6\times10^6x+39262$	0. 9557
开展公众健康教育活动次数	1341x−1712. 5	0. 9684
手机健康宣传短信覆盖人次数	888. 32x−1011	0. 9812
预期寿命	0. 0623x+78. 416	0. 3699

在华南区中，诊疗人次数、预防保健科门诊人次、健康检查人次数、开展公众健康教育活动次数和手机健康宣传短信覆盖人次数等 5 个影响因素的拟合程度较高；城镇居民人均医疗保健支出影响因素的拟合程度一般；居民年平均就诊次数影响因素可能具有一定的拟合程度；城镇居民医疗保健支出占消费性支出比重影响因素的拟合程度比较差；其他影响因素的拟合程度很差。

5. 华中区

表 10　华中区影响因素线性回归与拟合系数 R^2 计算

影响因素	$y=bx+a$	R^2
人均卫生总费用	$-1830.1x+11464$	0.9692
卫生总费用中个人支出占比	$3.535x+15.535$	0.9795
城镇居民人均医疗保健支出	$835.15x+20380$	0.0240
城镇居民医疗保健支出占消费性支出比重	$0.6x+6.6$	0.7500
诊疗人次数	$1\times10^8x-4\times10^6$	0.1511
居民年平均就诊次数	$-0.495x+7.385$	0.1005
居民年住院率	$0.3x+19.9$	0.0103
预防保健科门诊人次	$-121.1x+561.3$	0.9520
健康检查人次数	$685488x+2\times10^7$	0.0070
开展公众健康教育活动次数	$3450x-5167$	0.5267
手机健康宣传短信覆盖人次数	$-9586.9x+46299$	0.6540
预期寿命	$-0.26x+78.78$	0.5348

在华中区中，人均卫生总费用、卫生总费用中个人支出占比和预防保健科门诊人次等 3 个影响因素的拟合程度较高；城镇居民医疗保健支出占消费性支出比重影响因素有一定的拟合程度；手机健康宣传短信覆盖人次数影响因素的拟合程度一般；开展公众健康教育活动次数和预期寿命这 2 个影响因素可能具有一定的拟合程度；其他影响因素的拟合程度很差。

6. 西北区

表 11　西北区影响因素线性回归与拟合系数 R^2 计算

影响因素	$y=bx+a$	R^2
人均卫生总费用	$-581.71x+5742.3$	0.3227
卫生总费用中个人支出占比	$2.1475x+25.319$	0.4905
城镇居民人均医疗保健支出	$-874x+23784$	0.2587

续表

影响因素	$y=bx+a$	R^2
城镇居民医疗保健支出占消费性支出比重	$0.7x+9.7167$	0.2805
诊疗人次数	$6\times10^7x+4\times10^7$	0.9013
居民年平均就诊次数	$-0.3875x+4.9558$	0.2933
居民年住院率	$-0.05x+16.467$	0.0004
预防保健科门诊人次	$21.2x+9.8333$	0.4549
健康检查人次数	$5\times10^6x+4\times10^6$	0.7704
开展公众健康教育活动次数	$6409.5x+3469.3$	0.8011
手机健康宣传短信覆盖人次数	$223.98x+347.58$	0.3299
预期寿命	$1.2925x+74.964$	0.5943

在西北区中，诊疗人次数影响因素的拟合程度较高；开展公众健康教育活动次数影响因素的拟合程度比较好；健康检查人次数影响因素有一定的拟合程度；预期寿命影响因素可能具有一定的拟合程度；卫生总费用中个人支出占比和预防保健科门诊人次这 2 个影响因素的拟合程度比较差；其他影响因素的拟合程度很差。

7. 西南区

表 12　西南区影响因素线性回归与拟合系数 R^2 计算

影响因素	$y=bx+a$	R^2
人均卫生总费用	$-120.46x+4889.6$	0.0554
卫生总费用中个人支出占比	$4.5336x+14.665$	0.5693
城镇居民人均医疗保健支出	$472.83x+23485$	0.1002
城镇居民医疗保健支出占消费性支出比重	$0.9432x+6.3023$	0.4621
诊疗人次数	$1\times10^8x+2\times10^7$	0.9454
居民年平均就诊次数	$0.6357x+4.3198$	0.6969
居民年住院率	$2.7818x+14.373$	0.4825
预防保健科门诊人次	$5.1841x+18.789$	0.2237
健康检查人次数	$8\times10^6x+1\times10^6$	0.9276
开展公众健康教育活动次数	$3105.1x+426.64$	0.7557
手机健康宣传短信覆盖人次数	$1189.7x-63.57$	0.5570
预期寿命	$1.3127x+73.189$	0.5449

在西南区中，诊疗人次数和健康检查人次数等 2 个影响因素的拟合程度较高；开展公众健康教育活动次数影响因素可能具有一定的拟合程度；居民年平均就诊次数影响因素的拟合程度一般；卫生总费用中个人支出占比、手机健康宣传短信覆盖人次数和预期寿命等 3 个影响因素可能具有一定的拟合程度；城镇居民医疗保健支出占消费性支出比重和居民年住院率这 2 个影响因素的拟合程度比较差；其他影响因素的拟合程度很差。

（三）同一影响因素在不同区域线性回归表现的比较

在对各区域内线上市场影响因素回归的拟合优度分析后，再对同一影响因素在不同区域线性回归的拟合优度进行横向的比较分析。

各区域线性回归的拟合系数 R^2 及拟合优度的判断见表 13。

表 13　各区线性回归的拟合优度

影响因素	东北区	华北区	华东区	华南区	华中区	西北区	西南区
人均卫生总费用	0. 1256	0. 1634	0. 0543	0. 3617	0. 9692	0. 3227	0. 0554
卫生总费用中个人支出占比	1. 0000	0. 2564	0. 1239	0. 1279	0. 9795	0. 4905	0. 5693
城镇居民人均医疗保健支出	0. 4920	0. 1150	0. 2706	0. 6984	0. 0240	0. 2587	0. 1002
城镇居民医疗保健支出占消费性支出比重	0. 3952	-3E-13	0. 5300	0. 4922	0. 7500	0. 2805	0. 4621
诊疗人次数	0. 6538	0. 7455	0. 5494	0. 9646	0. 1511	0. 9013	0. 9454
居民年平均就诊次数	0. 1089	0. 1419	0. 3865	0. 5793	0. 1005	0. 2933	0. 6969
居民年住院率	0. 1071	0. 6170	0. 1569	0. 0792	0. 0103	0. 0004	0. 4825
预防保健科门诊人次	1. 0000	0. 4429	0. 1250	0. 9454	0. 9520	0. 4549	0. 2237
健康检查人次数	0. 9186	0. 5910	0. 6185	0. 9557	0. 0070	0. 7704	0. 9276
开展公众健康教育活动次数	0. 0362	0. 1064	0. 0081	0. 9684	0. 5267	0. 8011	0. 7557
手机健康宣传短信覆盖人次数	0. 0001	0. 2958	0. 0108	0. 9812	0. 6540	0. 3299	0. 5570
预期寿命	0. 3859	0. 0255	0. 1756	0. 3699	0. 5348	0. 5943	0. 5449

表 13 显示结果如下。

（1）人均卫生总费用影响因素的拟合优度显示，仅在华中区的拟合程度较高，在其他 6 个区的拟合程度都很差。

（2）卫生总费用中个人支出占比影响因素的拟合优度显示，在东北区的拟合程度非常好；在华中区的拟合程度较高；在西南区可能有一定的拟合程度；在西北区的拟合程度比较差；在其他区的拟合程度很差。

（3）城镇居民人均医疗保健支出影响因素的拟合优度显示，在华南区的拟合程度一般；在东北区的拟合程度比较差；在其他 5 个区域的拟合程度都很差。

（4）城镇居民医疗保健支出占消费性支出比重影响因素的拟合优度显示，在华中区有一定的拟合程度；在华东区可能有一定的拟合程度；在华南区和西南区的拟合程度比较差；在其他区的拟合程度很差。

（5）诊疗人次数影响因素的拟合优度显示，在华南区、西北区和西南区的拟合程度比较高；在华北区有一定的拟合程度；在东北区的拟合程度一般；在华东区可能有一定的拟合程度；在华中区的拟合程度很差。

（6）居民年平均就诊次数影响因素的拟合优度显示，在西南区的拟合程度一般；在华南区可能有一定的拟合程度；在其他区的拟合程度都很差。

（7）居民年住院率影响因素的拟合优度显示，在华北区的拟合程度一般；在西南区的拟合程度比较差；在其他区的拟合程度很差。

（8）预防保健科门诊人次影响因素的拟合优度显示，在东北区的拟合程度非常好；在华南区和华中区的拟合程度较高；在华北区和西北区的拟合程度比较差；在华东区和西南区的拟合程度很差。

（9）健康检查人次数影响因素的拟合优度显示，在东北区、华南区和西南区的拟合程度较高；在西北区有一定的拟合程度；在华东区的拟合程度一般；在华北区可能有一定的拟合程度；在华中区的拟合程度很差。

（10）开展公众健康教育活动次数影响因素的拟合优度显示，在华南区的拟合程度较高；在西北区的拟合程度比较好；在西南区有一定的拟合程度；在华中区可能有一定的拟合程度；在东北区、华北区和华东区的拟合程度很差。

（11）手机健康宣传短信覆盖人次数影响因素的拟合优度显示，在华南区的拟合程度较高；在华中区的拟合程度一般；在西南区可能有一定的拟合程度；在其他区的拟合程度很差。

（12）预期寿命影响因素的拟合优度显示，在华中区、西北区和西南区可能有一定的拟合程度；在其他区的拟合程度很差。

由此可见，这些影响因素在不同区域的线性回归具有不同的表现，参见表 14。

表 14　各区线性回归的拟合优度

	东北区	华北区	华东区	华南区	华中区	西北区	西南区
人均卫生总费用	很差	很差	很差	很差	较高	很差	很差
卫生总费用中个人支出占比	非常好	很差	很差	很差	较高	比较差	可能有
城镇居民人均医疗保健支出	比较差	很差	很差	一般	很差	很差	很差
城镇居民医疗保健支出占消费性支出比重	很差	很差	可能有	比较差	有一定	很差	比较差
诊疗人次数	一般	有一定	可能有	较高	很差	较高	较高
居民年平均就诊次数	很差	很差	很差	可能有	很差	很差	一般
居民年住院率	很差	一般	很差	很差	很差	很差	比较差
预防保健科门诊人次	非常好	比较差	很差	较高	较高	比较差	很差
健康检查人次数	较高	可能有	一般	较高	很差	有一定	较高
开展公众健康教育活动次数	很差	很差	很差	较高	可能有	比较好	有一定
手机健康宣传短信覆盖人次数	很差	很差	很差	较高	一般	很差	可能有
预期寿命	很差	很差	很差	很差	可能有	可能有	可能有

企业篇

B.16 保健食品企业"尚德守法、诚实守信"的文化建设

刘光明　高 静*

摘　要： 近年来，保健食品产业和对保健食品的监管发生了巨大的变化，企业面临着更多的机遇和更严峻的挑战。一方面，我国保健食品市场还存在数量的不公正公平、不诚信交易和散播虚假信息等现象，严重影响了市场稳定秩序，国家监管部门对此采取了更加严格的管控制度，并通过"百日行动"严惩保健食品市场乱象。另一方面，保健食品行业深陷信任危机，消费者和市场对保健食品产生怀疑，保健食品信誉度断崖式下跌，市场秩序虽然暂时得到缓和，但根本问题尚未得到解决。可持续才是企业发展的新动力和新目标，保健食品企业努力提升自我道德素养，鼓励和支持保健食品行业的稳健发展成为当务之急。

关键词： 保健食品　道德素养　诚信交易

* 刘光明，中国社会科学院工业经济研究所研究员；高静，牛津大学博士。

综观国内外优秀企业或世界500强企业，不难发现，越是靠近排名前端的企业，其企业文化体系越全面。一个企业的兴盛和持续发展离不开文化的力量，打造一个适合企业自身发展的文化体系是企业发展壮大的基础，保健食品产业要稳健长远发展必须以完善、有效的文化体系作为支撑。企业文化并不是一成不变的，它会随着时代更迭和市场需求变化而变化，重新对企业提出新的思想和行为要求，帮助企业过渡、转型和改革。要建立并确立起保健食品企业的文化自信，就必须让更多的群体正确认识保健食品。企业与消费群体之间要建立良好的沟通桥梁。打造保健食品企业文化包括三个板块：一是企业的价值观；二是企业的品牌建设；三是企业的党建工作。保健食品企业必须尤其要注重强调品牌的重塑和影响力。保健食品企业伦理体系的构建是保健食品产业管理体制的一次提升和变革，它将整合原有的文化体系而建立新生理念，强调的是保健食品产业与社会的关系，关注的是消费者的权益，明确的是企业健康、持续的发展规划，引导和推进保健领域所有的公司自觉自愿履行社会责任，守法、诚信经营，同时，也推进保健食品企业关注产品的质量和生态健康，增强企业的社会责任感和使命感。

一　保健食品企业践行“尚仁厚德”观

尚仁厚德，力求至善，修身自新，创造社会新型企业，革新企业制度，打造文化体系等都是保健食品企业义不容辞的责任。“至善”是最高价值理想，保健食品企业任重而道远。保健食品企业的每一个社会成员都应该“知其所止”，明确自己的社会地位和所扮演的角色，按照伦理道德要求，积极承担相应的道德责任和义务，不断提高自身素养，达到并保持着能够驱动自己完成这些责任和义务的积极心态及精神境界。

保健食品产业要“崇”符合“仁”的思想的“德”，就要积极向“诚和信”靠拢，主动去做符合“仁”的事，诚实守信，从仁义出发，就能不断提高自身的道德修养。坚定的道德意志和恒心，使企业在面临经济诱惑、违背企业责任时，敢于说不。诚信问题导致曾经多年辉煌的老店一夜颓败，这正是企业缺乏“尚德”的表现，没有形成对“德”的理性肯定和行为方式，对内没有严格自我提升和约束，企业在一个盲目自信和缺乏理性道德的环境中生存和发展，就会逐步偏离正确的发展观。

1. 仁爱正义

保健食品企业对传统文化中“仁”的理解，应该就是施大爱、保健康，企业与消费者、市场之间达成互帮互助的同一理念。“仁”的核心理念运用到保健食品企业中，就是希望企业与内外部建立和谐统一的关系，实现企业与个人、社会和环境的统一协调发展。保健食品企业的根本宗旨是通过有效的产品来调节人们的身体，提供缺失的营养因子，打造平衡的身体机理，提高整个人类的身体健康水平。以“仁”（人）为本，保健食品企业要将员工、消费者等利益相关者的利益与企业发展紧密联系在一起，尽最大可能满足各方的需求，积极为他们造福祉、谋福利，实现保健食品企业真正的价值。保健食品企业善用“仁”文化，落实到企业经营活动中，就是建立正确的企业价值观，运用文化的力量来约束企业的经营行为，塑造企业的经营理念，滋养员工的心灵，提高企业的整体素养，以“仁”促进保健食品产业的发展，树立企业品牌。

2. 利己利他

利己是任何一个企业进步和发展的内在驱动力，只有真正实现了“利己”，才能确保利他行为的真善意，而不是夹杂着某种意图的伪善，然而这个先“利己”行为不能以牺牲别人利益为代价。

以利己作为保健食品企业经营初心，以利他作为企业经营使命，将利己和利他融合，使其发挥最大价值，便是保健食品企业的大德，是企业实现长久兴盛的大智慧。基于伦理道德，保健食品企业善用经营利己利他哲学——“自利则生，利他则久”，通过提高自我内在修养达到利己，通过外在实用来实现利他，不仅完成保健食品企业的既定发展目标，实现经济利润，同时还能综合考虑员工、消费者、周边社区，乃至国家的发展需求，实现共同发展。

3. 和谐至善

保健食品企业将“和”作为企业经营的核心思想，以和为贵，和合而生，“和”文化是一种态度，企业在追求经济发展的同时，要有平和、稳定的心态。反之，保健食品企业不能为了求和，降低自身的道德底线，丧失企业的独特格局，偏离企业自身的核心价值观，不能人云亦云。保健食品企业不仅要吸收外在不同的思想观念，还要保留自身独特的思想。保健食品企业应以万物和谐发展，事事融会贯通，遵循天地自然法则，打造企业与员工、消费者和社会正确的和谐发展观，顺应万物共同“和合”协调发展理念，实现共同富裕为发展目标，只有这样才能真正实现企业的和谐发展。

二　保健食品企业践行“遵纪守法”观

一个企业对于员工、股东来说，是大我；对于社会、国家来说，是小我。保健食品企业推崇企业文化，就是要求企业在经营活动中，落实正确的经营发展观，完成“小我”，实现国家“大我”。

1. 廉洁自律

保健食品企业树立“清正廉洁”的自律观，必须从领导自身开始，严以律己，全方面提高自身素养，给员工和业内人士率先做好榜样，这样才能获得员工和合作者的信服和忠诚，只有领导带头以身作则，这一文化价值观才能更好地在企业上下贯通，企业才能实施更有效的管理。

2. 公平公正

严格遵循公平公正的行事原则体现在企业内部管理上，就是确保招聘、晋升、激励等环节的公开透明，增强企业凝聚力，充分调动内部员工、合伙人的积极性，提高自我开发和自主创新能力，营造一个团结友爱、积极向上的组织氛围。

3. 社会责任

保健食品企业寻求持续长久发展，就要善于处理义和利两者的关系，遵循义利统一的管理原则，把“义”（消费者、社会和国家利益）作为企业发展的行为道德标准，把“利”（企业利益）作为企业发展的内在驱动力。从长远、发展眼光来说，践行社会责任与获得企业经济效益是正相关关系，是企业可持续发展的必备条件。

三 保健食品企业践行“真诚实在”观

保健食品企业应将先进的质量安全文化理念运用到食品安全管理中，结合社会合理分配的资源，在生产加工的每一个环节设定门槛标准，确保保健食品企业的研发、生产、销售的全过程安全规范，完善企业经营行为，保障消费者的人身安全，维护消费者的健康，确保食品安全进入市场，对整个保健食品产业起到积极的作用。

1. 踏实务实

提高企业自身道德素养，强化企业生产和经营的责任与义务成为一个必然要求，从强化企业自身责任和道德思想着手，杜绝一切虚假信息，踏实务实，使企业自觉生产符合健康标准的高质量保健食品。完善的监管制度和文化体系，不仅有助于合理地把控好每一个环节，还能在制度激励和奖惩方面产生良好的效果，从而促进整个企业的良性发展。一套完善的文化体系，再搭配上精心设计的监管制度，能够帮助企业形成自觉性，让企业主动承担责任和义务，同时也会带动整个生产链进入良好发展模式，大大提高整个行业的道德素养，减少市场混乱现象。要树立正确的质量安全观，追求卓越精神，践行踏实务实行为观，不断强化企业管控的标准化和制度化，打造一套健康积极向上的企业文化体系。

2. 自主创新

保健食品企业要对国内外先进制度、管理经验进行深度研究，引入适合企业自身发展的管理模式和经验，激发企业的积极性和创造性，不断完善和充实自身，弥补自身不足，形成良性循环发展，带动整个产业走向健康、规范的发展道路。保健食品企业善用智慧，源源不断地创新思想是企业拥有持续核心竞争力的法宝，使企业在激烈竞争环境下永葆活力、长久兴盛。超前的技术优势和技术创新，是企业提高核心竞争力的重要来源。

3. 质量第一

高品质是企业生存和发展的生命线，尤其对于食品行业，产品质量直接关系着消费群众的人身安全，因此，保健食品企业必须将保证质量作为企业发展的重中之重，打造全面的质量管理系统，确保每一个环节安全，在满足消费者各种需求的同时，承担相应的责任，并且通过提升企业的整体质量和效益，带动整个保健食品产业链进入高品质、良性的发展道路。

四　保健食品企业践行“恪守信约”观

1. 契约精神

保健食品企业应该培育正确的契约观，具有约束性和自觉性，遵循公平公正、守时守信、履行承诺的精神，其约束性体现在双方利益方面，任何一方都不可能完全获取利益，总要遵守相应的条件，换取其他的资源或利益；自觉性主要体现在内在交易原则，双方完全出自自愿原则，不存在威胁和胁迫，在双方一致认可的情况下履行合同事项。保健食品企业通过良好的契约关系，实现“协作竞争、结盟取胜、共赢多赢”的模式，是一种适应新时代需求的领先战略。

2. 言行一致

保健食品企业一旦形成有始有终、言行一致的文化价值观，会吸引更多的投资者和合作者。无论利益大小，无论输赢，始终秉着诚实守信的原则，以实现多方共同发展和赢利为出发点，使员工、股东、供应商、经销商、合作伙伴、消费者等相关利益者形成命运共同体，在追求企业价值的同时，积极挖掘各方利益增长点，是保健食品企业“言行一致、知行合一”思想的高度体现，也是企业快速发展壮大的途径。

3. 团结共赢

保健食品企业无论是面对消费者、员工，还是面对供应商等合作者，必须树立绝对的合作权威。企业树立“诚实守信”的合作精神，以真实、不欺骗和守信用的态度协调内外部的各种关系，不仅能增强企业凝聚力，还能获得企业外部市场的认可、消费群体的青睐和合作伙伴的信任，有助于提高企业信誉、提升品牌影响力。

参考文献

刘光明：《诚信：企业品格的力量》，经济管理出版社，2006。

刘光明：《诚信决定命运：驰骋职场的秘诀》，经济管理出版社，2009。

董培智、王子龙、申国华等：《对中西部省份保健食品生产企业监管的建议》，《中国食品药品监管》2019 年第 1 期。

王志钢、刘彬、于春媛等：《2013-2017 年北京市保健食品企业标准备案情况分析及政策建议》，《中国食品药品监管》2019 年第 2 期。

王慧、尹译、朱炯等：《美国保健食品监管及标准现状》，《食品安全质量检测学报》2019 年第 1 期。

沙世城：《我国保健食品监管制度发展沿革及思考》，《食品界》2019 年第 2 期。

左锐、马晓娟、李玉洁：《企业诚信文化、内部控制与创新效率》，《统计与决策》2020 年第 9 期。

唐玮、蔡文婧、崔也光：《“诚信”文化与企业创新》，《科研管理》2020 年第 4 期。

刘鹏：《企业如何加强诚信建设》，《企业管理》2020 年第 3 期。

B.17
保健食品行业品牌与舆情研究

董国用*

摘　要：　保健食品品牌在逆势中成长，集中度进一步提高，一些区域品牌也成功成长为全国性品牌，互联网品牌成为新兴力量，部分小品种也长出了大品牌。未来，保健食品品牌需要具备五大要素：品牌基因突出，品牌与众不同；品牌科研先导，品牌科技感足；产品突出且产业链合理，具备品类领先优势；品牌理念领先，品牌可视可感；优势渠道具备相对优势，全渠道力相对平衡。根据课题组的监测统计，2023 年保健食品舆情数量仅占食品舆情数量的 1.68%左右。监测发现，微信是保健食品舆情的主要平台，舆情数量远高于处于第二和第三位的网页和客户端。保健食品正面信息占 4.74%，负面信息占 14.19%，负面信息占比是正面信息占比的 2 倍左右，表明媒体、受众对保健食品的负面评价明显多于正面，也高于食品。

关键词：　保健食品　品牌基因　互联网品牌　可视感

一　保健食品品牌研究

保健食品行业是顺势而生、逆势而长的行业。在复杂的成长环境中，保健食品行业品牌成长也受多元因素洗涤，呈现多种矛盾的表达：消费者选购时强烈的品牌需求与品牌抗拒；企业成长中品牌着力培育与品牌自我放弃；管制力量的品牌引导与品牌压抑；品牌成长的多元构建与极简思维。一方

* 董国用，中国社会科学院食品药品产业发展与监管研究中心“中国保健食品产业发展研究”课题组副组长、“中国食品品牌与舆情管理研究”课题组组长。

面，保健食品品牌正在形成；另一方面，保健食品品牌和品牌群的力量，均有待继续强化。

（一）我国保健食品品牌五大基本特点

1. 保健食品品牌艰难形成

品牌是衡量行业成熟度的重要因素。品牌成熟度、企业集中度的提高，是双向奔赴的结果。行业和龙头企业通过品牌，实现竞争优势、商业溢价和消费忠诚；消费者通过品牌实现品质保证、简单识别和价值区隔。保健食品行业经过近30年发展形成了独特的保健食品品牌的特色路径：品牌一边形成、一边消解；消费者一边寻求购买、一边疑心重重。

（1）保健食品品牌正在形成

在传统渠道中，品牌价值覆盖力量强大，因此，企业千方百计修筑品牌“护城河”。汤臣倍健、碧生源、同仁堂等通过自有或传播形成的品牌力，形成了比较充分的品牌认知，有的品牌甚至一度能覆盖全国70%以上的终端药店。一项数据显示，在地级市以上城市的零售药店中，截至2021年，保健食品销售额企稳在185亿元，虽然与2016年的186亿元基本相当，但品牌集中度却进一步提高，表现在以下五个方面。

一是亿元单品数量大增：亿元以上的单品从2016年的18个增加到2021年的30个，增长了66.7%，表明“爆品”品种持续增加。

二是亿元单品销售额大增：亿元以上单品总收入从2016年的约43亿元增长到2021年的79亿元，增长了83.7%。

三是亿元单品销售额占比大增：亿元单品在线下药店渠道的销售额占比则从2016年的23.1%增长到2021年的42.7%，增幅明显。

四是亿元单品与小品种存量此消彼长：2016~2021年，在销售总额没有增量甚至略有下降的情况下，亿元单品销售额大涨，占领的是其他品牌的存量市场，集中度大幅提高。

五是领先品牌继续扩大领先优势：2021年，汤臣倍健亿元以上的单品有12个，比2016年增加了3个。销售额排名前三的单品也均被汤臣倍健收入囊中，分别为氨糖软骨素钙片、蛋白粉、R 钙维生素 D 维生素 K 软胶囊，销售额分别为 12.59 亿元、10.38 亿元、5.02 亿元。汤臣倍健的药店渠道销售额占该渠道销售额的 31%以上。

其他如仙乐、养生堂、艾兰德、碧生源等，也成为线下渠道的重要力量，共同构成线下渠道的第一方阵品牌。

事实上，2018 年，药店渠道保健食品销售额已超过 200 亿元，达 208 亿元。

（2）保健食品品牌形成中步履艰难

在保健食品品牌形成过程中，诸多制约因素导致其过程注定艰辛。一些品牌核心产品的市场老化，有的甚至还在以 20 年前的产品原封不动地打市场，成为品牌可持续发展的制约因素。在新兴的消费场景，如抖音、快手等新电商平台，对保健食品的“风险”管控，导致保健食品的平台销售权得不到稳定保障，品牌发展预期不确定，这既是品牌力量不足以引领行业发展的表现，也是品牌难以良好生长的环境要素。

2. 保健食品品牌集中与分散的矛盾

在保健食品品牌形成过程中，品牌表现出明显的集中态势。在传统渠道、直销、会议营销等保健食品通路的“三驾马车”中，传统渠道品牌集中度进一步提高，领先品牌的市场占有率明显提升；直销因为其自身的严格准入流程和较高的准入门槛，以及对品牌的市场管理能力的较高要求，良性经营的直销企业均有天然的品牌高地。商务部直销行业管理平台网站信息显示，截至 2023 年 2 月，合规的直销企业仅 89 家。加上部分获牌但未实质经营的企业，真正健康运营的企业更少。因此，直销特别是直销龙头企业，其品牌集中度较高，并在近 20 年的规范管理中进一步增强。会议营销企业相对“小、散、乱”，品牌度差，品牌力弱。

保健食品品牌自身的基因在逐渐弱化。所谓品牌基因，即品牌与其他品牌的差异、品牌个性，品牌基因是品牌的核心价值，也是品牌识别的核心信息，是品牌的核心资产、品牌的“护城河”。在保健食品发展的早期，品牌的品类属性和产品属性相当清晰、区隔明显。如汤臣倍健的膳食补充剂，隆力奇的蛇类产品，碧生源的润肠茶等，形成各自显著的品牌基因和识别系统，但随着品牌成长、渠道“高速公路”建成，品牌企业均逐渐形成“路宽多跑车”的格局，直销企业在保持或部分保持核心品类的基础上，都先后向全产品系进发。2016年，商务部、国家工商总局联合发布《关于直销产品范围的公告》，商务部又据此发布《直销产品类别及生产指引（试行）》，直销企业的产品共有6类：保健食品、化妆品、保洁用品、保健器材、小型厨具、家用电器。商务部直销行业管理平台网站信息显示，目前，绝大多数直销企业都是多品类运行。

至此，各企业的产品趋同趋势明显、同质化严重，导致品牌基因区隔弱化、辨识度降低，品牌基因逐渐消解。简言之，保健食品企业特别是直销企业都长得越来越像。从直接的商业逻辑上看，这种转变是无可厚非的，甚至是必然的，因为一方面，庞大的直销队伍需要更多的产品实现渠道价值转化；而另一方面，消费者的多维需求也希望“一站式”满足。

但反过来看，要获得消费者的长期品牌信任，需要品牌力量，而力量来自独特的品牌IP。品牌需要给消费者带来的价值是：产品品质、科技含量、品牌自信。比如，汤臣倍健通过透明工厂带给消费者信任；很多优秀品牌在“百日行动”等之后依然健康屹立，本身就是品牌力的最好证明。

如果说保健食品行业最初的品牌信仰是依靠各自单一的产品线的天然区隔；那么，经过20多年曲折螺旋式发展后，从产品到品类再到品牌的大逻辑线看，靠单一产品信仰来维持品牌力已经落伍了。但产品线丰富又趋同的事实又实质弱化了品牌区隔。如何重构品牌生态？抢先建成优势品牌？答案是，品牌升级，形成高维的品牌内涵、打造高维的品牌形象，这样才能让品牌在市场上形成降维覆盖优势。一些品牌已经尝试并取得一定成果，例如，汤臣倍健一度提出跨越产品的“取自全球，健康全家”的口号，在此基础上，先后对精准营养、营养探索、营养与抗衰老等进行品牌化拔高，以“科学营养”为品牌核心战略，形成了端正、从容、深植的品牌画像。如果在此基础上，在品牌穿透力上更进一步，其品牌或有更大的想象空间。无限极将中华养生作为其品牌的长期主义，是品牌从产品向理念升级的优秀案例。其产品和品牌的融合度也非常充分。在其产品和理念之间，如果建设起更清晰、强大的品类，这个从产品到品类再到理念的循环，也将更具竞争力。

3. 一些区域品牌成长为全国性品牌

寿仙谷作为浙江的区域性老字号品牌，及时搭乘移动互联的“班车”，通过互联网渠道的持续增长，品牌从区域性品牌向全国性品牌演进，并通过互联网形成较大的品牌溢出效应。

4. 保健食品互联网品牌质量参差不齐

保健食品品牌呈现线上线下双线运行特征。

从京东天猫到抖音、快手、小红书，电商也从传统电商走进所谓新电商。所谓互联网品牌，是指在互联网时代新生的、依靠互联网平台和技术生长起来的新品牌。在以新消费为外衣的互联网品牌中，保健食品品牌也占据一席之地。

广义的互联网品牌，也包括依靠互联网焕发新生命力的传统品牌。一些传统品牌通过进军线上，形成新的影响力，形成新的互联网品牌，如碧生源、修正药业、仁和药业、白云山等也积极参与，并获得品牌的新生命力。

在互联网品牌中，修正药业等传统药品企业，发力保健食品领域，但由于毒胶囊事件、领导人危机、“万物皆可贴”贴牌事件等，其品牌伤痕不断，在一定程度上制约了品牌良性发展。此外，一些企业构建互联网品牌，却并不完全倾向于销售，也将其作为宣传、融资的平台和收集消费者信息、建立私域流量池的工具。

消费者对互联网消费规范程度的认可度有待继续提高。中国消费者协会2022年消费调查结果显示，近七成受访者对国内消费环境总体表示放心，约六成受访者对国内互联网经济发展规范程度表示认可，表明消费者对消费环境的评价总体尚可，但对线上经营的品牌的信任度低于对线下经营的品牌的信任度。

5. 小品种长出大品牌是保健食品品牌成长的标志

自1996年以来获注册审批通过的1万多个保健食品产品中，功能主要集中在免疫调节、辅助降血脂、抗疲劳、抗氧化等的约占总量的50%。市场上的保健食品功能品类，除了补充维生素、矿物质的产品外，增加骨密度、调节肠道菌群、免疫调节等保健食品功能品类数量相对领先；而通便、减肥、改善睡眠等保健食品功能品类则与辅助降血脂等保健食品功能品类形成第三梯队。

看似小品种的保健功能产品，长成大品种，长出大品牌，是保健食品需求精准化、市场消费化的标志之一。

总体上看，我国保健食品品牌发展处于以下三个阶段：一批品牌已经经过快速成长，具有较强的品牌影响力和生长力，在各自领域持续领先，如以汤臣倍健为代表的全渠道品牌，以无限极等为代表的直销品牌等，已经开始形成具有清晰辨识度的品牌群落；一批保健食品品牌正在成长，已经得到部分市场认可，对企业发展、市场增长起到了明显的推动和升级作用；我们也看到，有的一度快速发展的品牌，也出于各种原因走向没落；此外，互联网品牌尽管增长较快，但对企业发展、市场增长、消费者培育等的效应，仍待观察。当然，目前领先的品牌是否有足够的可持续能力也有待时间核验。

（二）进一步构建和完善保健食品品牌的五大要求

保健食品行业品牌的成长，既有品牌成长的共性要求，也有保健食品作为特殊食品、特殊快消品的独立特性。综合来看，要构建成功的保健食品品牌，建议如下。

1. 品牌基因突出，品牌与众不同

品牌的核心要义是与众不同。一模一样的品牌，不是品牌，不具有品牌力。品牌必须有凝练的特性，与竞品区隔越强，特点越充分，越有成长机会。也因此，品牌是有山头属性的，需要“占山为王”，然后将山头价值做足。有时候，在竞争激烈的红海市场，没有优秀的山头资源，还需要自己“另起山头”，创造新的品类。总之，在品牌竞争中，必须建立品牌的独特识别系统，才能在从单一产品认知向品类认知、品牌认知的进化中，立于不败，如从某一种中药类保健食品到传统中医养生品牌，从减肥茶到体重管理再到体重管理服务品牌。

突出品牌基因有两个需要回避的误区：一是多品类一品牌，所有品类或多种品类集中于一个品牌之下，品牌基因难以提炼，更难以区隔；二是一产品一品牌，认为品牌是单一产品的品牌，单一产品信仰时代已过，因此，单一产品哺育品牌，很难营养充分、健康成长。随着保健食品产业成熟、纵深发展，品牌是品类的品牌，是单一品类、多产品的品牌。

2. 品牌科研先导，品牌科技感足

科技是品牌支撑。在品牌价值、品牌基因中，科技都是核心支撑。外化的品牌形象，都需要以科技为核的品牌基因表达；外界的品牌认知，需要以科技为区隔的品牌识别；外部的品牌认可，需要以科技为发动的品牌力量。

没有科技作支撑的品牌，是伪品牌，也必不能持续领先。规模、价格不是终极竞争力，不是品牌的核心；科技是终极竞争力，是品牌的核心。

当然，科研是品牌核心，不是品牌的装饰。不能为品牌而科研，而是心有科研；因为科研，所以品牌。也就是，必须扎扎实实地进行科研和创新工作，实现创新价值，自然而然地为品牌赋能。

3. 产品突出，产业链合理，具备品类领先优势

品牌的核心产品，可能是品牌最初打江山时的“神兵利器”，是品牌最初的主要贡献者。虽然靠单品已经不足以支撑成就品牌，但继续发挥优势产品的品牌支撑作用，还是新时期保健食品品牌的应有之义。但保健食品监管政策明确，所有保健食品无法适时优化——工艺或原料等的任何实质微调都需要重走审批流程，重走审批流程又是相对复杂、耗时、较大投入、充满风险的旅程。

同一体系，多品联动，形成集合优势，是品牌发展的第二条必由之路。这既是让某一领域的科研成果在品牌里错落有致地开花结果，实现价值复制；也是增强品牌力的重要手法。

但是，同一体系的多品联动不是品牌的泛化。如前所述，不同体系的产品，如果是弱势体系的产品，可以将其弱化为货架产品，模糊化其形象，仅作为商业的必需，不作为品牌的贡献者。如果有多个强势体系的产品，则需分别建立不同品牌，对应不同体系产品，即子品牌。品牌不宜承载过于复杂的内涵体系，复杂的品牌内涵和体系是品牌“84”，容易将品牌浸染得面目全非。

4. 品牌理念领先，品牌可视可感

保健食品是具有保健功能的特殊食品，因此，其既要有食品共有的安全属性，也要有保健食品独特的功能属性。因此，在安全性和功能性上均需要有充分的信息表达。特别是，向消费者传递的品牌信息必须理念先进，更必须生动具体。价值表达和价值承诺需要可视可感。

近年来，我国居民的健康素养大幅提高。2008 年，我国居民健康素养水平仅为 6.48%；到了 2021 年，提高到 25.4%，即超过 1/4 的居民具有基本的健康知识、健康技能、健康行为等。在品牌核心理念中，重视消费者价值、与消费者沟通互动性强，是对品牌成长的新的要求。仅仅强调品牌自身的科学、先进，难以使品牌成为走进消费者心中的真正的好品牌。

5. 优势渠道具备相对优势，全渠道力相对平衡

线下的企业想线上，线上的企业想线下。一方面，进一步提高自身优势，精耕细作，提高门槛；另一方面，在相对弱势的渠道领域迎头赶上。没有最好的渠道，没有最坏的渠道，没有最贵的流量和到达，只有必须到达和平衡。未来优秀的品牌，不是线上线下渠道是否相对均衡，而是渠道之间的相互赋能和补足、更完美融合。保健食品已经进入科学领引的时代，虽然还有一些相对不规范的渠道和企业，但真正竞争的主战场，精英品牌的竞争已经精细化、系统性了。

二　保健食品行业舆情研究

（一）保健食品舆情概述

1. 保健食品舆情状况

保健食品作为特殊食品的组成部分，既是食品，又不是普通食品，自 1996 年获得法律地位以来，其舆情广受各方关注，却缺少系统性研究。

在中国知网、万方数据等平台中，与保健食品舆情相关的论文不仅数量屈指可数，而且大多数仅为相关研究，专题研究基本空白。保健食品舆情领域形成社会、大众媒体的高关注度与研究不足的反差。

2022 年，中国消费者协会发布的消费调查结果显示，“保健品”和“中介服务”连续两年居于“最不满意商品和服务类别”首位。虽然调查未准确使用保健食品概念，但保健食品无疑具有类似的趋势。

为系统了解保健食品舆情情况，“中国食品品牌与舆情管理研究”课题组通过清博数据机构，全面跟踪、监测全媒体平台保健食品舆情数据，试图通过大数据量、平台分布、舆情情感属性、区域分布、话题分布、品牌舆情等，构建保健食品舆情的基本形象。数据截取时间为 2023 年 1 月 1 日至 2023 年 12 月 31 日。

（1）保健食品与食品舆情对比

在食品行业中，保健食品行业是被诟病较多的子行业，其作为特殊食品，舆情也一直颇显特殊。但数据显示，保健食品行业的舆情数量占食品行业舆情数量的比重非常低，全媒体舆情数据仅 2315776 条，占食品舆情数据的 1.68%。

保健品不是具有法律地位的概念，但被各方广泛使用，并被广泛代指保健食品、保健用品、保健服务等。虽然近年来持续宣传，但保健品的概念还在继续被广泛采用。从舆情上看，保健品 8714739 条的舆情总量，是保健食品的 3.76 倍。

（2）保健食品舆情平台分布

从平台分布上看，保健食品行业更多地表现在传统平台上。微信以 900882 条位列第一，网页、客户端均以 50 余万条分列第二、第三位；视频仅有 44680 条，仅次于期刊，位列倒数第二。而在食品舆情中，除微信以 33075526 条位列第一外，视频以 27743888 条位列第二，表明食品行业的传播视频化、网络居民对行业关注的视频化等更充分，而保健食品的移动互联化、网络互动性相对不足。

从平台分布上看，保健食品和保健品也呈现一定差异。在保健品平台分布中，微信、客户端、微博位列前三。虽然两者的前三位平台中均有微信、客户端，但保健食品是网页位列第二，而保健品则是微博位列第三，表明以媒体为主的网页端更多使用保健食品的合规概念；而以个人发布为主的微博则更多使用保健品概念。监管部门对保健食品的充分监管，使偏销售型平台相较于偏媒体型平台，对保健食品概念的使用更加严格；偏销售型平台不论平台规则还是主播等使用者，也都更加规范地使用保健食品概念。

（3）保健食品舆情调性

从情感属性上看，食品舆情的正面信息占7.28%，负面信息占7.11%，正面信息略高于负面信息；保健食品的正面信息占4.74%，负面信息占14.19%，负面信息远高于正面信息；保健食品负面信息占比是食品负面信息占比的2倍左右，表明媒体和受众对保健食品的负面评价量明显高于食品。

而与保健食品相比，保健品的正面信息和负面信息差距更大，其正面信息占3.69%，低于保健食品1个多百分点；但负面信息占18.21%，高于保健食品4个百分点左右。这表明越自由表达的平台，其对“保健”食品的负面情绪越高。

2. 保健食品舆情特点分析

课题组还选取了“保健食品+N”的关键词模型，考察保健食品条目下，创新、营销、投资等的关注度，发现以下几个特点。

第一，创新与营销、品牌与科研舆情量级相当。在保健食品库中，创新424994条，营销325418条，品牌665369条，科研225407条，关注量级相当，创新比营销多约1/3，表明保健食品创新相关信息多于营销。这预示着，保健食品的创新和营销已走向正态平衡，保健食品企业越来越重视创新，甚至创新时代已经到来。

从情感属性上看，创新、科研的正面属性信息占比明显高于营销和品牌，前两者分别占9.01%、7.46%，后两者分别占4.04%、5.01%。负面属性信息方面，则恰恰呈相反状态，创新和科研占比明显低于营销和品牌，前两者分别占6.74%、7.87%，后两者占比则分别高达18.88%、13.71%。

因此，企业在品牌建设和传播中，宜更多地着力于受众更易接受、正面形象更易建立的维度，如科研、创新。虽然这种传播实质上就是营销动作、品牌运营，但也需以更健康的维度和形象入手，而不宜简单粗暴。

第二，食品安全关注度居中。保健食品的食品安全信息量为432818条，仅为品牌信息量的2/3左右，与投资、创新等基本相当，表明食品安全仍为保健食品信息的重要关键词之一，但已不是绝对领先关注领域，随着居民健康素养的进一步提高、保健食品产业的进一步规范发展，预计食品安全在保健食品领域的关注权重会继续稳步下降。从情感属性上看，舆情对直销和会销的负面舆情绝对值高，直销占比为25.06%，会销占比更是高达41.7%。可以看出，保健食品管理的重点已经由安全为主转为流通环节的诚信、宣传等。

第三，不同平台舆情关注重点差异大。从平台看，不同平台的关注差异十分显著。在直销舆情中，微信、网页、客户端等均以约1/3的比重遥遥领先，而微博、视频、期刊、论坛占比均不足1%。而关于品牌，则是微信、微博、客户端、网页四轮驱动，相对领先。总体上看，视频占比均相对较低。虽有部分视频平台对保健食品的严格管控因素、视频抓取有一定技术损失等因素，视频舆情量依然总体偏低。

第四，品牌舆情调性差异大。课题组随机抽取了10家品牌活跃的企业，汤臣倍健、新时代、无限极、东阿阿胶、碧生源、珍奥、修正药业、完美公司、安利公司、同仁堂等10家品牌的舆情，结果呈现明显差距两极分化。5家品牌负面舆情量均不超过3%，最低的仅0.51%；但另5家均超过6%，有两家甚至超过10%，最高的达15.83%；表明部分品牌负面舆情占比过高，舆情管理能力偏弱。需要特别说明的是，部分品牌词存在歧义，故精准缩小了范围，导致其总体数据量会有较大出入，但对舆情调性影响较小。

总之，保健食品的舆情总量并不凸显，甚至远不及“保健品”这样不够规范的概念。网页、微信、客户端更规范，微博等以个人发布为主的则相对自由，舆情量也更少。品牌企业的舆情呈现明显分化，部分企业负面舆情较少，部分企业则深陷其中。

（二）保健食品舆情应对

1. 舆情应对及难点

保健食品舆情既有食品或消费品行业舆情的共性特征，比如，舆情分散、诉求各异等，还具有保健食品品类特性，如宣传是否合理适度、营销模式是否合规等。范志仪、金秋在《上海市特殊食品安全舆情分析和应对》中提出，上海市特殊食品舆情应对有三难：监测难、管控难、引导难。在上海市的特殊食品产业中，保健食品占据主要份额，特殊食品生产企业共41家，其中保健食品37家；经营单位37749家，其中，保健食品32790家。这些难点基本上反映了上海市保健食品舆情应对难点。

上海市保健食品舆情应对难点具有全国普遍代表性。总体上看，保健食品舆情应对有以下几个特征和困难：舆情触点多、燃点低、数量多，且各类投诉曝光信息趋向于以图片、视频等非文字信息发布，而技术手段很难做到在海量信息中及时、准确发现隐藏的舆情风险点。而新兴媒体十分活跃，文化多元共生，各种意识形态互相交融，网民思维相对活跃，导致主流媒体舆论引导能力弱化、新媒体意见很难达成一致共识、传统舆论引导方式效果较差，有时甚至可能产生负面影响。

2. 舆情应对建议

第一，舆情预防。在当下媒体环境中，舆情比以往任何时候都复杂、多变。但是，预防依然是最好的应对。

首先，消除风险因素，不管是生产经营中的合规性管理，还是企业领导人和各一线岗位的信息出口管理，以及产品质量可靠性保证，经营成果和业绩的持续增长等，良好的经营过程管理和成果，都是对风险的最好的预防。

其次，建立三个良好关系：媒体关系、行业关系、政府关系等。融洽的媒体关系和行业关系，是预防舆情的有力武器。虽然，媒体已经从传统的有“签稿人”的媒体，转变为自由媒体时代、融媒体时代，但媒体管理并非完全无章可循。若拥有合理的媒体沟通模式，有对与保健食品相关的新媒体生态的长期研究和了解，企业依然能建立相对充分、合理的媒体关系。

第二，舆情监测与科学研判。即使科学预防，但总有些舆情事件还是会发生，或不期而至。

常态监测，及时发现。及时获得充分、全面的舆情信息是有效应对的前提。在目前海量信息、图文视频等多种信息呈现、多维平台的背景下，启用领先的舆情监测系统，辅以人工研究，是必然选择。需获得的信息包括品牌信息、竞品信息、行业信息、监管信息、消费信息等。

根据舆情内容的情感属性和严重程度、舆情来源媒体权重、舆情传播链路、舆情可能的背后因素等，科学研判舆情，为及时准确决策提供依据。既不能见风就是雨，也不能后知后觉。

第三，舆情分级与合理管控。根据舆情各维度情况，对舆情实行分级管控。如，针对食品安全问题，不管媒体权重和传播效率，直接判定为严重舆情。而标签瑕疵，则需要结合其他因素综合判断。

解铃还须系铃人。合理处置事端是危机处理的前置选项。从媒体沟通、平台沟通或投诉、客观信息介入、舆情中和等入手，让内容更客观、情绪获得疏解。

第四，克服品牌“洁癖”。经过多年持续大范围研究，课题组明确提出，品牌企业都有负面信息；如果没有，说明品牌还没长大。因此，怀抱品牌“洁癖”，幻想着全媒体无负面舆情的美好愿望是不切实际的。

品牌调性管控，只能基于舆情分级的前提，积极管控不实信息和重大舆情；积极管控核心媒体和主流航道；积极管控舆情伤害和最终呈现。

3. 舆情典型案例研究

（1）监管政策

出台一系列监管规定。除《食品安全法》《食品安全法实施条例》等外，相关部门先后出台了《中共中央　国务院关于深化改革加强食品安全工作的意见》等多部相关法律法规、规定意见等，并对保健食品行业开展专项清理整治行动。在《舌尖上的观察——中国食品行业50舆情案例述评（2019—2020）》的50个重点舆情案例中，监管部门出台相关政策、国家标准等共 14 个。因此，监管政策和监管行动是食品行业舆情的重要组成部分，也是食品舆情的依据。

（2）权威的正能量传播

2021 年 6 月，《对保健食品规范经营的观察》（以下简称《观察》）发布。

《观察》指出，“十三五”期间，我国保健食品监管体制改革继续深化，保健食品行业发展面临更多的综合挑战和发展机遇。在新发展阶段，促进保健行品行业健康发展已经达成越来越广泛的共识。

（3）推进行业加快从“发展中规范”向“规范中发展”的转型

《观察》提出，持续有力的监管和越来越多的企业守法合规，使保健食品行业在更多共识和共同愿景中相向而行。在共同推进保健食品产业加快从“发展中规范”向“规范中发展”的转型中，仍然需要各相关方继续共同努力。

一是坚决落实“四个最严”，持续保持监管的高压态势。二是健全保健食品的长效监管机制，为产业发展提供相对稳定的预期。三是发挥市场机制作用，维护公平竞争。四是主动践行“规范中发展”的转型。五是不断落实企业主体责任，不断提升正能量。六是提高企业转型升级和规范经营的综合能力。七是依靠创新和科学技术推动规范经营发展，不断提高管理能力和管理水平，再造规范经营的新方法、新机制、新模式。八是不断提升公众的科学和健康素养水平，培育科学理性的保健食品消费能力。九是继续推进社会共治。

行业普遍认为，《观察》的发布，既是对保健食品行业特别是头部企业，在与监管部门、社会期望、消费者需求等方面相向而行过程中，进一步规范经营的事实总结和提炼，也是对行业进一步规范经营、高质量发展的理论提升和经验共享。

参考文献

范志仪、金秋：《上海市特殊食品安全舆情分析和应对》，《中国食品药品监管》2022 年第 6 期。

《30 个保健品品牌突破亿元，“一哥”新爆款登场！市场风云巨变，这类产品逆势爆发》，米内网，2022 年 7 月 6 日。

中国社会科学院食品药品产业发展与监管研究中心：《对保健食品规范经营的观察》，新华网，2022 年 3 月。

董国用、利斌：《2023 年食品行业舆情状况及对食品企业的启示》，《中国食品工业》2024 年 4 月。

张永建：《加强舆情风险管理是食安领域一堂必修课》，《中国食品报》2024 年 4 月 5 日。

B.18
保健食品企业规范经营研究

张永建*

摘　要：　经过多年的治理，保健食品质量安全水平得到明显提升，安全性得到有效保障。随着保健食品生产领域问题的基本解决，产业发展的主要矛盾转向流通领域，保健食品经营环节的夸大宣传、虚假宣传、违法广告和欺诈销售等问题屡见不鲜、屡禁不绝，几成顽疾，不仅严重损害和侵犯了消费者的合法权益，还引发了一系列的社会问题，严重阻碍了保健食品产业的健康发展。加强对经营环节的有效监管显得越来越重要，规范经营不仅是保健食品企业要下大力气的常态化工作，更是保健食品企业规范发展的基础。

关键词：　保健食品　食品安全　虚假宣传　规范经营

随着保健食品对健康的积极作用正在得到更广泛的认知，特别是新冠疫情发生以来，保健食品有助于提升适宜人群的免疫力，不仅对降低非传染性疾病风险有一定的积极作用，而且在降低传染性疾病风险方面也有一定的积极作用，因此，对保健食品的消费需求有所提升。可以预见，在健康中国建设过程中，保健食品产业具有更广阔的发展前景。

一　保健食品产业发展的主要矛盾从生产领域转向流通领域

在对保健食品质量安全的治理过程中，政府花费很大气力，取得了显著

---

* 张永建，中国社会科学院食品药品产业发展与监管研究中心主任，“中国保健食品产业发展研究”课题组组长。

成效。“十二五”至“十三五”期间，对保健食品治理的重点领域是生产环节，主要是对保健食品生产过程中的添加药物、超标超量使用添加剂、不按配方和工艺进行生产等行为进行重点治理。经过多年的治理，保健食品质量安全保障水平得到明显提升。根据监管部门公布的保健食品安全监督抽检的数据，“十三五”期间，我国保健食品抽检合格率大幅提升，质量安全水平稳步提高，安全性得到有效保障。

“十三五”期间，保健食品样品抽检不合格率统计数据显示：2016 年为 1.70%，2017 年为 2.20%，2018 年（第四季度）为 2.10%，2019 年（下半年）为 0.40%，2020 年，全国市场监管部门完成食品安全监督抽检 6387366 批次，依据有关食品安全国家标准检验，检出不合格样品 147721 批次，总体不合格率为 2.31%。从 2020 年食品抽样品种来看，消费量大的食用农产品，粮食加工品，食用油、油脂及其制品，肉制品，蛋制品，乳制品抽检不合格率分别为 2.23%、1.18%、1.55%、1.26%、0.29%、0.13%。在此期间，保健食品样品抽检 38644 批次，不合格样品 210 批次，全年样品的不合格率为 0.54%，第四季度的样品不合格率为 0.50%，大大低于总体不合格率。

“十四五”以来，我国保健食品质量安全水平继续提升。2021 年的各类食品监督抽检结果显示，保健食品抽检的不合格率为 0.42%，在合格率中排在第 9 位，高于抽检的其他 25 个类别。在 2022 年对保健食品 3165 个样品数量/批次的抽检中，不合格样品数量/批次为 76 个，不合格率为 0.24%，保健食品在合格率中排在第 7 位，高于抽检的其他 27 个类别。由此可见，经过多年治理，保健食品质量安全水平得到显著提升，我国保健食品质量安全是靠得住的，是可以信任的。

随着保健食品生产领域问题的基本解决，主要矛盾转向流通领域。在保健食品管理中，管理部门一般将流通领域特别是市场销售行为称为“经营”，经营是保健食品产业（企业）发展十分重要的环节。长期以来，保健食品经营环节中的夸大宣传、虚假宣传、违法广告和欺诈销售等问题屡见不鲜、屡禁不绝，几成顽疾，不仅严重损害和侵犯了消费者的合法权益，还引发了一系列的社会问题，严重阻碍了产业的健康发展。在保健食品发展的主要矛盾从生产领域转向流通领域后，管理部门对夸大宣传和虚假宣传的治理力度明显加大，但是治理过后一些违规现象往往又故技重演，反反复复成为痼疾顽疾，已经成为影响和制约保健食品产业健康发展必须解决的重要问题之一。在保健食品质量安全水平得到全面提升后，加强对经营环节的有效管理就显得越来越重要，更是企业要下大力气的常态工作。

“中国保健食品产业发展研究”课题组在跟踪保健食品产业的发展和大量研究的基础上，于 2011 年首次提出了我国保健食品产业健康发展需要完成从“发展中规范”向“规范中发展”转变的观点。实践证明，即使在保健食品产业的主要矛盾由生产领域转向流通领域后，这个观点也同样是立得住的。

保健食品经营领域问题多发的原因很多，其中，由于保健食品的研发、生产、经营可以由不同的责任主体实施，三者可以具有较高的分离度，一方面，从分工角度看，这种相对分离的组织结构可以提高各环节的专业化程度，有利于效率的提高；另一方面，从管理角度看，也可能由于不同主体间的责任分担程度不同，互相监督和制约的衔接程度不够紧密，各主体更多地关注各自的经济利益和权利，而对涉及消费者权益等方面的社会公共利益缺乏足够的重视。在这种状况下，如果经营环节从业者的道德风险较高，再加之管理和约束的弱化，就可能导致夸大宣传、虚假宣传、违法广告和欺诈销售，不仅严重损害消费者合法权益，对企业和产品品牌也是巨大的伤害。

二　监管持续发力，规范保健食品企业经营行为

在保健食品产业从“发展中规范”向“规范中发展”的转变中，政府监管无疑发挥着不可替代的作用。我国市场经济建立和发展中的治理经验和治理手段是一个不断发展完善的过程，对比较特殊的食品的管理和治理也需要不断地积累经验。多年来，我国保健食品监管改革不断推进，已经基本建立起适应我国经济社会发展状况和生产力水平的保健食品安全监管体系，确

立了“预防为主”“风险管理”“全过程控制”“社会共治”等科学理念，主要管理制度和法律法规框架基本形成，技术支撑能力稳步提升，保健食品安全标准体系基本形成，基层监管网络基本建立，监管信息化水平不断提高，风险防范和应急能力不断增强，产品质量安全水平不断提高，消费者的安全意识、选择能力和消费信心逐渐提升，我国保健食品监管的国际影响力和话语权不断提高。“十三五”期间，我国持续发力对保健食品进行监管，规范产业健康发展。

（一）监管效率和效能显著提升

世界卫生组织和世界粮农组织在《确保食品安全和质量：加强国家食品控制体系导则》中指出：控制食品的责任在大多数国家都被不同的部门和机构分担，这些机构的作用和责任是不同的，但重复的管理活动、支离破碎的监管以及缺乏协调则是普遍存在的。从保健食品监管体制改革看，集中市场监管的职能和权限是重点，也是难点。过去保健食品监管的职能比较分散，涉及多个部门，不仅产生管理和权责的交叉、重复和疏漏，而且大大增加了协调成本，降低了管理效率。保健食品监管改革就是要不断适应快速发展和变化的形势，促进监管更加科学化、高效化和精确化，提升监管效率和效能，实施科学高效的监管。

在保健食品监管制度改革的顶层设计和制度安排中，对保健食品的监管由“分段管理”向“品种管理”转变。《中华人民共和国食品安全法》和《中华人民共和国食品安全法实施条例》专门划分设立了“特殊食品”，即保健食品、特殊医学用途配方食品和婴幼儿配方乳粉，相应的，在新一轮的食品安全监管体制改革中，专门设立了“特殊食品安全监督管理司”，其职能是分析掌握保健食品、特殊医学用途配方食品和婴幼儿配方乳粉等特殊食品领域安全形势，拟订特殊食品注册、备案和监督管理的制度措施并组织实施；组织查处相关重大违法行为。对特殊食品实施全过程的品种管理，有利于提高监管的集中度和专业化，实现监管效率和效能的提升，使监管更加科学化、高效化和精准化。

（二）法律法规不断健全完善

科学完善的法律法规体系是保健食品产业健康发展和实施有效监管的基础。据不完全统计，自 2018 年 3 月国家市场监督管理总局成立至 2023 年，立法机关和监管部门先后制定出台了 56 部法律法规、规范性文件和指南等。

在保健食品法律法规的建立和完善过程中，在总结以往经验教训和借鉴发达国家食品安全管理理念的基础上，我国保健食品法规正在形成由以强法为主向强法和软法并行转变；由以实体法为主向实体法和程序法并重转变；由以行政管理手段为主向行政、司法和科技手段并用转变，法规体系的科学性、针对性和有效性不断提升。

（三）重点治乱——史上最严厉的治理整顿

在保健食品生产经营中，违法违规特别是夸大宣传和虚假宣传，不仅严重扰乱了市场秩序，而且危害到消费者的人身健康。为此，政府监管部门开展了多次专项治理，严厉打击了保健食品领域中的各种违法违规行为。

为进一步探索和健全保健食品长效监管机制，迅速扭转市场乱象，监管部门短时间内出台了 12 部法规，不仅进一步健全完善了保健食品监管的法规体系，更是进一步规范了保健食品企业的经营行为，促进了保健食品产业在“规范中发展”。

可以预见，监管部门将贯彻落实“四个最严”要求，深入推进保健食品行业专项清理整治行动，坚持问题导向，突出重点环节，保持高压态势，持续净化保健食品市场秩序，不断增强人民群众的获得感、幸福感、安全感。

三　保健食品企业的经营行为正在发生变化

随着保健食品产业的发展和监管的不断强化，特别是“百日行动”以来，越来越多的保健食品企业对企业乃至整个产业的健康发展达成了越来越多的共识。一是从“发展中规范”向“规范中发展”是保健食品产业必须完成的转型，需要共同努力才能加快完成这个转型。二是良好规范的市场环境才能使市场机制真正发挥择优汰劣的作用，只有清除害群之马，才能使公平竞争得以实现。三是良好规范的市场是企业健康发展不可或缺的基础条件，政府对市场的治理是对守法合规企业最强有力的支持，降低了企业的竞争成本。四是稳定企业对发展环境的预期，有利于企业在管理、质量、创新和市场等方面的投入，有利于遏制短期投机行为，有利于促进长期发展。五是摒弃零和博弈，企业必须自觉承担主体责任，依法依规开展生产经营活动，守住法律的底线；主动履行社会责任，尚德经营，构建与利益相关方的和谐关系，对社会进步作出贡献。六是从我做起，从现在做起。临渊羡鱼不如退而结网，经营环境的整体改善需要每个企业的努力，需要企业及时而有效的行动，只有积跬步才能至千里。

保健食品企业特别是头部企业对规范经营行为的认识不断深化，这些企业认为，规范经营不仅仅是被动遵守和执行法规与监管的要求，更是对品牌的保护，因此大大提高了规范经营的自觉性和主观能动性。

（一）企业提高对自身经营行为治理的认识

在“百日行动”中，监管部门将“科学认知保健食品，明白理性放心消费”作为重点之一，并发布了《关于开展保健食品“五进”专项科普宣传活动的通知》，在全国范围内组织开展保健食品“进社区、进乡村、进网络、进校园、进商超”专项科普宣传活动（简称“五进”活动）。这个活动得到很多企业的积极响应。以下是课题组调研的一些企业对自身经营行为治理的主要做法。

中国新时代集团是大型央企，旗下的新时代健康产业（集团）有限公司（以下简称“新时代”）不仅是保健食品行业中的大型国有企业，也是保健食品领域首批获得直销牌照的唯一央企。在“五进”活动中，新时代充分发挥出大型国有企业在行业中的模范带头作用，承担应有的责任担当，积极响应保健食品“五进”专项科普宣传活动，在“五进”活动通知发布的当天，就迅速组织了针对相关人员的科普宣传活动，是全国第一个落实“五进”活动通知的企业，随后又在全国多地陆续开展“五进”活动。

无限极（中国）有限公司（以下简称“无限极”）在《关于开展联合整治“保健”市场乱象百日行动的通知》发布后，迅速组织学习并紧急成立专责组，本着正视问题、承担责任、狠抓重点、坚决落实和集中整治与长效管理相结合的指导原则，全面开展自省自查自纠。一是及时制定了公司专项整改的“十项措施”；二是进一步规范经销商的销售行为，制定并发布公司“十二个严禁”文件；三是全面开展“自查自纠自检”，组织对专卖店的巡查及暗访；四是开展对全国专卖店规范经营专项培训。

（二）建立健全规范经营的管理制度和管理机制

近年来，越来越多的企业特别是头部企业更加注重建立健全本企业规范经营的管理制度和管理机制，做好相关制度安排，加大实施力度。

例如，无限极在2002年正式组建专责经销商规范经营的管理部门，该部门从组建之初的3人发展到现在的50人，在管理组织和管理机制两方面落实规范经营管理。2004年，根据对经销商管理的经验教训总结，将相关管理制度梳理后，系统汇编成制度文件以“业务规则”的形式发布，并先后八次对“业务规则”进行了修订，使之更具针对性和有效性。

汤臣倍健股份有限公司（以下简称“汤臣倍健”）成立规范经营管理小组，用以指导、组织和协调规范经营相关工作。公司要求各部门对其部门业务的合法合规性负责，法务部门负责审核广告宣传内容，制定广告宣传及销售行为的合法合规性执行标准，并进行相关培训；监察部门负责监督公司、经销商及其分销商和销售终端的线上线下广告宣传和销售行为；公共事务部门负责审查和监督公司官网以及官微等自媒体内容；客服部门负责处理消费者咨询、投诉。通过制定规范经营管理规定、市场管理规范、监察手册等相关规范性文件，建立健全管理制度，加强对经营的合规管控，从企业内部、市场管理、经营监督等层面把握公司经营活动的合法合规性。

（三）提升与整治两手抓

基于保健食品研发、生产、经营（销售）三个环节中主体较高的组织分离度，对经销商和直销员的规范经营管理直接关系到保健食品的市场秩序。近年来，越来越多的企业加强了对经销商和直销员的管理。

1. 加强对经销商和直销员的管理

无限极通过多种方式努力打造“守法合规、规范经营”的共同体。一是持续推进对经销商规范管理的教育培训。二是在行业内首创“规范经营宣传日”，引导经销商遵守商业道德，守法经营，抵制夸大宣传、虚假宣传等行为，切实维护消费者的合法权益。三是为经销商提供丰富的学习平台及工具，对经销商的规范经营实施教育培训。

康宝莱（中国）保健品有限公司（以下简称“康宝莱”）通过线上的方式灵活开展合规宣传与教育。通过视频，使用可视化走访的方式了解和检查营养俱乐部的合规经营状况，同时对服务提供商传达最新的合规资讯和要求，解答他们的疑问。公司通过合规公众号定期发送主题推文，高频率地将最新法律、法规政策及规范要求传递给营销人员和消费者。

2. 严厉整治不规范的经营行为

对于不规范经营和扰乱市场经营秩序的行为，及时发现，及时严肃处理。在“十三五”期间，无限极共对4761起经销商违规事件进行处理，处罚9311人，解除730个与经销商的合约。无限极通过规范经营培训教育和严格管理，提高经销商规范经营的主动性和自觉性，维护消费者合法权益，维护企业和品牌声誉。

康宝莱在2019年3月正式启动“闪电行动”，从货源控制、渠道控制、宣传教育着手，精准遏制违规网络销售行为。对市场违规人员，公司坚持严查严处，及时公示违规人员违规处理情况，开除违规人员，使违规行为无处遁形。公司合规部还针对各类宣称渠道开展“清网行动”，全面清查违反法律法规、违反公司各项规范经营要求的宣传内容。此外，公司还推出了业内首创的康宝莱信用评估系统，以大数据模型支撑，通过可视化的分数，对服务商的行为模式及市场运营状况进行客观、透明、公正的评估，提高对服务商管理的科学化水平。

汤臣倍健不仅制定了市场管理规范并发布相关文件，而且专门成立了监察部门，查处经销商及其下属分销商、销售终端在经营汤臣倍健系列产品中出现的违规宣传推广、网络违规销售等行为。

上述具有一定代表性企业规范经营管理的实践，在一定程度上反映了保健食品行业经营环节正在发生的积极变化。越来越多的保健食品企业正在更主动地建立健全规范经营的管理制度和管理机制，加强对经销商和直销员的全面管理。

四　共同推进产业加快从“发展中规范”向“规范中发展”的转型

综观保健食品产业发展轨迹，一方面，伴随着治理整顿而出现的多次大起大落是其显著特征之一；另一方面，随着时间的推移，保健食品产业呈现下落底部逐渐抬升、震荡幅度逐渐收窄的现象。这种现象说明，持续有力的监管和越来越多的企业守法合规，使保健食品产业在更多共识和共同的愿景中相向而行，共同熨平大起大落。在共同推进保健食品产业加快从“发展中规范”向“规范中发展”的转型中，仍然需要相关方继续努力。

一是坚决落实“四个最严”，持续保持监管的高压态势。严格的监管是保健食品产业健康发展必不可少的条件，特别是对于那些作奸犯科、挑战法律和道德底线、屡屡破坏市场秩序的行为必须严惩不贷。

二是健全保健食品的长效监管机制，为产业发展提供相对稳定的预期。保健食品长效监管机制有宏观层面的顶层设计，也有中观层面的制度安排，还有微观层面的方法手段。进一步深化对保健食品客观性认识，加强基础研究和科技支撑，根据风险和功效进行分类管理，实施更加精准、严格、科学和高效的监管，实现“既保证安全，又促进发展；既体现公平，又提升效率”的管理目标。

三是发挥市场机制作用，维护公平竞争。充分发挥市场对资源配置的决定性作用，用法律、政策和多种措施，维护公平竞争的市场环境。打击“劣币驱逐良币”违法违规行为，维护和保障投资者、生产经营者和知识产权拥有者的合法权益，促进保健食品产业的健康发展。

四是主动践行“规范中发展”的转型。保健食品产业的转型升级是回避不了的，对企业而言，这是一个“适者生存”和“择优汰劣”的过程，更是一个大浪淘沙的过程，要认清大势、抓住机遇、提升能力、规范经营。

五是不断落实企业主体责任，不断提升正能量。保健食品生产经营企业在树立守法合规理念的基础上提高经营管理水平，构建以诚信、尚德、守法和尊重消费者为核心的商业伦理，承担主体责任和社会责任。

六是提高企业转型升级和规范经营的综合能力。企业应对市场竞争的底气首先源自自身的经营管理能力和水平。夯实管理基础，强化管理能力，做好规范经营，仍是诸多保健食品企业要解决好的重要问题。

七是依靠创新和科学技术推动规范经营发展。创新是企业发展的动力，新理念、新思维、新逻辑、新方法和新技术为保健食品企业的创新提供更广阔空间。企业通过理念创新、制度创新、管理创新和科技创新等，不断提高管理能力和管理水平，再造规范经营的新方法、新机制、新模式。

八是不断提升公众的科学和健康素养水平，培育科学理性的保健食品消费能力。近年来，我国居民健康素养总体水平继续稳步提升，2022 年达到 27.78%。通过提升公众的科学和健康素养水平，培育消费者的风险意识，引导消费者科学理性消费，通过消费者“用脚投票”和“用手投票”，保护消费者的消费安全。

九是继续推进社会共治。“社会共治”是我国食品安全治理的四项基本原则之一。对保健食品规范经营的治理不仅仅是监管部门的责任，各利益相关方的主动参与有助于降低和及时化解经营风险。建立健全保健食品规范经营社会共治体系，首先要落实企业主体责任，其次鼓励多种社会力量积极主动参与，共同培育正能量。

企业案例篇

B.19
扎根中国，健康中国
——完美（中国）

徐华锋*

摘　要：　作为大健康科技产业领域的外资企业，完美（中国）坚持扎根中国，寻求高质量发展。在产业布局上，完美（中国）布局完美大健康，打造产业新生态；在产品质量安全上，完美（中国）坚持“三心经营”，坚持“追求完美”“零缺陷”质量理念；在服务上，通过全系产品和健康管理模式，破解健康生活难题，推动全民健康。完美（中国）不仅是健康产业的头部企业，积极承担龙头企业的行业责任，引领行业健康发展，扎根中国初心不改，而且也在产业链延伸、健康中国建设、扶贫攻坚等事业中积极探索。

关键词：　健康管理模式　产业链延伸　产业新生态　三心经营　完美（中国）

* 徐华锋，中国保健协会监事长，“中国保健食品产业发展研究”课题组副组长。

一　完美（中国）概述

完美（中国）有限公司（以下简称“完美公司”）成立于1994年，总部设在粤港澳大湾区中心地带的广东省中山市。近年来，完美公司依托数字化转型战略，积极打造集研发、采购、制造、物流、销售、服务于一体的智慧生态平台，致力成为全人类健康美丽服务的卓越提供者。

二　布局完美大健康，打造产业新生态

1. 两大基地、四大领域，科研创新引领发展

坚持以科学管理和科技创新促进企业可持续发展，完美公司已经通过HACCP、ISO9001、ISO14001、ISO22716/GMPC等国际认证体系，建成拥有500多个认可项目的国家认可实验室，并结合在广东的研发基地，从“生物活性肽”“天然植物”“中医药”“微生态”四大领域，依托旗下生命健康科技研究院、科技公司、完美大学，联合多个科研院校和行业协会组织，建立创新平台、联合实验室及产业投资基金，围绕“科技创新”“成果转化”“产品转化”三大目标路径和研究方向，合力共赢，为健康中国贡献一个全民健康产业生态集群，共促大健康产业发展。

在生物活性肽领域，完美公司已经取得一系列科研成果。2004年至今，完美公司积累了以大豆肽、玉米低聚肽、海洋鱼胶原低聚肽、发酵蛋白肽粉等原料为代表的产业化经验。研发上市生物活性肽健康食品6个，涵盖增强免疫力、改善皮肤水分、缓解体力疲劳等功能，申请相关发明专利26项，建立起生物活性肽的省级工程技术研究开发中心。

在天然产物领域，完美公司一直围绕芦荟、沙棘等天然植物开展研究，以沙棘全产业链开发为例，企业已上市多款以沙棘果汁、沙棘粉、沙棘籽油为核心原料的功能食品。

2. 强强合作，完善原料产业链

与优秀者一起，是完美公司加大对上游战略资源和原料核心技术掌控力度的重要举措。

完美公司与青海康普公司、宝得瑞公司合作，分别在青海省海东市和河北省张北县建立野生“完美沙棘种植基地”。完美公司携手合作伙伴，以“公司+基地+农户”的模式，建成了20万亩沙棘种植示范基地，年采收沙棘果约2万吨。此举实现了农民与企业互利共赢，也为完美公司打造了一个原生态沙棘原料的供应基地。

此外，完美公司与宝得瑞公司合作，在湖北荆门市建立了“南瓜种植基地”；与云南万绿公司合作，在云南元江建立了“库拉索芦荟种植基地”；完美公司与大三湘公司合作，在湖南衡阳市建立了“完美茶油基地”。

完美公司合作建立的特色原料种植基地，不仅可以为消费者提供用优质原料加工的优质产品，更可带动千万农民脱贫致富，是一项兼具经济与社会意义的利民工程。

3. 打造研究平台，助力科研创新

近三年，完美公司持续完善材料与微生物研究中心、质量标准研究中心、配方与工艺研究中心，重点打造安全与功效研究中心和前沿技术研究中心两大创新平台。

安全与功效研究中心以进化理论为基础，进行从细胞到模式生物（线虫、斑马鱼、鸡胚）、从动物到人体临床的功效和安全评价研究，并成功搭建了细胞实验室、模式生物实验室和人体评价实验室，可完成原料/配方筛选、功能验证、机理阐述等科研工作，目前可开展抗氧化、抗炎、控油等60多种功效项目的评价。

前沿技术研究中心包括高通量测序及生物信息分析平台、微生态开发及产业化研究平台。

4. 加速科技迭代，不断强化科技支撑

科研1.0时代。自1997年开始肠道健康产品的开发，完美公司陆续推出了完美牌高纤乐冲剂、活立多牌健肠口服液、低聚果糖沙棘茶等产品，注册申报了有益于肠道健康的保健食品。

科研 2.0 时代。完美公司开展核心技术研究，启动发酵技术研究。1997~2006 年的十年，完美公司投资建成两个生产基地，联合国内大健康领域顶尖科研机构，深耕特色果蔬定向发酵与产业化转化，实现了一系列关键技术的突破，成功推出了酵素产品。

科研 3.0 时代。完美公司开展肠道菌群对慢性疾病的机理研究。2012 年，完美公司成立微生态健康联合研究中心，总投入约 1 亿元人民币，历时 6 年，获得国内外授权专利 30 余项，成功推出了复合膳食纤维粉固体饮料、益生菌固体饮料等产品，形成以肠道菌群为靶点的清调补健康管理理念。

科研 4.0 时代。“产、学、研、用”深度融合，开展微生态与健康的全方位研究。通过大量的人群测试以及科学研究，完美公司积累了大量菌群技术成果，打造了具备二代高通量测序能力的自主检测平台。未来，完美公司将继续开展皮肤微生态研究，开发皮肤微生态的系列产品。

三　精益求精，追求完美

一直以来，完美公司坚持“三心经营”（以人心作为经营的基础，以良心作为经营的标准，以爱心作为经营的氛围），将产品安全视为生产经营的“生命线”，守护产品安全，坚持“追求完美”“零缺陷”质量理念，积极落实安全主体责任，倾力做好产品安全和高品质的“守门员”。

1. 坚持“标准化”，打造健康安全产品

完美公司不仅严格按照相关标准，科学、持续地确保实施全过程质量控制，近 10 年来，还参与制定国家标准、行业标准、团体标准近 120 项。

完美公司的检测环节更是精益求精。在完美华南基地面积约 2800 平方米的检测中心实验室，设有日用品检测室、食品检测室、元素分析室等 50 多个功能实验室。截至目前，完美检测中心实验室通过 CNAS 认可项目数达

537 项。独立、可靠和权威的检测结果为完美公司产品的安全和质量提供了坚实的技术支撑。

2. 注重过程管理，确保产品品质

完美公司建立了涵盖原料品质把控、生产现场管理、产品质量检测、产品追溯系统的全流程质量管理体系，制定了高于国家标准的内部质量管控标准，确保产品从原料、生产到成品各环节的质量和安全。

3. 精益管理，造就企业发展新优势

从 2004 年开始，完美公司便引入精益生产模式，采用 QCC、提案建议、精益六西格玛等方式，持续开展各项活动，全方位赋能公司研发、制造、品控、服务等业务全流程。2016 年，完美公司精益生产管理模式取得显著成效，实现了降低成本、缩短生产周期和持续改善质量的目标。

全面推行精益管理是完美公司深化改革、创新管理、实现跨越式发展的重要抓手。完美公司运用物联网及大数据管理，努力实现企业“人、机、物”互联，智能工厂使精益理念得到最大限度的传播，全方位赋能研发、制造、品控、服务业务全流程，造就企业发展新优势。

4. 数字化、智能化，促进产业升级

完美公司不断探索智能制造新模式，坚持选用先进的生产工艺和智能装备，通过数字化、智能化管理，带动产业链智能装备和产品的整体升级。从 2017 年至今，完美公司共投入资金 3 亿余元进行数字化、智能化升级改造，引入 10 余款基于集成架构的信息化系统，包括生产制造执行系统、配方管理系统、智能物流系统等。结合自动化产线的物联集成，实现了全流程数据的追溯和分析应用，以持续提高效率、提升效能、提高效益。

凭借精益管理及数字化、智能化改革取得的显著成效，完美公司成为全国保健食品、化妆品行业首家通过智能制造能力成熟度三级认证的智能化工厂。未来，完美公司将继续以智能制造引领转型升级，不断增强企业创新能力，提高企业数字化、智能化水平，持续提升核心竞争力，为消费者提供更优质的产品和服务！

四　引领完美生活，助力全民健康

1. 全系产品，全民健康

完美公司第一次将循证医学理念引入保健食品行业，为整个保健食品市场提供了一次有益的尝试。2012 年，完美公司与中国保健协会合作，启动了“完美系列保健食品循证医学调研项目”，回答消费者“保健食品是否安全，保健食品是否有效”的疑问。

“完美系列保健食品循证医学调研项目”收集 1.6 万余份消费者样本，走访全国 25 个城市，面对面循证调查 7000 余名消费者。调查结果显示，完美保健食品安全有效，可增强免疫力、打造肠道健康菌群。

2. 推健康管理模式，破健康生活难题

在为消费者提供优质产品的基础上，完美公司致力倡导健康生活、分享健康理念，推出“以肠道菌群为靶点的膳食营养调理”健康管理模式。

完美公司的健康管理聚焦线上线下融合。自 2020 年起，“线上有速度、线下有温度”的完美“20 直播”持续为行业赋能，完美周末沙龙、完美早餐、名家健康大讲堂等活动也大放异彩。完美公司重点实施健康管理人才培训计划，为市场输送健康管理人才 1.6 万名，全力打造大健康产业标杆。

3. 以实际行动，做健康中国的践行者

作为大健康产业的先行者和推动者，完美公司紧跟“健康中国”的战略步伐，持续围绕食品安全、健康营养、健康促进等方面举办及参与行业重要活动，与重要机构、行业协会、权威媒体等创新开展战略合作，切实推进健康中国行动落地。

2023 年，在健康中国行动推进委员会办公室的权威指导下，完美公司正式启动“完美践行健康中国 2023~2025 年计划”，开展了“健康中国发展大会”系列活动，为“健康中国　完美行动”赋予了更丰富的内涵。

如今，完美公司正紧握“健康中国 2030”这一历史机遇，在助力“健康中国”建设的同时，实现自身发展，大步迈向“百年完美，全球完美”。

五　开展公益完美　播种希望完美

自 1994 年成立以来，完美公司将公益慈善和经营发展融为一体，累计捐资捐物近 9.15 亿元，形成了以捐建希望工程、参与精准扶贫、推广母亲水窖等为主要方向的慈善公益体系。

1. 支持希望工程，捐建希望小学逾百所

“教育是送给孩子最好的礼物”，完美公司董事长古润金反复强调。从 1997 年在革命圣地延安捐建第一所完美希望小学起，截至目前，完美向中国希望工程项目捐款总额逾 1.15 亿元，捐建的逾百所希望小学遍布全国各地。同时，企业全力支持希望工程项目升级发展，支持“完美希望义工”。

2. 积极参与精准扶贫，多领域开展扶贫实践

多年来，完美公司积极深入贯彻国家“精准扶贫”“乡村振兴”指示精神，坚持秉承高度社会责任感，始终将脱贫视为战略性业务，身体力行参与精准扶贫工作，打造战略、人才、资金等多重保障的扶贫管理体系，加强扶贫顶层设计，加大扶贫人才培养力度，鼓励公司员工参与到扶贫一线的工作中。

3. 捐助华文教育，助力中华文明传承

华文教育是中国面向数千万海外侨胞尤其是华裔青少年这一特殊群体开展的民族语言学习和中华文化传承的工作，被誉为中华民族在海外的“留根工程”“希望工程”。

完美公司在海外华文师资培养、海外华裔青少年中华文化传承、华文教辅材料开发和华文教育基地建设等四个华文教育基金重点项目的不断投入，有力地促进了华文教育事业在全球的发展。根据华文基金统计，通过多种途径“走出去”“请进来”，多年来持续开展“华文教育名师巡讲团”“海外华文教师培训班”“中国文化海外行”等“走出去”项目，使华文教育拓展到全球七大洲 60 余个国家；“请进来”项目遍及 30 余个省（区、市）。截至 2020 年，完美公司累计向中国华文教育基金会捐资已达 1.36 亿元。

4. 推广母亲水窖，持续赋能农村妇女

2000年，完美公司与中国妇女发展基金会牵手合作，推广“大地之爱·母亲水窖”公益项目。作为第一家支持该项目的企业，完美公司10余年来不遗余力支持“母亲水窖”“校园安全饮水工程”等帮扶妇女儿童的公益项目，截至2020年12月，已为中国妇女发展基金会捐款逾1.05亿元，并带动完美伙伴、供应商、员工甚至海内外各界朋友资助母亲水窖。

5. 组织无偿献血，既是“倡导者”，亦是“先行者”

“献出一滴血，同享一片天。”完美公司自1999年至今，持续开展无偿献血活动，从2004年开始，每年举办“完美百城千店万人献血活动”。截至2020年，累计献血总人数逾30万人次，献血总量逾8100万毫升。

“完美献血志愿队”已有32支分队，分布在全国各地，常年待命，中国哪里有血荒，哪里就会出现完美献血志愿队。

6. 救助疫灾，完美总在

完美人以传承孙中山先生的“博爱”精神为荣。

2020年新冠疫情发生以来，完美公司主动承担企业社会责任，积极助力全球抗疫行动，成为最早响应、支持抗疫行动的企业之一。

1998年长江流域特大洪灾、2003年重庆开县特大天然气井喷事故、2008年四川汶川地震、2010年青海玉树地震（及西南旱灾、甘肃舟曲泥石流）、2013年四川雅安地震、2014年云南鲁甸地震等重大灾害事件，都能看到完美公司积极奉献的身影。

由于20余年来在公益慈善事业的卓越贡献，完美公司获得了大量荣誉。完美公司董事长古润金作为马来西亚侨领，在实现企业自身发展的同时，积极推动海内外华侨共同投身建设祖籍国，曾七次荣获民政部授予的中国公益慈善领域最高政府奖“中华慈善奖”。完美公司先后获得“中国公益事业杰出成就勋章奖”“全国无偿献血促进奖”“中国红十字奖章”等数百项殊荣。

B.20

弘扬中华优秀养生文化 共创更健康、更快乐生活

——无限极（中国）

董国用*

摘　要：　无限极（中国）以“弘扬中华优秀养生文化，共创更健康、更快乐的生活”为使命，成立32年来，始终致力于为消费者提供高品质的中草药健康产品。科研弘扬中华文化，无限极搭建了“一个中心，多方科研技术平台”的科研创新体系；无限极始终坚守“100-1=0”的质量理念，从产品的研发、生产、检测、销售、物流到售后服务等环节，实施全程质量控制，确保产品的安全性和高品质；无限极秉承“思利及人”的核心价值观，创造了独特的企业文化和健康养生理念；无限极在健康、品质、员工、伙伴、环境、社区六大领域积极履行社会责任，致力于“成为履行社会责任的优秀企业”。

关键词：　养生文化　创新体系　思利及人　企业社会责任　无限极

一　无限极概述

无限极（中国）有限公司是李锦记集团旗下成员，成立于1992年，是一家立足于健康养生主赛道，以中草药健康产品研发、生产、销售及服务为

* 董国用，中国社会科学院食品药品产业发展与监管研究中心“中国保健食品产业发展研究”课题组副组长、“中国食品品牌与舆情管理研究”课题组组长。

主的现代化大型企业。企业以“弘扬中华优秀养生文化，共创更健康、更快乐的生活”为使命，努力打造产品、品牌、核心技术和平台建设等方面的竞争优势，拥有新会、营口两大生产基地，在中国内地设有30家分公司、服务中心和近7000家专卖店/体验空间。企业成立30余年来，始终致力于为消费者提供高品质的中草药健康产品。

二　一个使命：弘扬中华优秀养生文化，共创更健康、更快乐的生活

独特的企业使命是品牌被识别、被记忆、被认可的核心要素和差异认知。在多元健康产业生态中，“弘扬中华优秀养生文化，共创更健康、更快乐的生活”已成为无限极的企业使命。为弘扬中华优秀养生文化，无限极从中草药种植开始，到产品创新、产品供应、标准制定、健康科普等，全产业链以科学研究、技术创新、产品开发为核心推动力。

1. 文化与理念

创业之初，无限极就以“弘扬中华优秀养生文化”为己任，并将其写进企业使命中，不断深耕健康养生产业，坚守中草药健康产品的定位。

无限极顺应健康消费趋势、主动求变，在2022年公司成立30周年之际，将使命升级为“弘扬中华优秀养生文化，共创更健康、更快乐的生活”，一方面宣告了对中华优秀养生文化的初心与坚守，另一方面制定了更高远的目标，力求拥抱更大趋势，为社会创造更大价值。

无限极独特的企业文化包括“思利及人”的核心价值观、自动波领导模式和“永远创业”的企业精神。“思利及人”指的是“做事要先思考如何有利于我们大家”，是一种利他主义的体现，强调做人做事不只是为了个人利益，而是为他人创造价值。

从2010年起，无限极开始进军海外市场，且多次参与“一带一路”论坛等国际性交流，推动中华养生文化走出国门。

独特的健康养生理念“养生固本　健康人生”让无限极产品有了特殊

价值，强化独特的市场区隔成为弘扬中华优秀养生文化的支点，让行动和实践既能顶天，也能立地。

2. 源头管理

无限极将田间打造为中草药健康产品生产的第一车间，通过现代化、规范化和标准化的中草药种植和管理，实现原料的全程可管控、可追溯。

2008 年，无限极开始探索原料管理新模式，并在 2011 年提出了“无限极+供应商+农户”的中草药种植管理模式，2013 年更提出建立中草药产业化模式。无限极在全国几十个原料产区建立了赤灵芝、巴戟天等品种的种植基地，优化中草药种植与管理，推动产业化整合，从源头保护中草药优质资源，保障原料品质和供应。

3. 科研赋能

无限极坚持“E+W→W”理念，即按照“东方智慧+西方方法→传播到全世界”的路径，以“内调外养”整体观的中华养生文化为指导，借助现代科技，为消费者提供跨品类、产品+服务的健康养生解决方案。

无限极深耕免疫、延缓衰老等重点领域的技术研究与转化，联合权威科研机构，共建生物技术应用研究院士工作站，持续攻关，积极参与科技部国家重点研发计划课题，将全球领先科技成果转化为具有技术含量的中草药健康产品。

三　五个基于：推动无限极全面发展

（一）基于科技支撑的产品

无限极在筛选模型研究、功能因子筛选、中草药炮制与品质研究、产品功效验证、作用机理研究、安全性研究、工艺技术研究等全链条进行科研开发，与英国剑桥大学、中国中医科学院中药资源中心等优秀科研机构全面合作，形成了成熟的科技链条，并结出丰硕成果，在健康产业罕有地两度获得国家科技进步奖。

1. 致力科技创新，蓄力企业新动能

无限极全球科研中心，拥有多领域、多学科的高水平的中草药健康产品科研和创新团队，具备全球顶尖的专家人才。

2015 年成立的“中国中医科学院中药资源中心无限极中草药品质研究联合实验室”，专门研究中草药分子生药与道地性、中草药安全性评价及中草药国际化等课题，参与了党参等 77 项中药材团体标准的制定。

“霍夫曼无限极研究计划”于 2017 年启动。无限极牵手诺贝尔奖得主朱尔斯·霍夫曼教授研究团队，在中草药调节免疫功能研究领域开展深度合作。

强大的科研后台使无限极科研实力有了跨越式提升，为消费者提供了丰富的高品质健康产品。截至目前，无限极已推出养固健、萃雅、心维雅等品牌，涵盖健康、美妆、家居生活三大领域 200 余款产品。截至 2023 年 9 月，无限极有专利权的专利共 651 件；拥有多项自主技术和多个自主产品，包括复合多糖核心技术、提升线粒体功能延衰功能因子、专属灵芝菌株等。

2. 从“制造”到“智造”，点燃企业新引擎

历经多年，无限极形成了新会和营口南北“双基地”的格局。2022 年初，“2021 年广东省制造业 500 强”名单公布，无限极榜上有名。

3. 关键核心技术突破，解决“卡脖子”难题

无限极传承传统制造工艺，结合现代先进技术，实施关键核心技术攻关工程，解决多个“卡脖子”问题，包括中草药活性多糖快速筛选及制备、具有自主知识产权的优质灵芝菌种选育、亚热带特色果蔬活性成分和作用机制等技术难题。

无限极联合吴清平院士团队，对公司各种剂型健康食品全产业链的微生物进行系统筛查和识别，已基本掌握这些产业链中优势微生物种属信息、污染水平和分布规律，并率先在食品行业建成健康食品微生物安全风险识别及溯源数据库。

无限极参与完成的“营养健康导向的亚热带果蔬设计加工关键技术及产业化”项目，解决了亚热带特色果蔬活性成分和作用机制不明确、活性

成分高效分离及活性稳态增效的整体利用加工技术缺乏或受制约的行业难题，项目整体技术达国际领先水平，于 2021 年获国家科学技术进步奖二等奖。这也是继 2016 年“油料功能脂质高效制备关键技术与产品创制”项目荣获国家科学技术进步奖二等奖后，再获殊荣。

（二）基于消费者需求的行动指南

无限极保健食品开发始终关注消费者需求。经多年探索，无限极创造并推行 NMD^4的研发策略。该方法以消费者需求为产品开发的出发点，对需求背后的机理进行分析，从中找到可行的干预途径即技术突破口。接着，通过细胞、动物、临床等研究，对原料和组方进行验证，获得产品配方。之后，通过剂型、口感、工艺等研究，采用 NMD^4法，开发出更能满足消费者需求的“六化”产品。

1.“100-1=0”，构建全产业链质量安全管理体系

第一，研发先行，质量安全管理贯穿产品开发全流程；第二，对供应商实行分类分级管理，采取差异化策略把控源头风险；第三，软硬兼用，系统保障生产过程安全；第四，严苛检测，对高品质产品层层把关；第五，高标准物流服务，传递安全信任；第六，前瞻性风险预防管理，零容忍保障产品安全。

2. 诚信经营，保护消费者合法权益

无限极始终坚持务实诚信，以用户为中心，持续为消费者创造价值，累计投入超亿元，用于保护消费者权益。

无限极成立专门打假小组，线上线下两手抓，使打假工作常态化、精确化。线上，无限极与阿里巴巴、拼多多等电商平台建立打假合作机制，自打假行动开展以来，共打击涉假链接近 5000 条，查到在售假冒产品 281 万件，累计减少假冒产品销售额超 5421 万元。

2018 年，无限极首次参与亚太区服务奖项评选活动，摘得“最佳客户联络中心”“最佳互联网+”“最佳顾客服务中心”三大奖项。

（三）基于守法合规的行为模式

无限极作为行业优秀企业，积极响应监管部门的监管行动，制定了与营销制度相匹配的内部规范经营管理制度，狠抓重点、坚决落实，坚持集中整治与长效管理相结合，努力做好规范经营的践行者。

1. 建立健全规范经营的管理制度和管理机制

无限极在 2002 年正式组建专门负责经销商规范经营的管理部门，该部门从组建之初的 3 人发展到现在的 65 人，从管理组织和管理机制两方面开展管理。2004 年，无限极将相关管理制度梳理后，以“业务守则”形式发布并两年进行“一修”。

2. 提升与整治两手抓

近年来，无限极持续加强对经销商和直销员的管理。

无限极通过多种方式，打造“守法合规规范经营”共同体。一是持续推进对经销商规范管理的教育培训。近年来，无限极先后组织了 8.1 万场 276 万人次参加的规范宣传讲座。二是在行业内首创“规范经营宣传日”。

3. 及时响应，与主管部门合规管理相向而行

2019 年，无限极在《关于开展联合整治“保健”市场乱象百日行动的通知》发布后，迅速组织学习并成立专责组，坚决落实。一是及时制定了专项整改的“十项措施”，并成立了 28 个由行政总监任组长的工作组，赴全国 90 座城市，协助并配合分公司落实专项整改。二是为进一步规范经销商的销售行为，无限极制定了“十二个严禁”文件。三是全面开展“自查自纠自检”。四是开展对全国专卖店规范经营的培训，提出了更高标准。

（四）基于社会进步、推动共赢的发展理念

无限极主动、积极适应各种变化，以前瞻视角拥抱社会、消费者、供应商等各利益相关方表达的各种新变化。

1. 守正创新，洞察消费者新需求

推动中医药和传统养生文化深入广大国民的心中，是无限极成立以来不

断突破创新的原动力之一。未来，无限极还将继续深耕健康养生赛道，持续把健康养生这件事做好、做深、做透。

无限极基于目标人群和顾客需求，结合独特的企业文化与健康养生理念，发挥中华本草健康产品定位的优势，强化产品体验，思考未来的产品差异化优势，进行产品创新。

2. 与时俱进，应用新兴互动平台和技术手段

在消费者互动、企业管理和商业模式进化方面，无限极全面发挥新兴技术手段和互动平台的效能，实现了供应链管理升级、销售模式创新、消费者互动高效。

采用全链条数字化供应链管理、无限极特色“直销×社交电商”商业模式，提升整体服务能力。

（五）基于企业公民的责任感与回报

无限极积极打造“健康人生”公益品牌，致力于成为在健康、品质、员工、伙伴、环境、社会等六大领域积极履行社会责任的优秀企业。

1. 社会责任核心价值观：思利及人

思利及人是无限极的核心价值观，也是无限极社会责任的核心价值观。“思利及人”就是“做事先思考如何有利于我们大家，而不仅仅是从我出发”。有利于“我们大家”的事才值得做。而“我们大家”就是利益相关方，包括员工、顾客、经销商、供应商、社会、政府、媒体、环境等。

无限极积极投身慈善公益事业，在乡村振兴、应急赈灾、关爱健康方面贡献自己的力量。2006 年及 2018 年两度获“中华慈善奖”。

2. 社会责任体系：“五个一”

无限极在大量实践中，形成了“五个一”社会责任体系。一个核心价值观，即“思利及人”。这既是无限极做事的价值判断标准，也是其践行企业社会责任的内涵。一本企业社会责任报告。自 2008 年以来，无限极连续发布了 15 本报告。一个思利及人公益基金会。2012 年，无限极捐赠 2000 万元，成立了非公募的思利及人公益基金会。到 2023 年，通过该基金会，

无限极已实现捐赠超 1.3 亿元。一支无限极志愿者队伍。2016 年，无限极以行政员工和业务伙伴为主体，成立志愿者队伍，目前共有 34 支志愿者队伍，志愿者达 9800 多人，志愿服务超 10 万小时，开展志愿服务 720 场次，并在全国设立 100 个无限极志愿服务站。一组具有无限极特色的公益品牌项目。无限极开展的“思利及人助学圆梦”“希望工程·无限极快乐足球”等项目受到多方高度认可。

3. 社会责任特色：精准助学，打造特色教育公益

“思利及人助学圆梦”项目：该项目为家庭困难学生及其家庭提供经济支持和持续关怀，并向受资助学生及其家庭传递“思利及人”的公益理念，培育学生自立自强的奋斗精神和回馈社会的责任意识。项目于 2013 年启动，无限极力促企校联动，与 39 所优秀职业院校合作，开设 44 个班，累计投入 2684.5 万元，为 23 个职业教育专业类共 1661 名学生提供资助。

“希望工程·无限极快乐足球”项目：自 2015 年起，无限极携手中国青少年发展基金会启动的“希望工程·无限极快乐足球”项目，旨在为欠发达地区儿童打造集足球普及、培训和比赛于一体的公益项目，致力于营造农村地区小学的体育氛围并推进体育教育，搭建农村地区体育教学的公益平台。2019 年，无限极获“希望工程突出贡献者奖”。

4. 社会责任互动：发起“520社会责任日”

早在 2017 年，无限极作为首批发起机构之一，与其他 9 家单位共同成立了“520 社会责任日”倡议委员会，倡议将 5 月 20 日定为社会责任日。这一倡议一经推出，便成为大众关注的焦点，赢得了多方支持。

2022 年 5 月 20 日，无限极在新浪微博举办以“小爱汇大爱　我们大于我”为主题的第四届“520 无限极社会责任日”活动。同日，无限极携手广州市慈善会等单位，举办“党心护童心‘点亮 100 微心愿’”公益活动，以线上线下相结合的方式，让“社会责任”的话题走进公众视野。

B.21
坚持科学营养战略 引领膳食补充剂行业发展
——汤臣倍健

董国用*

摘　要： 汤臣倍健依托现代营养学，建立全品类、广人群、全覆盖的膳食营养补充体系，深入实施“科学营养”战略，以极致的科学精神，打造极致的科学营养产品力。以“科学营养”战略促进公司向强科技企业转型；打造以透明工厂为核心的生产和质量管理体系；推行“全球原料，全球营养”的原料供应策略；坚持“诚信比聪明更重要”的核心价值观。同时，汤臣倍健坚持“既以为人己愈有，既以与人己愈多”的公益理念，重视社会责任重大议题，积极履行企业社会责任。

关键词： 膳食补充剂　科学营养　汤臣倍健

一　汤臣倍健概述

汤臣倍健创立于1995年，2002年系统地将膳食营养补充剂（Vitamin Dietary Supplement，“VDS”）引入中国非直销领域。膳食营养补充剂是指以维生素、矿物质、动植物提取物及其他生物活性物质等为主要原料制成，以达到平衡营养、提高机体健康水平的目的，不以治疗疾病为目的，不能代

* 董国用，中国社会科学院食品药品产业发展与监管研究中心“中国保健食品产业发展研究”课题组副组长、“中国食品品牌与舆情管理研究”课题组组长。

替正常饮食，并且对人体不产生任何急性、亚急性或慢性危害。

2010 年，汤臣倍健在深交所上市，并迅速成长为中国膳食营养补充剂领导品牌和标杆企业。2018 年，汤臣倍健收购澳大利亚益生菌品牌 lifespace 和拜耳旗下儿童营养补充剂品牌 Pentavite。汤臣倍健已逐步发展为全球膳食营养补充剂行业领先企业。

汤臣倍健依托现代营养学，建立全品类、广人群、全覆盖的膳食营养补充体系，深入实施“科学营养”战略，以极致的科学精神，打造极致的科学营养产品力。以“科学营养”战略促进公司向强科技企业转型；打造以透明工厂为核心的生产和质量管理体系；推行“全球原料，全球营养”的原料供应策略；坚持“诚信比聪明更重要”的核心价值观。

二　企业发展特色

汤臣倍健主动创新求变，在研发、生产、经营、服务等方面沉心提质，实现有质量的收入持续增长。同时，公司继续拓宽销售渠道、扩大品牌效应。通过一系列措施保持稳定增长，公司有效应对复杂环境带来的挑战。

1. 汤臣倍健核心价值观

在新时代背景下，汤臣倍健围绕“诚信”“创新”“尊重”三个关键词，对企业核心价值观进行更新升级，对公司经营、企业责任及员工发展提出了更高要求，主要有“诚信比聪明更重要”“创新求变，以速度应变”“尊重每个人，享受每一天”。

2. 实施“科学营养”战略，向强科技企业转型

在立足“健康中国”国策和国民健康需求的基础上，汤臣倍健聚焦科技核心竞争力打造，稳步实施“科学营养”战略。

需求催生“科学营养”战略。2022 年，企业董事长梁允超发出致股东信“再用八年时间，打造强科技型企业”，希望再用八年时间，初步完成强科技型企业的转型，提出实施“科学营养”战略，持续打造就是不一样的汤臣倍健“硬科技”产品力和科技竞争优势，赋能 VDS 行业科技含量，带

给行业增量价值。

战略三大聚焦。汤臣倍健“科学营养”战略实施将高度聚焦于科技核心竞争力打造，具体实施体现在三个方面。第一，自有专利原料和配方研发。第二，新功能及“重功能”产品研发和注册。第三，抗衰老及精准营养等前瞻性基础研究成果发布。

实施“科学营养”战略。第一，深化科学技术创新。第二，构建行业标准与知识产权体系。第三，战略实施技术依托自主研发及联合开发。

企业将持续在全球发布类似 PCC1 的抗衰老和精准营养等前瞻性研究成果，实现健康综合干预，包括精准营养干预、内稳态健康等在内的多项前沿研究正在推进中，以科学营养改善健康、提升生命质量，以极致的科学精神打造极致的科学营养产品力。

3. 以透明工厂为核心的生产和质量管理体系

汤臣倍健创立 29 年来，通过强化质量控制理念和建造品控严格的生产基地——透明工厂，当好食品安全保障“第一责任人”。2018 年，董事长梁允超将历年来汤臣倍健质量控制的基本理念归纳为八大质量控制理念，视为企业生存和发展的压舱石。

汤臣倍健八大质量控制理念

（1）国家标准和法规仅仅是一个最低的要求和底线，汤臣倍健要全面超越国家的标准。

（2）违规的红线绝对不能碰、不能想、不能有侥幸心理，想了都有罪。法律法规上不违规但明知有健康风险的，同样不能干！同样不可饶恕！

（3）舌尖上的行业就是刀尖上的企业，永远头顶一把刀，天天如履薄冰，不敢有丝毫松懈。质量是食品企业的生命线，市场可能连一次犯错的机会都不会给你。

(4) 质量问题归根结底是企业"人品"的问题，而不是钱和技术的问题。人在做天在看，对每一个生命都永存敬畏之心。

(5) 以任何冠冕堂皇高大上的原因去牺牲或增加质量风险，这不只是在耍流氓，这实实在在就是流氓。包括效率、效益、成本、市场断货等因素，一切都为质量让道，任何原因在质量面前都不应成为理由。

(6) 确保品控的专业权威和独立性，与业务切割开。

(7) 字字践行"不是为客户而是为家人和朋友生产全球高品质营养品"的理念和品牌DNA。自己的小孩、家人和朋友不敢吃的产品，绝对不能生产，绝对不能出厂门！

(8) 诚信比聪明更重要，诚信乃透明工厂立厂之本，100吨重的诚信之印就是一面明镜伫立在面前，永远警示着汤臣倍健每一个人。

汤臣倍健透明工厂是技术先进、品控严格的膳食营养补充剂生产基地之一，通过了透明工厂管理体系认证，作为国家AAAA级旅游景区，对公众和行业开放，做到全球原料可追溯、生产过程透明化。

汤臣倍健透明工厂的改善创新从未停步，生产连续化和自动化、物料物联化、工艺信息化等"十化"目标正一一实现。

2023年，汤臣倍健凭借透明工厂全过程数智化质量管理模式获评全国质量标杆。

4. 全球原料，全球营养

汤臣倍健恪守一套近乎苛刻的原料来源审核制度，在全球范围内科学甄选优质原料，以全球原料的品质优势战略，形成品质差异化的核心竞争力。

迄今为止，汤臣倍健原料产地遍及全球。汤臣倍健与全球优秀的原料供应商建立了良好的合作关系。

为了提升高品质原料全球采购的可控性，自2012年至今汤臣倍健还在巴西、澳大利亚等地建立了多个原料专供基地。2012年6月，汤臣倍健与巴西Duas Rodas公司签署针叶樱桃原料专供基地协议；2014年8月，汤臣

倍健与巴斯夫集团签订了澳大利亚β-胡萝卜素原料专供基地协议。

5. 品牌宣传与科普宣传

品牌宣传。在“科学营养”战略下，公司持续创建以科学为核心的品牌竞争力，以科技力提升品类信赖度和品牌溢价力。

在主品牌“汤臣倍健”的基础上，汤臣倍健不断拓展细分专业品牌，形成了丰富的品牌矩阵，各品牌在品牌定位、面向的消费人群及其需求上形成良好的互补性，高效提升品牌价值。

2023年，汤臣倍健聚焦“科学营养”“透明工厂”等品牌强符号，启动集团品牌全触点升级：推动核心产品创新升级，以产品为核心连接点，为消费者的健康创造价值；秉承为家人和朋友生产全球高品质的营养品品牌的理念，持续提升消费者信任度。

科普宣传。第一，打造健康快车。为了向公众普及营养健康知识，提升公众营养健康认知，2011年4月，在第三届营养健康产业国际博览会上，汤臣倍健正式启动“健康快车营养中国行”大型健康公益活动。

截至2023年6月，汤臣倍健健康快车营养中国行已走遍全国30个省（区、市），累计举办16306场活动，为超过300万人次提供了人体成分、骨密度及动脉硬化状况等免费测试。

第二，打造科普教育基地。2019年12月，珠海市市场监督管理局和汤臣倍健在珠海透明工厂内签署共建珠海市保健食品消费者教育基地协议。透明工厂基地致力于加强食品安全消费教育，提高消费者对食品安全及VDS行业的认知水平，倡导绿色、健康、科学的消费习惯。

2022年4月，中国科学技术协会公布“2021~2025年第一批全国科普教育基地”名单，汤臣倍健透明工厂入选。截至2023年10月，透明工厂景区已累计接待游客134万人次。

第三，打造“518中国营养节”。为响应《“健康中国2030”规划纲要》号召，践行大食物观，2022年，在中国营养学会科普工作委员会的指导下，汤臣倍健联手新华网成立“518中国营养节”，面向全社会倡议科学营养观，共同助力提升国民健康水平。

三　环境和社会责任

一直以来，汤臣倍健坚持“既以为人己愈有，既以与人己愈多”的公益理念，重视社会责任重大议题，积极履行企业社会责任。汤臣倍健始终将依法经营作为企业运行的基本原则，注重经济效益与社会效益的共赢。公司严格遵守国家法律、法规、政策的规定，始终依法经营，积极纳税，发展就业岗位，支持地方经济的发展。

1. 可持续的社会公益

2005 年，汤臣倍健启动“1+1^{+}希望工程”计划，截至 2023 年 6 月，已援建并落成 18 所希望小学。

2011 年，启动“健康快车营养中国行”大型公益活动，截至 2023 年 6 月，已累计举办逾 16300 场活动。

2012 年，携手中国营养学会、全球儿童营养基金会共同启动“贫困地区儿童营养改善项目”，历时 3 年，覆盖广东、湖北和河北三省 18 所乡村小学，为学生免费提供营养强化配方粉，有针对性地补充营养素，并配合相应的营养知识教育，帮助超 6000 名学生改善营养失衡状况。

2013 年起，公司携手姚基金支持姚基金希望小学篮球季活动，为参加篮球季的数万名小学生捐赠营养品，帮助他们补充营养，使他们更好地享受运动带来的快乐。

2013 年，联合中国青少年发展基金会共同发起“希望工程汤臣倍健营养支教计划”。截至 2019 年底，已向全国 140 多所小学进行了儿童营养品捐赠，并组织 200 多名志愿者开展学生营养课堂，此外培养了 460 名营养教师，直接及间接惠及逾 12 万名学生。

2020~2022 年，清华大学、北京大学、浙江大学、同济大学、中山大学等全国 24 支高校队伍共 385 名大学生，加入汤臣倍健营养支教计划，前往 13 个省（区、市），开展营养课堂 404 课时，走访调研 780 户家庭。

2020 年 1 月，公司通过中华慈善总会捐款 1000 万元设立专项救助资金，用于抗疫一线医护人员的救助和奖励以及医疗防护物资采购。后多次向各地抗疫一线、希望小学师生等捐赠营养产品和额温计、口罩等医疗物资，合计市场价值超 2500 万元。

2021 年 8 月，通过中国扶贫基金会捐赠现金及营养物资，合计价值超 500 万元，定向用于河南省巩义市受灾小学修复及师生灾后营养支持。

2021 年，与中国青少年发展基金会开启中国青少年科技素质教育项目合作——小平科技创新实验室，至 2023 年已在江苏盐城、福建平和、西藏山南捐建了 3 个生命科学方向的小平科技创新实验室。

2022 年，汤臣倍健与广东省钟南山医学基金会设立“科学营养专项基金”，共推科学营养社区健康计划。

2023 年上半年，汤臣倍健参与中国青少年发展基金会发起的“希望工程·大湾区足球嘉年华”活动，帮助乡村儿童强健体魄、追逐体育梦想。

2. 巩固拓展脱贫攻坚成果，支持乡村振兴事业

汤臣倍健参与 2021 年“广东扶贫济困日”活动，并向珠海市基金会、珠海市金湾区红十字会等慈善组织共计捐赠 60 万元，支持广东地区乡村振兴事业发展。

企业积极参与 2022 年、2023 年“广东扶贫济困日”活动，并向珠海市扶贫基金会、珠海市红十字会、珠海市金湾区红十字会等慈善组织共计捐赠 165 万元，支持广东地区乡村振兴事业的发展。

四　引领膳食营养补充剂产业健康发展

膳食营养补充剂行业是大健康产业的重要组成部分，科学规范、高质量发展膳食营养补充剂行业，利国利民。近年来，我国人口老龄化程度加剧，老年人对健康产品的需求明显高于普通人群，膳食营养补充对健康老龄化意义重大。后疫情时代，人们对大健康概念的认知进一步提升，与此同时，“80 后”“90 后”也逐渐成为健康产品消费的主力军。这些都为健康产业发展提供了巨大空间。

随着大健康观念不断深入，科学、精准、多元的营养需求正在成为消费主流。同时，营养健康科学研究进入快速发展时代，新技术层出不穷。比如，基于营养基因组学的精准营养设计和大数据的应用正在成为新型膳食营养补充剂发展的强有力手段；合成生物学制造技术的运用，正在颠覆传统的以种植和养殖为主的食品生产和供给方式。新技术为产业发展带来机遇，未来健康产业升级将依赖技术破局驱动，以满足消费者对产品的科学性和功能性的需求。

未来膳食营养补充剂行业发展前景广阔，同时也有很长的路要走，需要政府、企业、行业协会等共同努力，推动行业发展，积极开展营养健康教育，加强对营养健康产业创新推动，落实企业主体责任，合规生产经营，为消费者的健康创造更多价值，为社会和经济创造更多价值，助力健康中国建设。

B.22

围绕核心技术 打造核心品牌

——珍奥双迪

徐华锋*

摘 要： 珍奥双迪健康产业集团长期以来围绕“核酸”进行产品研发，实现了从原材料、半成品添加直至终端产品的核酸全产业链布局。公司在核苷酸提取、功能性核酸产品研发、各类营养食品和保健食品研发等方面持续发力，形成核心优势。近年来，通过实施品牌化、定制化、数字化、合规化与企业文化融合发展的策略，企业稳步成长，同时，减弱内外部环境变化等对企业发展造成的影响：坚定企业文化作为企业发展的驱动力；聚焦产业链，整合资源，聚力发展；围绕核心技术进行产品研发，打造核心品牌，构造品牌矩阵。

关键词： 核酸 全产业链 营养食品 数字化 珍奥双迪

一 珍奥双迪概述

珍奥双迪（大连）健康产业集团有限公司（以下简称“珍奥双迪健康产业集团”）于2021年4月25日成立运营，聚焦核苷酸、富氢、基因检测三大核心技术，致力于生物制造、生物制药、生物制品、生物环保、基因检测五大支柱产业的创新与发展，聚力多板块、全链条、高精尖、广域覆盖的大健康产业版图。旗下拥有珍奥集团、双迪股份、珍奥生物、珍奥

* 徐华锋，中国保健协会监事长，“中国保健食品产业发展研究”课题组副组长。

药业、晶泰基因、上海珍奥生物（HTB）、医药批发及药房连锁等产业集群企业。

珍奥双迪健康产业集团总部位于辽宁大连金普新区金七路生物谷园区，占地面积 38 万平方米，总投资 21.58 亿元，是核酸产业化基地、氢分子医学产业化基地、国家级基因检测示范中心、全国科普教育基地、全国健康促进与教育优秀实践基地、全国工业旅游示范点、国际基因节永久会址。

珍奥双迪健康产业集团，以“立足生命科学，造福人类健康”为宗旨，以核酸为最高信仰，打造延长寿命、健康寿命、延缓衰老的新型营养观；以全关系为终极追求，实现彼此信任、彼此尊重、彼此和谐，打造人与人、人与社会、人与自然和谐相融的新型消费观。

二　文化引领，聚焦聚力

珍奥双迪健康产业集团在多年的发展过程中一直围绕“核酸”进行产品研发，实现了从原材料、半成品添加直至终端产品的核酸全产业链布局。近年来，通过实施品牌化、定制化、数字化、合规化与企业文化融合发展的策略，稳步实现营收增长，减弱内外部环境变化及疫情对企业发展造成的影响。

（一）坚定企业文化作为企业发展的驱动力

1996 年珍奥成立之初，即提出“将企业产品中蕴含的爱传递给消费者”，明确了“大爱思想”。在近 30 年的发展过程中，企业创办人要求各子公司对珍奥文化延续传承，逐步升华，形成以“孝爱家和”为核心的大爱文化，以及基于“孝商”的全关系文化。

1. 对顾客：“孝”文化

珍奥双迪健康产业集团的产品理念是健康、长寿、幸福、快乐。消费者选择企业产品，得到的不仅是健康、长寿，还有真诚、周到、朴实、自然、亲切的“小棉袄”服务。

2. 对社会：“爱”文化

企业多次承办孝亲敬老工程、健康公益科普等活动；同时在抗震救灾、扶贫济困、希望工程、抗疫保供等各项公益事业中义不容辞，充分践行企业的社会责任观，将爱心播撒到社会的每个角落。

3. 对员工：“家”文化

员工就是家人，企业就是一个大家庭，平等、尊重、关怀、扶持、同乐是珍奥双迪人共同干事业、谋发展的出发点和落脚点。

4. 对伙伴：“和”文化

珍奥双迪的团队、合作伙伴之间讲求的是“和”文化，团队之间要和谐、和平、和气，和睦发展，获得共赢。

通过将企业文化与全关系管理理论相结合，聚焦顾客、产品、市场、服务，将营销实践中发现的全关系运用到营销过程中，对营销规律进行认知、发现及顺应，认为全关系营销是把控高品级企业、高品质产品、高品位人格的方向；坚持以“孝商”为全关系营销的初心及原点，是实现营销与道德、意识、文化、情感、操行、价值、境界知行合一的有效链接；用孝道突破单纯的买卖关系间的瓶颈，把全关系做通、做透。

（二）聚焦产业链，整合资源，聚力发展

2010 年 7 月，珍奥核酸生物谷园区项目落地实施。经过四年的建设，2014 年，生物谷落成，全面投入使用。

园区目前已实现包括胞苷酸、腺苷酸、尿苷酸、鸟苷酸、肌苷酸等在内的各种核苷酸和高核苷酸酵母抽提物、低核苷酸酵母抽提物、酵母肽等多种核酸类衍生品的分离和生产；实现 40 多种功能性保健食品和营养素补充剂，30 多种营养食品，10 余种运动营养食品，以及冻干粉针剂、片剂、颗粒剂、胶囊剂等多种类产品的生产。同时，在开发市场，发展会议营销、旅游营销与店铺直销的基础上，园区通过“健康+”的方式整合自媒体、数字店铺、CRM 服务系统等各种营销优势资源，打造全新的营销管理平台，实现生产、研发、销售的资源整合，实现聚力发展。

（三）围绕核心技术进行产品研发，打造核心品牌，构造品牌矩阵

珍奥双迪健康产业集团，拥有药品、保健品、生物制品科研中心及创新科技研究院等多个科研机构。旗下企业与多所高校和机构建立了长期稳定的合作关系。

目前，企业保健食品方面的研发主要分为三个方面：一是基于核苷酸提取物方面的研发；二是基于抗衰老等特性的核酸功能性产品的研发；三是各类营养食品、保健食品的研发。

1. 核苷酸提取物方面的研发

通过运用现代生物技术，进行高品质食品配料、营养强化剂、饲料添加剂等产品研发，从真核生物细胞中提取核酸、小分子核酸和核苷酸酵母抽提物、酵母肽等多种核酸类衍生品；分离生产包括胞苷酸、腺苷酸、尿苷酸等在内的各种核苷酸。其中核苷酸、高核苷酸酵母抽提物产品出口遍及美洲、欧洲，供应多家世界500强乳品企业。

企业目前可生产5种不同的核苷酸，包括腺苷5’-单磷酸AMP、胞苷5’-单磷酸CMP、鸟苷5’-单磷酸GMP、肌苷酸IMP、尿苷5’-单磷酸酯UMP。

2. 功能性核酸产品研发

（1）研发历程

2001年，在卫生部领导建议下，珍奥与复旦大学公共卫生学院和同济大学基础医学院进行了长达两年的多中心、大样本、随机、双盲人体实验。

2003年，在中国保健协会组织指导下，完成了国内首次首家对保健食品进行的多中心、随机、双盲对照的体征实验；同时在协会的大力推动下，核酸营养被纳入“全民健康生活方式”科普活动，在国内超过1000万人群服用过核酸类产品。

2004年，诺贝尔奖获得者、曾任国际免疫学会主席的青克纳格尔博士开始参与核酸营养研究课题；2016年，青克纳格尔博士再次来到珍奥，参与核酸营养研究。

2006 年至今北京大学公共卫生学院营养与食品卫生学系李勇教授科研团队，开展了四代大白鼠终身喂养的动物实验等，对外源核苷酸的延缓衰老和延长健康寿命的作用和机制进行了长达 10 余年的全面系统性研究，取得了大量翔实数据。

2014 年，中国工程院孙宝国院士领衔的专家组用科学的态度对“核酸、核苷酸安全性及功能性研究”进行了评审，得出了“研究证实核酸、核苷酸是一类重要的营养素，是构成基因的物质基础，可以有效地提高人体健康维护水平，提高免疫功能，促进婴幼儿生长发育，该项研究成果处于国际领先水平。建议进一步推广研究成果，开发核酸类营养保健食品，改善我国公众营养状况”的重要论断。

2021 年，在中国营养保健食品协会指导下，完成了国内首家核苷酸行业标准的拟制和立项，为争夺核苷酸国际话语权打下了基础。

（2）主要产品

珍奥双迪健康产业集团立足生物谷精准健康管理大平台，运用核苷酸、酵母肽等现代生物技术，遵循营养学营养平衡的理念，开发出一系列功能性保健食品及营养食品。按照保健功能来划分，珍奥双迪健康产业集团旗下的保健食品主要包括七大类：免疫调节、膳食纤维、养生茶饮、营养补充、调节血脂、增强记忆和养肝护肝系列。

（3）各类营养食品、保健食品的研发

企业秉承科学营养观，以产品使用功效和安全可靠性为目标，建立了完善的产品研发体系，开发出一系列保健食品及营养食品。

双迪©核苷酸海洋鱼肉低聚肽胶囊在同类产品中核苷酸含量最高，高达 34%。企业独创的高核苷酸酵母肽产品，成功地将核苷酸以食源性带入的方式，应用于大众食品，服务于大众健康。

高核苷酸酵母肽是运用酶工程技术开发的独具特色的全营养素物质，已经发现，高核苷酸酵母肽中存在较高含量的谷胱甘肽、活性多糖以及其他具有重要生理作用的微营养素。

（四）持续进行数字化、信息化、智能化建设，提升产能效率、产品品质

1. 信息化建设

公司建立了企业级信息系统平台，通过 MES、WMS、ERP 等信息系统建设，实现生产全流程的实时数据采集、数据分析及监控，并通过对生产过程数据进行采集、统计、分析，实现数据共享和汇总分析。根据订单计划情况和生产进度、生产异常等，辅助柔性排期、柔性规划生产，实现订单信息、生产进度、生产计划等生产过程的精细化管理，提高生产设备的自动化水平和可靠性，提高产品的生产效率。

同时，企业构建以“健康+”为核心的营销服务体系，依据 4C 商业模式提出“以客户为中心，以健康为导向”的理念，致力于创建高效、专业、值得信赖的健康产品综合性服务第三方电商平台。其核心结构包含以 B2B 和 B2C 联营模式的 Web 商城，以移动端营销为核心的微商城与 App，以客服中心、电销中心、体验中心及 CRM 管理平台为主的呼叫中心，以 O2O 模式布局线下体验中心 4 个部分，利用统一的数据库系统进行大数据管理，实现全方位、多层次、立体化、全领域覆盖的综合性健康产业服务功能。

2. 精细化管理

为了保障智能化改造的顺利实施，企业加大了对关键岗位员工的专业培训，以及全员的业务培训。通过形成规范的管理制度、操作说明书，让员工逐步适应智能化改造带来的生产流程变革。同时，加强管理人员对生产数据的利用，改变现有的排产方式，促进生产效率的提升，促进企业员工智能制造、智能服务能力提升。同时，充分调动员工的学习积极性，通过实施奖励方案积极促进适应新的模式，保障产品质量，提升制造服务能力。

（五）通过实施精准健康管理，逐步推进定制化进程

“精准营养”，简单地说，就是要根据大众的多元、全面、均衡的营养

需求，实现千人千面的个性化精准营养解决方案。

珍奥双迪在推进核酸类保健食品研发的过程中，结合基因检测系列服务及科学实验，依据细胞寿命决定人的寿命、基因质量决定生命质量的理论，逐步解码人体奥秘，打造个性化的人体说明书，为人体健康微环境的个性化修缮和优化提供精准分析和指导。通过基因解码、精准营养考察个体遗传背景、生活特征、代谢指征、肠道微生物特征和生理状态等因素，从而根据差异设计个性化营养计划，以达到维持机体健康、有效预防和控制疾病发生发展的目的。

为了实现精准健康管理，逐步推进定制化进程。公司组建了以基因技术为核心，以基因检测和高通量测序为主导，集研发、生产、科研服务和医学检测于一体的生物技术公司。

通过前端的健康检测，加强慢性病监测管理，对疾病发生风险进行准确评估，制定个性化的生活方式，进行全面健康干预，使人们养成良好的行为生活方式，在疾病发生之前进行针对性的预防，有效降低或预防疾病的发生。结合现有医疗资源及产品体系，秉承“你健康，我自豪”的企业理念，完成定制化的精准健康管理。

（六）加强合法、合规经营，保障企业稳步发展

2005 年，《直销管理条例》和《禁止传销条例》获得通过并公布实施，使保健食品的直销模式在我国获得合法地位。2016 年 7 月，新的《保健食品注册与备案管理办法》开始正式实施，所有保健食品要求进行注册或备案管理。近年，国家持续加强对保健食品的规范管理。

集团下属企业大连双迪科技公司 2014 年获得直销经营许可证。为了加强合规管理，该公司特别制定了“三大纪律、八项注意”原则。

三大纪律：一切言行遵法守规，符合珍奥双迪企业文化；一切销售的产品均由珍奥双迪企业生产、引进；一切行动服从珍奥双迪企业的统一管理。

八项注意：不制售假冒、伪劣产品；不虚假宣传、夸大产品功效；不强买强卖、促大单；不为消费者寄存产品；不向危重病人推销保健品；不准宣

传食品和保健品可以代替药品、对疾病有治疗功效；不做股权投资回报销售等违规承诺；不诋毁攻击同行企业、产品和领导人。

三　社会责任

珍奥双迪健康产业集团弘扬、践行以“孝爱家和”为核心内容的大爱文化，为消费者提供真诚、周到、朴实、自然、亲切的人性化服务，对员工采取平等、尊重、关怀、扶持、同乐的人性化管理，给社会生产孝心、爱心、实心、仁心、恒心的人性化产品。

忠实履行社会责任，积极投身抗震救灾、扶贫济困、孝亲敬老等各个方面。疫情期间，集团组织旗下企业向湖北、大连、上海等地捐赠了大量防疫物资；并发挥自身基因检测技术优势，配合辽宁省多地政府提供第三方核酸检测服务。

B.23
标准化可追溯　塑造全产业链健康模式

——寿仙谷

徐华锋*

摘　要：　以科技创新为核心驱动力，寿仙谷创新了“一链二体三全九化”的寿仙谷模式，为中医药类保健食品走出了优选道路。其先后主导和参与了包括5项国际标准在内的90余项标准，获授权30余项发明专利，选育名贵中药材优良新品种10个，以标准化体系、可追溯体系为规范，实现全产业链质量保证、全生命周期客户体验、全过程传承创新。

关键词：　中医药　保健食品　寿仙谷

一　寿仙谷概述

寿仙谷药号始建于清宣统元年（1909年），现为国家农业龙头企业、国家高新技术企业、中华老字号企业。“武义寿仙谷中药炮制技艺”被列入“国家级非物质文化遗产代表性项目名录”。2017年5月，寿仙谷在上海证券交易所主板成功上市，成为中国灵芝、铁皮石斛行业第一股。2021年12月，企业获浙江省人民政府质量奖。

寿仙谷以“张伯礼智慧健康创新实验室”和寿仙谷院士专家工作站为核心，组建了“一站二联盟三院六中心”等多个科研创新平台。与北京大学医学部、浙江大学药学院等国内权威研究机构，建立产、学、研联合的交

* 徐华锋，中国保健协会监事长，“中国保健食品产业发展研究”课题组副组长。

流平台。与美国梅奥医学中心、法国欧洲精准医疗平台合作，联合开展灵芝及孢子粉等产品药理药效研究。

寿仙谷先后承担了“灵芝新品种栽培及精深加工产业化研究”“铁皮石斛药材及相关产品质量标准研究”等100多项国家级、省级、市级重大科技项目。成功选育拥有自主知识产权的灵芝、铁皮石斛、西红花等名贵中药材优良新品种10个。10多项成果填补国内空白，获国家授权专利86项，含发明专利33项。获国家级、省级、市级科技奖31项，其中，获国家科技进步奖二等奖1项、省部级科技进步奖21项。

寿仙谷力争打造“有机国药第一品牌”，突破常规“企业+农户”的生产模式，建立了5000多亩铁皮石斛、原木赤灵芝、西红花等名贵中药材标准化仿野生栽培基地，确保了药材天然、无污染。

寿仙谷通过科技创新和实践，实现了中医中药基础科学研究→优良品种选育→仿野生有机栽培→传统养生秘方研究与开发→现代中药炮制与有效成分提取工艺研究→中药临床应用的一整套完善的中药产业链，实施身份证可追溯制度，建立了全程质量控制体系。公司运用现代科技成果，自主研究开发破壁灵芝孢子粉、铁皮枫斗灵芝浸膏、铁皮枫斗颗粒等系列产品，成为杭州胡庆余堂、方回春堂、北京同仁堂等多家百年老字号的指定产品，畅销京、沪、浙、苏，并快速走向全国。

二　寿仙谷企业文化及质量保障体系

为促进中医药产业发展，充分保障质量，寿仙谷采用“一链二体三全九化”的质量保障模式。

（一）“一链”：全产业链模式

寿仙谷的“一链”就是“全产业链”，其产业链不仅延伸到中药材种植，还延伸到无法直接产生利润甚至要消耗大量人力财力物力的中药材品种选育、产品功效检验和临床应用验证环节。

为此，寿仙谷创建了“中医药学基础研究—优良品种选育—生态有机栽培—新产品研发—精深加工—临床应用—市场推广”完整的中药产业链。

寿仙谷以“公司+基地+”的生产方式，获得了以下三个方面的突破。

一是“公司+基地+旅游”。武义县白姆乡的寿仙谷有机国药基地位于白姆水库附近，自然风光独特，旅游资源丰富。2021 年，共接待游客超 12 万人次，为附近农民创造创业创收机会，拉动消费，带动武义县旅游增收 2000 多万元。

二是“公司+基地+康养”。2013 年，寿仙谷有机国药基地被授予首家“浙江省中医药文化养生旅游示范基地”称号。2021 年，寿仙谷在浙江省首批获准灵芝、铁皮石斛“药食两用”试点单位，4 个品类 10 款产品获“药食两用”生产许可。

三是“公司+基地+教育”。寿仙谷利用自身有利条件，积极探索中医药文化传承与教育新模式，并获得多项荣誉。企业先后成为浙江中医药大学药学类校外实践教育基地、浙江农林大学教学科研实习基地、金华市中小学质量教育社会实践基地、发明研学示范基地等多项适用于教育和体验的校外基地。

（二）“二体”：标准化体系和可追溯体系

寿仙谷重视标准化建设，先后参与或主导制定各项中医药标准 90 余项，其中，国际标准 5 项、国家标准 20 项、行业标准 4 项、地方标准 9 项、团体标准 51 项。其标准化体系内容覆盖企业药品、保健食品、日环用品等所有产品品类，贯穿产品从育种、种植、研发、加工，到销售、客户体验等全生命周期质量保障和服务过程。

我国的食品、药品溯源系统起步于 2002 年。在这方面，浙江走在了全国前列，相继上线了浙食链、浙冷链等食品、药品溯源系统。寿仙谷第一时间加入浙食链系统，建立全程质量控制体系，实施产品身份证可追溯制度，涵盖中药生产制造检验检测全过程，产品实现浙食链赋码，消费者可直接扫码查询产品的种植、生产、销售等信息。

（三）“三全”：全产业链质量保证、全生命周期客户体验、全过程传承创新

全产业链质量保证。从育种到种植、研发和加工，再到最后的销售环节，寿仙谷建立了一整套完善的中药产业链体系，用“公司+标准化”生产方式，确保产品天然有机、安全高效。企业始终坚持以科技创新为引擎，打破瓶颈，提升核心竞争力。

全生命周期客户体验。寿仙谷以质量和服务为王，本着“大医精诚”的理念，打造“名药、名医、名店”三位一体的销售模式。

全过程传承创新。“武义寿仙谷中药炮制技艺”被列入“国家级非物质文化遗产代表性项目名录”。公司董事长李明焱被认定为国家级非遗传承人。

（四）“九化”：产品质量保障三化同行、企业管理三化融合、产业发展三化共促

产品质量保障三化同行。一是品种自主化。二是栽培道地化。三是炮制创新化。

企业管理三化融合。一是生产智能化。二是管理数据化。三是销售云端化。企业加速发展互联网销售，依托天猫官方旗舰店、京东官方旗舰店等线上渠道，并运行“寿仙云”等寿仙谷小程序。随着品牌知名度攀升，产品线上销售快速放量，占比不断提升，成为业绩快速增长点。

正在建设的项目“寿仙云商城”将实现“市场行情”“产品追溯”“科研分析”三个模块一网统管体系，以全面掌握全国市场的销售态势。该系统实时监控和分析各区域市场份额、产品类别销售数据，管控市场终端动态库存，及时调整产品铺货方案，实现精准、高效营销“一图统揽”。

产业发展三化共促。一是技术共享化。二是标准共促化。三是药食同源化。

三　寿仙谷企业社会责任

寿仙谷始终坚持“诚信、敬业、创新、高效、和谐、奉献”的企业精神，在不断发展的同时，积极履行公共责任、公民义务，恪守道德规范。

（一）一、二、三产融合，化农为工，产业带动农民增收

寿仙谷全产业链涉及农产品、中药饮片保健产品加工，产品销售和农业旅游等领域，从多方面带动农业增效、农民增收。一是租用土地，使农户受益。二是企业基地雇用当地农民。三是农民身份员工占比70%以上。四是持续向合作社、农民收购产品、菌木等原材料。五是2021年，寿仙谷集团一、二、三产全产业链总产值达16.18亿元，纳税1.58亿元。

（二）潜心研究，无私奉献，技术带动产业扶贫

寿仙谷始终坚持“科技兴民、服务三农”的宗旨，积极开展科技扶贫，推进农民科技致富。寿仙谷科研团队于20世纪90年代自主选育了全国首个高温香菇品种“武香1号”，并成功研发香菇野外代料、高温季节栽培和周年栽培技术，将栽培技术无偿提供给菇农，并给予免费技术辅导。通过科技扶贫，寿仙谷科研成果在全国大规模推广应用，累计推广面积31520亩，带动农户9949户，对产业发展和农业增效起到了引领作用。“武香1号”至今仍为我国高温香菇主栽品种，每年为社会创造经济效益超500亿元。

（三）有机栽培，全程追溯，保障产品质量安全

为保障药材的产量、质量和疗效，30多年来，寿仙谷不断探索，构建了以系统选育为主、以诱变育种和杂交育种为辅、分子标记辅助育种等多种育种技术相结合的综合育种体系，成功选育出香菇、铁皮石斛、灵芝等10个拥有自主知识产权的新品种。

生长环境是影响药材品质的一个重要因素。寿仙谷突破“企业+农户”

的传统方式，坚持以公司全产业链“智能化”“信息化”“物联网”发展中的需求和问题为导向，按照“信息化先行、信息化引领”原则，建立公司信息化“三系统”“两平台”，实现平台数据互通、互联、互校。确保公司信息化、自动化、智能化水平领先于同领域企业，实现企业卓越发展。

（四）整合资源，创新研究，保护生态环境

寿仙谷高度重视资源综合利用与环境保护，多措并举，不断创新，以达到节能减排的目的。在种植及生产过程中，通过轮种、套种结合，种植、放养结合，菌渣与种植基质循环利用以及各种生物转化技术，实现自然资源生态循环式可持续利用。

企业厂区内部建立了污水处理设施，严格执行环保标准，生产中产生的水、气、声、渣均接受当地环保部门检查，达到环保要求，做到达标排放。

（五）以人为本，目标导向，实现人企共发展

以共同的目标凝聚寿仙谷人。企业以“公司介绍”“员工手册”等形式，事先告知每一个求职人员包括拟引进人才，通过严格、反复和频繁的价值观培训、教育和测试，吸收和凝聚具有共同目标的人才加盟。

以共同的责任激励寿仙谷人。企业将中国传统文化教育、国家中医药发展形势教育和寿仙谷中医药文化教育三大主题模块，作为员工经常性教育主课题，努力通过“寿仙谷人”的发展，推动中华中医药事业的发展。

以共同的家园温暖寿仙谷人。寿仙谷通过员工股权激励、规范的职代会制度、立足当地同规模企业和行业领域高点待遇、积极有效的奖励措施、舒适良好的生产生活环境，让员工在快乐中工作、学习、生活、成长。

（六）践行公益，健康扶贫，助力健康中国建设

寿仙谷不仅在中医药研究领域成果显著，在自身发展的同时，也一直坚持做公益，自觉践行党和国家关于健康中国建设的号召，在大健康事业中发挥中医药优势，努力为人民群众提供高品质的健康服务。

寿仙谷是“国家慢病防治健康行”大型公益示范活动的启动参与者和推动者。2015 年 6 月，“慢病防治健康行”国家示范项目浙江站成立，寿仙谷受命承担站长职责，截至 2020 年底，累计开展活动超 800 人次，受众超 12500 人次。

2017 年 12 月，由浙商总会联合中国红十字基金会共同发起的浙商博爱基金成立，寿仙谷捐款 200 万元，用于开展地中海贫血救助项目和鼻咽癌医师培训项目。

2018 年 9 月，寿仙谷联合浙江经视、《杭州日报》、《都市快报》等多家媒体，发起“关爱肿瘤学子”“和助力”“关爱顶梁柱”等健康扶贫公益项目。其中，“寿仙谷关爱肿瘤学子大型公益行动”，明确每年开展一次。这项活动至今已连续开展五年。同年，寿仙谷捐资 100 万元设立寿仙谷·武义一中奖学金，捐资 100 万元设立寿仙谷慈善助学金，开展“圆你大学梦”活动，资助贫困学子。

四　创新引领发展

寿仙谷全面依靠创新引领企业发展，以知识产权保护企业发展。先后获得国内国际大量知识产权和荣誉。2018 年，寿仙谷灵芝孢子粉第三代去壁提纯技术获日内瓦国际发明展金奖；“一种铁皮石斛基质栽种方法”获中国专利优秀奖，并在全国铁皮石斛主产区全面应用；随着《中医药-灵芝》和《中医药-铁皮石斛》颁布实施，寿仙谷成为中国民企首个也是目前唯一的国际标准主导制定企业；破壁灵芝孢子粉、铁皮枫斗颗粒成为“浙江制造”品字标产品；名列浙江省企业标准“领跑者”；寿仙谷董事长李明焱获国际标准制定重大贡献奖，并成为中国标准化助力奖食品药品领域首位获得者。2019 年 6 月 2 日至 6 日，国际标准化组织/中医药技术委员会（ISO/TC249）第 10 次全体会议在泰国曼谷召开。会上，ISO/TC249 主席沈远东教授向寿仙谷董事长李明焱颁发了“国际标准制定重大贡献奖”，以表彰李明焱带领的团队在“中医药-灵芝”“中医药-铁皮石斛”国际标准制定中作出的贡献。

Abstract

With the development of economy and society and the improvement of residents' health literacy, food consumption is changing from "eating enough" and "eating well" to "eating healthy", health has become one of the most important factors for consumers to consider when choosing food. The rapid growth of consumer demand for health not only directly affects the food market, but also directly affects and leads the development of the food industry (enterprises). Among the 32 licensed categories of food production, health food has positive significance because of its proven health benefits, which to a certain extent can reduce the risk of influencing health factors.

After years of development, China's health food industry has developed with scale, but throughout the history of the development of China's health care food industry, ups and downs are undoubtedly one of the significant characteristics. Since 2020, China's health food industry has once again entered an adjustment cycle. How to deal with the ups and downs in the development, so that the health food industry can get out of the trough of wave as soon as possible, enter into a new development period, and be able to develop healthily and relatively smoothly, which is still a challenge that needs to be thought about and dealt with by all parties.

To cope with these challenges and solve these problems, on the one hand, it is necessary for health food enterprises, as the main body of the market, to adhere to the law and morality, to stand in the height of new environment, new concept, new thinking and new logic, and to drive innovations in terms of concept, system, management, scientific & technology and product, and to form new core competitiveness.

On the other hand, to further improve the external environment for the new development of the health food industry, to provide relatively stable and clear expectations for the development of the industry, to reach a broader consensus and work together among the supervision and management departments, industrial enterprises, scientific research institutes, industrial associations, consumer organizations, the media and other stakeholders, and to promote the health food industry to realize the transformation from "standardization in development" to "development in standardization".

Keywords: Healthy China; Resident Health Literacy; Health Food

Contents

Ⅰ General Report

B.1 The Challenges of China Health Care Industry Under The Background Of Emerging Health Demands And "Double-transformation" *Zhang Yongjian* / 001

Abstract: The cognition and choice preference of food consumers, the purchasing ability and the actual quantity and structure of food consumption directly reflect the needs and actual purchasing conditions of consumers. With the development of economy and society, food consumption is changing from eating well to eating healthily, and health has become one of the most important factors for consumers when choosing food. China's industrial transformation and upgrading characterized by "double transformation" is derived from the driving of consumer demand and the direct promotion of the market. Facing the health demand and under the background of "double transformation", The development of health care industry will be encountered multiple challenges such as changing of the development model.

Keywords: Health Demand; Health Care Food; Health Care Industry; Supervision

B.2 The Evolution Of Healthy China And The Improvement of Health Level *Xu Huafeng* / 017

Abstract: Curbing and reducing the growth of non-infectious diseases (also known as chronic diseases) and addressing an aging society are among the many challenges that cannot be overlooked in the economic and social development of our country. To meet these challenges, on October 25 2016, the Central Committee of the Communist Party of China and the State Council issued the outline of "Healthy China 2030" Plan, making a strategic deployment for "Healthy China" and elevating it to national development strategy.

National nutrition is crucial for improving the quality of the populace and economic and social development. It plays an indispensable foundational role in curbing and reducing the growth of non-infectious diseases and aging society. Although the capability to supply nutrition has significantly increased and the national nutritional health status has markedly improved, challenges such as the co-existing of insufficient and excessive nutrition among residents, the prevalence of the diseases caused by overnutrition, and the lack of widespread adoption of nutritional health lifestyles still persist. These issues have become significant factors affecting the health of the populace.

Keywords: Healthy China; Non-infectious Diseases; Aging Society; Nutrition; Nutrition Intervention

Ⅱ Industry Reports

B.3 Research on the Development Status of the Health Food Industry *Zhang Yongjian* / 031

Abstract: After years of development, China's health food industry has achieved a certain scale, characterized by two distinct features in its production layout and structure: First, the production of health foods is widespread across

China, with health food manufacturing enterprises present in all 31 provinces (autonomous regions and municipalities directly under the Central Government), yet there is a significant disparity in the number of health food production enterprises among these provinces (autonomous regions and municipalities). Second, from the perspective of industrial organization structure, China's health food industry exhibits a low concentration and oligopolistic characteristics. Reviewing the developmental history of China's health food industry, significant fluctuations are undoubtedly one of its notable features. Since 2020, there has been a substantial decrease in the number of health food enterprises, and the market has significantly contracted, leading the health food industry into another adjustment period. How to smooth out these significant fluctuations and ensure the relatively stable and healthy development of the health food industry remains a challenge that needs to be considered and addressed by all parties involved.

Keywords: Health Food Industry; Industrial Organization; Concentration; Dual-Track System; Adjustment Period

B.4 Study on Influencing Factors of Health Food Production Layout *Zhang Yongjian* / 051

Abstract: There are health food production enterprises in 31 provinces (autonomous regions and municipalities directly under the Central Government). There are many factors affecting the distribution of health food production. Among them, economic factors such as population, gross domestic product (GDP), total retail sales of consumer goods, per capita disposable income, per capita consumption expenditure and per capita medical and health expenditure of urban residents have different degrees of impact on the production layout of health food. From the national scale, the impact of these six factors on the production layout is not significant in general, but from different regions, The influence degree of these factors is obviously different, and some factors have significant correlation to the production layout of health food.

Keywords: Health Food; Production Layout; Influencing Degree; Goodness of Fit

B.5 Review and Study of the Dosage Forms and Distribution Structure of Health Food *Zhang Yongjian* / 071

Abstract: Among the classifications of food production permits in China, health food has 18 different dosage forms, making it the category with the most diverse dosage forms. By analyzing the dosage forms and distribution structure of 3774 health food samples, it is observed that hard capsules, tablets, soft capsules, oral liquids, granules, and powders account for nearly 85% of the total, making them the most common dosage forms in the health food industry. Statistical analysis and modeling of health food production enterprises in various provinces reveal a strong correlation between the number of production enterprises and the total number of dosage forms, a moderate correlation with the number of different dosage form types, and a weak negative correlation with the average total dosage forms per enterprise. From the perspective of the market and dietary traditions, it appears that more common food forms or those with legal significance as ordinary food may be more conducive to achieving "food functionalization" and "functionalization of food."

Keywords: Health Food; Dosage Forms; Distribution Structure

B.6 Research on Scientific and Technological Application and Development of Health Food *Cao Yong* / 087

Abstract: Functional health foods, increasingly attracting attention as a product category, are deeply reliant on technological advancements for their research and development. In the realm of food science, scientific techniques are extensively utilized for the discovery and extraction of functional ingredients, assessing their activity, designing formulations, and developing packaging modalities. These applications have significantly accelerated the rapid advancement in these domains. Technological applications in functional health foods meet core needs in areas such as raw material development, processing techniques, product evaluation, and safety assessment. Notably, emerging technologies such as supercritical fluid chromatography, scalable high-efficiency screening models, and network pharmacology of traditional Chinese medicine are demonstrating immense potential in the research of functional health foods. As food technology continues to evolve towards innovation, sustainability, and health, ensuring quality control and regulatory compliance becomes paramount. Establishing a comprehensive technological application regulatory framework, alongside strengthening basic research, is essential for ensuring the safety, effectiveness, and standardization of these applications. This approach will enhance the quality and functionality of health foods and provide stronger assurance for public health.

Keywords: Health Food; Food Science; Technological Application; Function; Ingredient

Ⅲ Supervise Reports

B.7 Research on the Functional Claims and Management of Health Foods *Guo Haifeng* / 100

Abstract: According to the provisions of China's "Food Safety Law," health food is classified as a special food that is allowed to make functional claims. Functional claims management is an important and core aspect of health food management. The management of health food functional claims in China has been continuously improved with the enhancement of regulatory capabilities, scientific and technological progress, market demand, and industrial development. In the new round of health food functional claims management reform, greater emphasis is placed on the market entity status of enterprises and their innovative needs. Encouraging enterprises to research and innovate in functions, and promoting the high-quality development of the health food industry through innovation.

Keywords: Health Food; Functional Claims; Functional Claims Management

B.8 Study on Raw Material Management of Health Food

Tian Ming / 118

Abstract: The Food Safety Law of the People's Republic of China clearly states that health food claims health function. Safe, effective and controllable quality of health food raw materials is the key to ensure the efficacy of products, but also the focus and difficulty of health food registration and filing management. China implements catalog management of health food raw materials, with the progress of science and technology, the improvement of regulatory capacity, market demand and industrial development, the management department has formulated the corresponding raw material management methods, constantly improve the efficiency and effectiveness of raw material management, and ensure that the catalog of health food raw materials is constantly adjusted and improved. At present, further improvement of raw material evaluation system and evaluation mechanism is conducive to the healthy development of supervision and industry.

Keywords: Health Food; Raw Material; Supervision

B.9 Study on the Supervision of Online Behavior of Health Food Enterprises

Sun Ying / 128

Abstract: The online behaviors of health food (enterprises) include traditional e-commerce behaviors and social e-commerce behaviors, all of which have anti-interaction rationality, i. e., the lack of subjective sincerity, objective authenticity, and normative correctness. In addition, due to the insufficient adjustment of legal norms such as the E-commerce Law and the Regulation on Prohibition of Distribution, it is very necessary to strengthen its regulation and further realize the rule of law in regulation. In the regulatory model, there are three types of regulation: governmental regulation, non-governmental regulation and cooperative regulation. However, both governmental and non-governmental regulatory models have some shortcomings and need to be improved. Cooperative regulation, on the other hand, is characterized by multi-level, grid-based and technological regulation, emphasizing both subjective and behavioral regulation, and government regulation and market self-supervision.

Keywords: Health Food; Online Behavior; Traditional E-commerce Behavior; Social E-commerce Behavior; Supervision

B.10 Research on Function Claim and Management of TCM Health Food *Zhao Hongxia, Chen Xiangyun* / 141

Abstract: Traditional Chinese medicine (TCM) health care products have a long history in China, and are the most characteristic of health food products in our country. TCM contains thousands of years of Chinese health concept and practical experience, combined with the theory of TCM can better guide the development and management of health food claims. On the one hand, in the process of product development, follow the guiding principles of TCM theory, and on the basis of inheriting TCM diet, integrate modern scientific nutrition concepts, expand the audience of food health care, and run health care through the daily life of consumers. On the other hand, for the function claim of TCM health food, we must adhere to the TCM theory, while drawing on the essence of foreign function claims, ethnic medicine and industry consensus, integrating modern research results, so as to enrich the function claim of health food. For the naming principle and functional expression of TCM health care products claim, the functional claim reflecting TCM thinking should be incorporated on the basis of the description of modern medicine and nutrition, so that consumers can choose the appropriate health food according to the correct differentiation of symptoms and achieve the expected effect. For the management of food function claim of TCM health care products, it is necessary to organically combine modern medical theory with TCM health care theory, and establish a health food function system in line with the characteristics of TCM from the aspects of function claim, evaluation methods, evaluation standards, approval and supervision system.

Keywords: Traditional Chinese Medicine; Traditional Health Care; Inheritance; Health Food; Function Claim

Ⅳ Market Reports

B.11 Consumers as Key Drivers for the Healthy Development of Health Food *Zhang Yongjian* / 150

Abstract: In the process of transitioning the health food industry from "under development with regulations" to "regulated development," consumers are an indispensable and significant factor. In a sense, they can even be considered a decisive element because without consumers of health food, there would be no health food market, and consequently, no health food industry. Throughout this process, continuous nutrition education, improving consumers' health literacy, and fostering accurate knowledge about health food are not only acts of self-protection for consumers but also represent consumers using their purchasing choices as a vote to better harness the market's mechanism of selecting the best and eliminating the inferior. This, in turn, promotes the healthy development of the health food industry.

Keywords: Health Food; Consumers; Nutrition Education; Health Literacy; Rational Consumption

B.12 Analysis of the Impact of Economic Factors on Offline Sales of Health Food *Zhang Yongjian* / 158

Abstract: Traditional sales of health food have long been primarily concentrated offline for several reasons. On one hand, direct selling is a significant sales channel for health food, occupying a substantial market share. Additionally, pharmacies and supermarkets also play a crucial role in the sales of health food. On the other hand, the older population has traditionally accounted for a higher proportion of consumers of health food, and this demographic tends to make their purchases in offline markets. There are numerous factors influencing the scale of the offline health food market and the marketing strategies employed in this sector. This chapter primarily analyzes the impact of five economic factors on the offline health food market.

Keywords: Health Food; Offline Market; Economic Factors

B.13 Analysis of the Impact of Health Factors on Offline Sales of Health Food *Zhang Yongjian* / 180

Abstract: The primary motivation for consumers to purchase health food is to reduce the impact of health risk factors and maintain or improve their overall health. There are numerous factors influencing the size of the health food market and offline marketing strategies, with consumer purchases based on health considerations being the most crucial. This study quantitatively analyzes the correlation and linear fit of 12 health-related influencing factors on the national offline market and seven regional offline markets. The aim is to distinguish and explore the different manifestations of these influencing factors and their impact on offline sales of health food.

Keywords: Health Food; Offline Market; Health Factors

B.14 Analysis of the Impact of Economic Factors on Online Sales of Health Food

Zhang Yongjian / 203

Abstract: The internet has profoundly influenced societal development, altering people's ways of thinking, production methods, transaction methods, and lifestyles. A significant feature of the new development in the food industry is the substantial increase in the contribution of science and technology. New scientific advancements and technologies are continually being applied to various aspects and stages of food research, production, and marketing. Among them, the impact of the internet may be the most significant. More and more health food companies are integrating into the internet and the digital economy, increasing their investment in the online market. They are actively exploring new methods, models, and paths for online sales of health food. Consequently, the revenue from the online market has become an important and undeniable component of health food companies' income.

Keywords: Health Food; Economic Factors; Online Market

B.15 Study on the Impact of Health Factors on Online Sales of Health Food

Zhang Yongjian / 225

Abstract: With the rapid development of the internet and the widespread use of mobile devices, online purchasing behavior has become increasingly prevalent. According to a wealth of information, many consumers buy health food online, especially among the middle-aged and young consumer groups, where online shopping has expanded in scope and significance. The primary motivation for consumers to purchase health food is to reduce the impact of health risk factors and maintain or improve their overall health. There are numerous factors influencing the size of the health food market and online marketing strategies, with health-related factors undoubtedly playing a crucial role. Therefore, we conducted an analysis and study of the correlation and linear fit of 12 health-related influencing factors on the national online market and seven regional online markets to distinguish and explore the different manifestations of these influencing factors.

Keywords: Health Food; Online Market; Health Factors

Ⅴ Enterprise Reports

B.16 Cultural Construction of "Virtue and Law-abiding, Honest and Trustworthy" Health Food Enterprises

Liu Guangming, *Gao Jing* / 248

Abstract: In recent years, the health food industry and the regulation of health food have undergone tremendous changes, enterprises are facing more opportunities and more severe challenges. On the one hand, there are still some phenomena such as a certain amount of injustice and fairness, dishonest transactions, indiscriminate price hikes and dissemination of false information in China's health food market, which seriously affects the stability of the market order. For this, the national regulatory authorities have adopted a kind of more stringent control system, the market disorder of health food is severely punished through the "Hundred Days Action". On the other hand, the health food industry is in a deep crisis of trust under the high-pressure supervision and control. Consumers and the market have doubts about health food, its credibility has fallen off a cliff. Although the market order has been temporarily eased, it ultimately treats the symptoms rather than the root causes and has not solved the fundamental problem. Therefore, it has become an urgent task which is to improve and enhance the self-ethical quality of health food enterprise and to encourage and support the steady development of the health food industry.

Keywords: Health Food; Moral Literacy; Honest Trade

B.17 Research on Health Food Industry Brands and Public Sentiment *Dong Guoyong* / 255

Abstract: Health food brands are growing against the odds, with increased concentration. Some regional brands have successfully grown into national brands, and internet brands have emerged as new forces in the market. Additionally, some niche categories have also given rise to prominent brands. In the future, health food brands should possess five key elements: a strong brand identity that stands out, distinctiveness; brand research and development leadership, a strong sense of technology; outstanding products with a rational supply chain, leading category advantages; a forward-thinking brand philosophy, a brand that is visible and sensory; and a relatively balanced advantage across various channels. Health food-related public sentiment accounts for only about 1.68% of the total public sentiment related to food. Media and some regulatory bodies often use the term "health products" to refer to health food. Monitoring indicates that WeChat is the primary platform for health food-related public sentiment, with sentiment volume far exceeding websites and mobile apps, which are in second and third place, respectively. Positive information about health food accounts for 4.74%, while negative information accounts for 14.19%, with negative sentiment being approximately twice as prevalent as positive sentiment. This suggests that the media and the audience have a significantly higher negative evaluation of health food compared to other food categories.

Keywords: Health Food; Brand Identity; Internet Brand; Visual Sensation

B.18 Regulated Operation is the Foundation for the Standard Development of the Health Food Industry *Zhang Yongjian* / 270

Abstract: After years of governance, the quality and safety standards of health food have significantly improved, with a steady increase in quality and safety levels, effectively ensuring safety. With the fundamental resolution of issues in the production of health food, the main contradictions in the industry have shifted to the distribution sector. Problems such as exaggerated promotion, false advertising, illegal advertisements, and fraudulent sales in the marketing process of health food have become increasingly common and persistent, posing significant challenges. These issues not only seriously harm and infringe upon the legitimate rights of consumers but also give rise to a series of social problems, severely hindering the healthy development of the health food industry. Strengthening effective supervision of the marketing process has become increasingly important. Regulated operation is not only a routine task that health food companies must vigorously undertake but also the foundation for the standardized development of the health food industry.

Keywords: Health Food; Food Safety; False Advertising; Regulated Operation

Ⅵ Business Case Reports

B.19 Perfect China: Rooted in China, Building a Healthy China *Xu Huafeng* / 280

Abstract: As a foreign-funded company engaged in the field of big health technology, Perfect China is committed to rooting itself in China and seeking high-quality development. In terms of industrial layout, Perfect China focuses on the big health sector and aims to create a new industrial ecosystem. When it comes to product quality and safety, Perfect adheres to the "Three Hearts Management" approach and upholds the quality philosophy of "Pursuing Perfection" and "Zero Defects." In terms of services, through a comprehensive range of products and a health management model, Perfect China addresses health-related challenges, contributing to the overall well-being of the population. Perfect China is not only a leading enterprise in the health industry but also actively takes on the responsibilities of a leading company in the industry. It leads the healthy development of the industry while remaining true to its initial commitment to root itself in China. In endeavors such as extending the industrial chain, promoting a healthy China, poverty alleviation efforts, and various charitable activities, Perfect China actively explores new avenues.

Keywords: Health Management Model; Industrial Chain Extension; New Industrial Ecosystem; Three Hearts Management; Perfect China

B.20 Infinitus: Promoting Traditional Chinese Health Culture for a Healthier and Happier Life Together *Dong Guoyong* / 288

Abstract: For 32 years, Infinitus (China) has been committed to providing consumers with high-quality traditional Chinese herbal health products, with a mission to "promote excellent Chinese health culture and create a healthier and happier life together." By integrating scientific research and cultural promotion, Infinitus has established a research and innovation system featuring "one center and multiple scientific research technology platforms." This includes the establishment of the Infinitus Global Research Center and the Infinitus Global Scientific Advisory Committee. Infinitus adheres to the quality philosophy of "100 − 1 = 0" and implements full-process quality control from product research and development, cultivation, production, testing, sales, logistics, to after-sales service, ensuring product safety and high quality. The company's core values of "Benefit to All" have shaped a unique corporate culture and health preservation philosophy. Infinitus seeks innovative development in the Chinese market and steady growth in overseas markets. In addition to its business endeavors, Infinitus actively fulfills its social responsibility in six key areas: health, quality, employees, partners, environment, and community, striving to be an outstanding corporate citizen that upholds social responsibility.

Keywords: Health Culture; Innovation System; Benefit to All; Corporate Social Responsibility; Infinitus

B.21 By-Health: Upholding Scientific Nutrition Strategy, Leading the Dietary Supplement Industry *Dong Guoyong* / 296

Abstract: By-Health relies on modern nutrition science to establish a comprehensive dietary nutrition supplement system that covers all product categories and a wide range of people. They deeply implement the "Scientific Nutrition" strategy, using the utmost scientific spirit to create top-notch scientific nutrition products. This strategy promotes the company's transformation into a high-tech enterprise. By-Health focuses on building a production and quality management system centered around transparent factories, adopts a "global raw materials, global nutrition" supply strategy, and upholds the core value of "Integrity is more important than intelligence." Furthermore, By-Health adheres to the philanthropic principle of "the more you give, the more you gain." They emphasize social responsibility and actively fulfill their corporate social responsibilities on significant issues.

Keywords: Dietary Supplements; Scientific Nutrition; By-Health

B.22 Genoway Shuangdi: Building Core Brands around Core Technology *Xu Huafeng* / 304

Abstract: Genoway Shuangdi Health Industry Group has long focused on "nucleic acids" for product research and development, establishing a complete nucleic acid industry chain layout from raw materials to semi-finished additives and end products. The company has continuously strengthened its capabilities in nucleotide extraction, functional nucleic acid product development, and various nutritional and health food research, forming a core advantage. In recent years, the company has steadily grown by implementing strategies such as branding, customization, digitization, compliance, and integration with corporate culture. It has also mitigated the impacts of internal and external environmental changes on its development. The key strategies include: emphasizing corporate culture as a driving force for development, focusing on the industry chain and resource integration, product development based on core technology to create core brands and brand matrices, ongoing digitization, informatization, and intelligent construction to enhance production efficiency and product quality, implementing precise health management to gradually promote customization, and strengthening legal and compliant operations to ensure steady growth.

Keywords: Nucleic Acids; Full Industry Chain; Nutritional Food; Digitization; Genoway Shuangdi

B.23 Shouxian Valley: Standardized and Traceable to Shape the Full Industry Chain Health Model *Xu Huafeng* / 312

Abstract: With technological innovation as its core driving force, Shouxian Valley has innovated the "One Chain, Two Bodies, Three Full, and Nine-Integrated" Shouxian Valley model, paving the way for the preferred development of traditional Chinese medicine-based health food. The company has led and participated in over 90 various-level standards, including five international standards, obtained more than 30 authorized invention patents, and cultivated 10 excellent new varieties of precious Chinese medicinal materials. With a standardized and traceable system as a norm, it has achieved quality assurance across the entire industry chain, a full lifecycle customer experience, and continuous innovation throughout the process.

Keywords: Traditional Chinese Medicine; Health Food; Shouxian Valley

皮 书

智库成果出版与传播平台

✤ 皮书定义 ✤

皮书是对中国与世界发展状况和热点问题进行年度监测，以专业的角度、专家的视野和实证研究方法，针对某一领域或区域现状与发展态势展开分析和预测，具备前沿性、原创性、实证性、连续性、时效性等特点的公开出版物，由一系列权威研究报告组成。

✤ 皮书作者 ✤

皮书系列报告作者以国内外一流研究机构、知名高校等重点智库的研究人员为主，多为相关领域一流专家学者，他们的观点代表了当下学界对中国与世界的现实和未来最高水平的解读与分析。

✤ 皮书荣誉 ✤

皮书作为中国社会科学院基础理论研究与应用对策研究融合发展的代表性成果，不仅是哲学社会科学工作者服务中国特色社会主义现代化建设的重要成果，更是助力中国特色新型智库建设、构建中国特色哲学社会科学“三大体系”的重要平台。皮书系列先后被列入“十二五”“十三五”“十四五”时期国家重点出版物出版专项规划项目；自 2013 年起，重点皮书被列入中国社会科学院国家哲学社会科学创新工程项目。

皮书网

（网址：www.pishu.cn）

发布皮书研创资讯，传播皮书精彩内容
引领皮书出版潮流，打造皮书服务平台

栏目设置

◆ **关于皮书**

何谓皮书、皮书分类、皮书大事记、
皮书荣誉、皮书出版第一人、皮书编辑部

◆ **最新资讯**

通知公告、新闻动态、媒体聚焦、
网站专题、视频直播、下载专区

◆ **皮书研创**

皮书规范、皮书出版、
皮书研究、研创团队

◆ **皮书评奖评价**

指标体系、皮书评价、皮书评奖

所获荣誉

◆ 2008 年、2011 年、2014 年，皮书网均在全国新闻出版业网站荣誉评选中获得“最具商业价值网站”称号；

◆ 2012 年，获得“出版业网站百强”称号。

网库合一

2014年，皮书网与皮书数据库端口合一，实现资源共享，搭建智库成果融合创新平台。

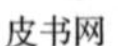

皮书网

“皮书说”
微信公众号

中国社会发展数据库（下设 12 个专题子库）

紧扣人口、政治、外交、法律、教育、医疗卫生、资源环境等 12 个社会发展领域的前沿和热点，全面整合专业著作、智库报告、学术资讯、调研数据等类型资源，帮助用户追踪中国社会发展动态、研究社会发展战略与政策、了解社会热点问题、分析社会发展趋势。

中国经济发展数据库（下设 12 专题子库）

内容涵盖宏观经济、产业经济、工业经济、农业经济、财政金融、房地产经济、城市经济、商业贸易等12个重点经济领域，为把握经济运行态势、洞察经济发展规律、研判经济发展趋势、进行经济调控决策提供参考和依据。

中国行业发展数据库（下设 17 个专题子库）

以中国国民经济行业分类为依据，覆盖金融业、旅游业、交通运输业、能源矿产业、制造业等 100 多个行业，跟踪分析国民经济相关行业市场运行状况和政策导向，汇集行业发展前沿资讯，为投资、从业及各种经济决策提供理论支撑和实践指导。

中国区域发展数据库（下设 4 个专题子库）

对中国特定区域内的经济、社会、文化等领域现状与发展情况进行深度分析和预测，涉及省级行政区、城市群、城市、农村等不同维度，研究层级至县及县以下行政区，为学者研究地方经济社会宏观态势、经验模式、发展案例提供支撑，为地方政府决策提供参考。

中国文化传媒数据库（下设 18 个专题子库）

内容覆盖文化产业、新闻传播、电影娱乐、文学艺术、群众文化、图书情报等 18 个重点研究领域，聚焦文化传媒领域发展前沿、热点话题、行业实践，服务用户的教学科研、文化投资、企业规划等需要。

世界经济与国际关系数据库（下设 6 个专题子库）

整合世界经济、国际政治、世界文化与科技、全球性问题、国际组织与国际法、区域研究 6 大领域研究成果，对世界经济形势、国际形势进行连续性深度分析，对年度热点问题进行专题解读，为研判全球发展趋势提供事实和数据支持。

法律声明

“皮书系列”（含蓝皮书、绿皮书、黄皮书）之品牌由社会科学文献出版社最早使用并持续至今，现已被中国图书行业所熟知。“皮书系列”的相关商标已在国家商标管理部门商标局注册，包括但不限于LOGO（ ）、皮书、Pishu、经济蓝皮书、社会蓝皮书等。“皮书系列”图书的注册商标专用权及封面设计、版式设计的著作权均为社会科学文献出版社所有。未经社会科学文献出版社书面授权许可，任何使用与“皮书系列”图书注册商标、封面设计、版式设计相同或者近似的文字、图形或其组合的行为均系侵权行为。

经作者授权，本书的专有出版权及信息网络传播权等为社会科学文献出版社享有。未经社会科学文献出版社书面授权许可，任何就本书内容的复制、发行或以数字形式进行网络传播的行为均系侵权行为。

社会科学文献出版社将通过法律途径追究上述侵权行为的法律责任，维护自身合法权益。

欢迎社会各界人士对侵犯社会科学文献出版社上述权利的侵权行为进行举报。电话：010-59367121，电子邮箱：fawubu@ssap.cn。

社会科学文献出版社